KLARTEXT

Tobias Blasius / Moritz Küpper

Hendrik Wüst
Der Machtwandler

Karriere und Kalkül

Bibliografische Information der Deutschen Nationalbibliothek
Die Deutsche Nationalbibliothek verzeichnet diese Publikation in der Deutschen Nationalbibliografie; detaillierte bibliografische Daten sind im Internet über http://dnb.dnb.de abrufbar.

Impressum

1. Auflage Oktober 2023
Lektorat: Kerstin Goldbach
Umschlagabbildung vorne: Reto Klar/FUNKE Foto Services
Umschlagabbildungen Klappe: Lars Heidrich/FUNKE Foto Services; Gustav Kuhweide
Umschlaggestaltung: Guido Klütsch
Druck und Bindung: Drukkerij Wilco B.V., Vanadiumweg 9, NL–3812 PX Amersfoort

ISBN 978-3-8375-2584-7

KLARTEXT

Jakob Funke Medien Beteiligungs GmbH & Co. KG
Jakob-Funke-Platz 1, 45127 Essen
info.klartext@funkemedien.de
www.klartext-verlag.de

Inhalt

Prolog

Einer für alle?

An einem Mittag im Frühjahr 2018 läuft Hendrik Wüst durch den Bürgerpark in Düsseldorf-Unterbilk. Er ist allein unterwegs. Wer den groß gewachsenen Mann im dunklen Anzug mit der Aktenmappe in der Hand nicht kennt, könnte ihn leicht für einen der Referenten halten, die um diese Uhrzeit im Regierungsviertel der nordrhein-westfälischen Landeshauptstadt Botengänge erledigen oder zur nächsten Besprechung eilen. In Wüsts Rücken thront der Landtag, ein architektonisch kühner Rundbau aus den 80er-Jahren. Rechts von ihm quälen sich beladene Frachtschiffe den Rhein aufwärts. Ganz in der Nähe im Medienhafen trifft sich gerade wieder jede Menge Düsseldorf-Klischee zum „Business-Lunch“: Modebewusste Agenturmenschen mit teuren Chronometern am Handgelenk sitzen dort in der Trattoria und genießen gegrillte Calamari an gemischtem Salat. Wüst bevorzugt normalerweise das Tagesgericht in der Parlamentskantine, Hausmannskost für 4,90 Euro. Jetzt ist er aber auf dem Weg ins „Stadttor“. Der gläserne Büroturm mit seinen 20 Geschossen beherbergt neuerdings das nordrhein-westfälische Verkehrsministerium. Wüst ist vor einigen Monaten etwas überraschend von Ministerpräsident Armin Laschet zum Verkehrsminister des bevölkerungsreichsten Bundeslandes ernannt worden.

„Tachchen“, ruft Wüst schon von Weitem. Dass er hier draußen zufällig auf einen Reporter trifft, findet er nicht schlimm. Im Gegenteil: Es darf sich ruhig verbreiten, dass er – anders als etliche Kabinettskollegen – die kurzen Wege zwischen Staatskanzlei, Landtag und seinem Ministerium zu Fuß zurücklegt. Wüst verzichtet bei solchen Gelegenheiten auch auf Begleitung durch seinen Mitarbeiterstab. Es ist schwer zu sagen, ob der Minister ohne Ministerauto einfach nur ein paar Minuten des durchgetakteten Tages an der frischen Luft für sich haben will oder ob in dieser ausgestellten Uneitelkeit die eigentliche Eitelkeit liegt. Oft fährt er auch mit dem Rad. Wenn man ihn darauf anspricht, flüchtet Wüst in Ironie: „Wir Münsterländer fahren Fahrrad, weil wir zu faul zum Laufen und zu geizig zum Autofahren sind." Er ist ein unterhaltsamer Erzähler, der sich unkompliziert gibt, sofern kein Mikrofon in der Nähe ist und keine Kamera läuft. „Haben wir dieselbe Richtung?", fragt Wüst an jenem Mittag. Im Gehen entspinnt sich rasch ein Dialog. Mit seinen 1,91 Meter Körperlänge muss er meistens von oben nach unten sprechen, aber er spricht selten von oben herab. Nicht bei Treffen mit der sogenannten Basis, nicht in Bürgerbegegnungen, erst recht nicht bei Treffen mit Medienleuten. Wüst verströmt dann vielmehr etwas Jungenhaftes, sagt „Wat" und „Nä" und „Potzblitz". Er kumpelt alle Rang- oder Rollenunterschiede schnell weg. Gelungenen Pointen schickt er oft ein wissendes Lächeln hinterher, er fixiert dann mit zusammengekniffenen Augen irgendeinen Punkt am Horizont. Wüst hat verinnerlicht, dass politische Berichterstatter es schätzen, von Politikern ins Vertrauen gezogen zu werden, in einen Kreis der Eingeweihten. Er macht sich zunutze, dass Journalisten Bilder und Botschaften brauchen und immerzu die kleine Geschichte suchen, die das große Ganze illustriert. Wenn man im Bürgerpark nicht aufpasst, entsteht so eine gefühlte Komplizenschaft, und es ist irgendwann nicht mehr ganz klar, wer Politik macht und wer sie von außen analysiert.

Plötzlich aber unterbricht sich Wüst und bleibt abrupt stehen. Die Fußgängerampel an der Ernst-Gnoß-Straße ist soeben auf Rot umgesprungen. Es kommt weit und breit kein Auto, der Feierabendverkehr hat noch nicht begonnen. Die Pendler aus dem Ruhrgebiet sitzen noch an ihren Schreibtischen. Andere Passanten sind auch nicht in Sicht. Also: Stehen oder gehen? Wüst zögert. Wenn nicht alles täuscht, springt gerade hinter seiner Stirn der Gefahrenscanner eines Mannes an, der seit seinem 15. Lebensjahr politische Ämter bekleidet. In Sekundenbruchteilen scheint er zu rastern: Bei Rot gehen? Am helllichten Tag, knapp 100 Meter von seinem Amtssitz entfernt? Im Beisein eines Journalisten? Seine innere Stimme warnt offenbar: Du weißt, dass Du permanent unter Beobachtung stehst und jedes verdammte Handyfoto Dich politisch killen kann! Du kannst als Verkehrsminister nie mehr den Tag der Verkehrssicherheit eröffnen oder mit I-Dötzchen in Schülerlotsen-Kluft posieren, wenn Du jetzt nicht einfach stehen bleibst!

Wüst sieht das unruhige Zucken im Bein seines Nebenmannes. Wann springt diese Fußgängerampel endlich um? Auch Wüst hat eigentlich keine Zeit zu verschenken. Es arbeitet erkennbar in ihm. Das Überqueren einer roten Fußgängerampel kostet zwar nur fünf Euro Bußgeld, das Entdeckungsrisiko ist gering, die kleine Ordnungswidrigkeit gesellschaftlich nicht allzu geächtet. Der kleine Grenzübertritt für jeden Normalbürger könnte aber für einen wie ihn der eine Schritt zu viel sein. Die Ampel ist immer noch rot. Was tun? Wüst kneift die Augen zusammen und grinst verschwörerisch. „Machen Sie ruhig, was Sie nicht lassen können", sagt er schließlich. „Ich darf's jedenfalls nicht."

Knapp fünf Jahre später empfängt Wüst im Landeshaus. Es ist Anfang des Jahres 2023, Wüst ist seit 15 Monaten der zwölfte Ministerpräsident Nordrhein-Westfalens. Im Innenhof stehen Baugerüste, es wird gesägt und gehämmert. Das „Landeshaus" inklusive Baustelle hat Wüst von Laschet geerbt. Der kunstsinnige Amtsvorgänger verguckte sich gleich nach seinem Wahlsieg 2017 in diesen neoklassizistischen Klotz direkt am Rhein und entschied, dass hier die Staatskanzlei wieder einziehen soll. So war es schon zu Zeiten von Johannes Rau, bis der „Macher" Wolfgang Clement meinte, das betulich regierte Nordrhein-Westfalen müsse die Machtzentrale in moderne Büroräume verlegen. Laschet fasziniert die verborgene Repräsentationskraft des Landeshauses. Er engagierte den Rektor der Düsseldorfer Kunstakademie, Karl-Heinz Petzinka. Der Stararchitekt sollte den Komplex behutsam sanieren und vor allem das historische Hauptportal zum Rhein wieder flottmachen. Laschet findet so etwas wichtig in dem oft mit sich hadernden „Bindestrich-Land" Nordrhein-Westfalen, das anders als etwa Bayern immer ein wenig „den Pelz nach innen" trägt, wie man im Ruhrgebiet sagt.

Gedanklich sah sich der neue Ministerpräsident schon am roten Teppich stehen, um vorfahrende Staatsgäste an der Rheinuferpromenade in Empfang zu nehmen. Doch es kommt anders: Laschet erringt den Vorsitz der Bundes-CDU, greift nach dem Kanzleramt, lacht – und verliert. Nun macht er als einfacher Bundestagsabgeordneter weiter und sucht gerade einen Künstler aus, der ihn auf Landeskosten verewigen darf. Für die Ahnengalerie vor Wüsts Bürotür. Denn der ist nun Hausherr – und wartet noch immer auf das runderneuerte Hauptportal.

Den aus der Kleinstadt Rhede im Kreis Borken stammenden Wüst, Jahrgang 1975, und den Aachener Laschet trennen nicht nur fast 15 Lebensjahre und die typischen Temperamentsunterschiede zwischen einem Westfalen und einem Rheinländer. Der heute kalkuliert-vorsichtig auftretende Wüst wirkt in Haltung, Herkunft und Herangehensweise wie der Gegenentwurf zum oft sorglos-authentischen Laschet, was einem allein eine Begegnung wie die an der Fußgängerampel bewusst macht. Gecastet scheint Wüst für eine Mediengesellschaft, die Volksvertreter mittlerweile vor hohe Anforderungen stellt. Politiker müssen jederzeit damit rechnen, mit besonderer Elle gemessen zu werden. Sie haben immerzu den richtigen Eindruck zu erwecken oder besser noch: den falschen zu vermeiden. In einer meinungsstarken, bildmächtigen Echtzeitgesellschaft sind sie nie außer Dienst, sondern permanent auf der Hut. Wer wüsste es besser als Laschet? In einem pannenreichen Bundestagswahlkampf 2021 mit vielen unglücklichen Szenen musste er sich am Ende sogar fürs Rauchen rechtfertigen und versicherte in einem Interview mit Kinderreportern arg unbeholfen, er nehme die Zigarillos ja „nicht auf Lunge". Wie hätte Laschet auf eine leere Straße und eine rote Fußgängerampel reagiert?

Moderne Politiker wie Wüst haben von klein auf ein Bewusstsein für solche Situationen ausgebildet und immer weiter verfeinert. Er trägt heute beim Radfahren Helm, lacht nie mehr an der falschen Stelle, formuliert inzwischen eindeutig bis zur Automatenhaftigkeit. Er raucht nicht, schon gar nicht in der Öffentlichkeit, und Feiern verlässt er konsequent, bevor es lustig ist. Wüst trägt im Büro Pullover, um Heizkosten zu sparen. Er achtet die Sprach- und Haltungsregeln der Wokeness, der allumfassenden Wachsamkeit gegenüber jeder Form von Diskriminierung. Er eckt nicht an, will nicht negativ auffallen und hat verstanden, dass in der Berufspolitik das Performative längst wichtiger geworden ist als Programmatische.

Laschet fand einst über die katholische Jugendarbeit zur Politik und entwickelte Lebensthemen wie den europäischen Einigungsprozess oder die liberale Einwanderungsgesellschaft, die für ihn als Wertegerüst unverhandelbar wurden. Er knüpfte Freundschaften über Parteigrenzen hinweg, umgab sich immer wieder mit politikfernen Menschen aus Kultur und Wissenschaft, las historische Bücher und wollte die Gesellschaft in all ihrer Vielfalt verstehen. Aber: Die besondere Geistesgegenwart für Pannen und Gefahren, das ständige Aufpassen und Abwägen, akzeptierte Laschet für sich nie. Wie muss ich mich wozu verhalten? Und was kann daraus gemacht werden? Wie setze ich mich ins rechte Licht? Wann reden und wozu besser schweigen?

Für seinen Nachfolger gehört unbedingtes Rollenbewusstsein hingegen zum Wesenskern des Politikers. Im Landtagswahlkampf 2022 dreht der *Westdeutsche Rundfunk* eine Dokumentation über Hendrik Wüst. Die Autorin Rebecca Kirkland staunt irgendwann, wie spielend ihr Protagonist zwischen den unterschiedlichsten Schauplätzen seiner Wahlkampfreise wechseln kann. Wie im Zoo kommt es ihr gelegentlich vor, wie Wüst da im Stundenrhythmus vor einem Pulk aus Kameras wahlweise Mitgefühl, Entschlossenheit, Bürgernähe oder Weitsicht aufführt. Im Tourbus sagt sie zu ihm: „Sie sind da. Der nächste Termin. Jetzt heißt es wieder: Im Kopf umschalten." Er murmelt: „Geht schon. Alles gut." Kirkland fragt: „Sie sind schon auch ein Politikprofi, ne?" Wüst legt den Kopf schräg, blinzelt verständnislos: „Möchten Sie von Menschen regiert werden, die das nicht sind?"

Kurz nach Wüsts Wahl zum Laschet-Nachfolger im Herbst 2021 soll Bundeskanzler Olaf Scholz den Neuling am Rande von Corona-Beratungen in Berlin als „Amateur im Ministerpräsidenten-Kostüm" verspottet haben. Die Meldung wird hinterher nur lau dementiert. Nach vielen Jahren der Wüst-Nahbeobachtung lässt sich dieses Kanzler-Wort nur als krasse Fehleinschätzung einordnen: Amateurhaft, so kann mit einiger Sicherheit gesagt werden, hat er Politik nie betrieben. Vielmehr gehört Wüst zu jener Alterskohorte von Entscheidern, die mit immensem Einsatz ihren Aufstieg planen. Die Politik vor allem als Handwerk verstehen und ihre Karriere kalkuliert mit perfekter Organisation und Raffinesse vorantreiben – Rücktritte und Rückschläge inklusive. Die Parteien als Markenversprechen betrachten und sich bereitwillig die Techniken der Public Relation aneignen. Doch was treibt den Politiker Hendrik Wüst inhaltlich an? Aus welchen unerschütterlichen Überzeugungen schöpft er? Wo will er hin, was hat ihn geprägt und welche Spuren könnte er hinterlassen? Wie arbeitet er und welchen Preis ist er bereit, für den Aufstieg nach ganz oben zu bezahlen?

Wüst ist heute mit nicht einmal 50 Jahren unangefochtener Ministerpräsident des bevölkerungsreichsten Bundeslandes und führt den mitgliederstärksten Landesverband der CDU Deutschlands, die politische Heimat auch des Bundesparteichefs Friedrich Merz. Gegen die Christdemokraten von Rhein und Ruhr, die bei jedem Bundesparteitag rund ein Drittel der Delegierten stellen, geht in der Union wenig. Es könnte dieselbe Startrampe werden wie bei Laschet. Kann Wüst sie für Höheres in Berlin nutzen? Würde das dann wirklich ins Ziel – also ins Kanzleramt – führen? Und: Könnte einer wie er auch Kanzler?

Trotz anfänglicher Vorbehalte beim Koalitionspartner hat Wüst in nur wenigen Wochen die erste schwarz-grüne Landesregierung in der Geschichte Nordrhein-Westfalens gebildet. Ihm gelingt das im Sommer 2022 derart geräuschlos, dass manche bereits ein Gegenmodell zur Ampel-Koalition in Berlin erkennen. Der lange eher unbekannte Wüst, der selbst als Verkehrsminister in Landesumfragen nur schwache Noten bekam, gilt plötzlich als moderner Konservativer, der seine junge Familie gern vorzeigt und Windeln wechseln kann. Er ist über Nacht zur smarten Führungsreserve der Union aufgestiegen. Die private Quadriga Hochschule ehrt ihn im Frühjahr 2023 als „Politiker des Jahres“. Der *Spiegel* nennt ihn „eine Art Posterboy der nächsten CDU-Generation“. Ist er auf dem Weg zur Kanzlerhoffnung der Union?

Wüst wird solche Zuschreibungen offiziell immer bestreiten. Er weiß, wie schnell man verglüht. Seit seinem ersten Einzug in den CDU-Bundesvorstand vor über 20 Jahren hat er viele Männer kommen und gehen sehen, die sich selbst Kanzlerformat attestierten. Seine Lehre lautet: Wer als Erster hier ruft und zu offensichtlich drängelt, der wird garantiert nichts. Ist Politik für einen wie ihn ein auf Jahre angelegtes Assessment-Center? Man stellt geduldig seine Eignung unter Beweis, indem man Aufgaben dann erledigt, wenn sie anfallen. Durch sorgsames Anpassen, Priorisieren und Erkennen von Optionen? Wüst ist in Nordrhein-Westfalen bis mindestens 2027 gewählt. Aber: Will er mehr? Und: Wie konnte es überhaupt so weit kommen, dass ausgerechnet jemand wie Hendrik Wüst in die Poleposition der Macht gelangt ist?

Er war nie ein Parteidarling, dem die Herzen zufliegen, genießt stattdessen über Jahre den zweifelhaften Ruf eines glatten Karrieristen, der schon in der Abiturzeitung des Bocholter Euregio-Gymnasiums als „schwarze Socke" veralbert wird. Es ist eine schöne Ironie, dass ausgerechnet Wüst seit Jahrzehnten ohne CDU-Mitgliedsausweis durchs Leben geht. Als er um die 20 Jahre alt ist, wird ihm einmal das Portemonnaie mit allen Dokumenten gestohlen: „Seither ist auch der Mitgliedsausweis weg. Aber ich bin bislang noch bei jedem Parteitag reingekommen", sagt er. Wüst macht sich in der CDU nie einen Namen als politischer Vordenker, dem eine allzu große Thementreue nachgesagt würde. Vielmehr versteht er es, die sich wandelnden Geschäftsbedingungen der Politik zu antizipieren und Mehrheiten für sich zu organisieren. Wüst ist ein Wandlungskünstler der Macht. Einer, der den Zeitgeist mit traumwandlerischer Sicherheit zu lesen versteht. Der mit unbändigem Fleiß, viel Geschick und jeder Menge Geduld Marktlücken erkennt und Chancen für sich nutzt. Der sich programmatisch immer wieder häutet, wenn es angezeigt erscheint. Kurzum: Hendrik Wüst ist *„Der Machtwandler"*.

Er schafft es über die Jahre ansatzlos, stets ein neues öffentliches Bild von sich zu entwerfen. Er ist mal schneidiger Jungunionist und rechter Hardliner, dann moderner Konservativer und Wirtschaftsflügelmann, schließlich Schwarz-Grüner mit sozialen Themen, am liebsten einer für alle. Aber: Wie macht er das? Wie arbeitet er? Was ist echt an ihm? Auf wen verlässt er sich und worauf ist bei ihm Verlass?

Wüst verfügt über eine Gabe, die ihm Weggefährten bereits in jungen Jahren attestieren: Er sei „ein lernendes System", könne Menschen gut lesen, sich blitzschnell auf neue Begebenheiten einstellen und vorausschauend Netzwerke knüpfen. Ist er damit ein typischer Repräsentant seiner Politiker-Zeit? Die milieuscharfe und emotionale Bindung von Menschen an einzelne Parteien nimmt ab, die Wahlentscheidung wird immer stärker zur Frage der aktuellen Themen- und Typenkonjunktur. Wo programmatische Unterschiede verschwimmen, werden Ansehen und Aussehen für die Vertrauensbildung zum Kandidaten zentral. Ist Wüst also ein neuer Typus Politiker, der sich den immer komplizierteren Erwartungen des Souveräns anpassen kann wie ein Algorithmus?

Dieses Buch zeichnet den Weg eines Vertreters der Generation X nach, die als erste völlig anders sozialisiert wurde als jene des aktuellen

Kanzlers Scholz. Professionelle Wendigkeit in medialer Dauererregung bei permanenter Verflüssigung ideologischer Gewissheiten – macht das die Methode Wüst aus und zugleich so schwer verständlich? Fast 100 Weggefährten, Mitarbeiter und Freunde, aber auch Gegner, Kritiker und Konkurrenten haben ihre Erinnerungen und Einschätzungen zu Hendrik Wüst beigesteuert. Sie erzählen mal offen, mal vertraulich, wie sie Karriere und Kalkül dieses Politikers einordnen. Manche melden sich unaufgefordert und wollen unbedingt etwas über diesen Politiker loswerden. Andere sind so vorsichtig, dass sie sich eine Tonaufnahme selbst für den internen Gebrauch verbitten und anderntags anrufen, um das wenige Gesagte noch einmal abzuschwächen. Es finden sich einige Zeitzeugen, die bekennen, Wüst seit 20 Jahren zu kennen und doch nicht zu wissen, wer er eigentlich ist. Auch Hendrik Wüst selbst hat sich Zeit genommen, um Rückschau zu halten und sich zu erklären.

Anfang des Jahres 2023 im Landeshaus reagiert er auf das Ansinnen, ihn und seinen Politikstil in Buchform zu porträtieren, zunächst mit kokettem Desinteresse. „Haben Sie keine Playstation?“, frotzelt er. Es wird nicht vollends klar, ob Wüst ein solches Buch als Interpretationsangebot zu seiner Persönlichkeit und Politik als Chance begreift oder als PR-Risiko scheut. Verhindern kann er diese Annäherung ohnehin nicht. „Na ja, jeder verbringt seinen Sommerurlaub so, wie er will“, spottet er mit Blick auf die Schlussredaktion zur Jahresmitte 2023. Es klingt selbstsicher. Bei einem späteren Termin bremst er weiter, diesmal ohne Ironie, eher nachdenklich: „Jetzt ein Buch über mich zu schreiben, empfinde ich als recht früh.“ Er sabotiert die Recherchen nicht, vermittelt aber den Eindruck, dass ihm an einer kritischen Gesamtbilanz des 47-jährigen Menschen und Politikers Hendrik Wüst jedenfalls zum gegenwärtigen Zeitpunkt nicht gelegen ist.

Die Spurensuche führt nach einigen Wochen zu einem langjährigen, durchaus wohlmeinenden Wegbegleiter des Ministerpräsidenten. Wenn man ihn danach befragt, was Hendrik Wüsts Überzeugungskern sei, dieser politische Ur-Antrieb, sein unverhandelbares Wertegerüst, das jeden Homo Politicus am Ende ausmacht, antwortet dieser: „Ich hoffe, es durch Ihr Buch zu erfahren.“

Der Geprägte

Herkunft, Heimat und die Suche nach Halt

Wer eine Konstante sucht im Leben des einst schlaksigen Schülers Hendrik und des heute mächtigen Ministerpräsidenten Wüst, findet sie in Raum „E3 D22“ des Düsseldorfer Landtags. Das Büro im dritten Stock ist nur mit einiger Ortskenntnis zu finden. Lange und etwas düstere Gänge voller endloser Türreihen winden sich durch den Parlamentsrundbau am Rhein, bis endlich ein Plexiglasschild an der Wand auftaucht: „SPD-Landtagsfraktion. Dr. Timo Grunden, Grundsatzreferent“. Ein freundlicher Mittvierziger mit einem roten SPD-Mehrwegbecher in der Hand bittet herein. Grunden entschuldigt die Unordnung. Es ist Februar 2023 und die Legislaturperiode in Nordrhein-Westfalen noch nicht sehr alt, viele Büros der Fraktionsmitarbeiter sind gerade erst neu zugeteilt worden. Ein großformatiges Bild der US-Kultfamilie Simpson lehnt senkrecht an der Wand. Bücher liegen verstreut über dem Sofa. Auf dem Tisch stapeln sich Papiere. Allerlei Notizen lassen erahnen, dass sich hier jemand hauptberuflich damit beschäftigt, Angriffsflächen zu identifizieren. „Gerade die Problematik rund um schlechte Rohstoffe und verzögerte Baubeginne lässt sich gut emotionalisieren“, steht da gut lesbar auf einem Zettel. Es werden Parlamentsanfragen oder „Öffentlichkeitsarbeit zu akuten Brücken- und Autobahnproblematiken“ empfohlen. Auch eine Oppositionsbotschaft ist schon vorformuliert: „Der Weg zur Arbeit müsse für Arbeitnehmer*innen möglich sein: ‚Damit der Tag nicht schon morgens gelaufen ist‘.“ Grunden kennt die politische Achillesferse der schwarz-grünen Landesregierung von Ministerpräsidenten Wüst, der vorher fünf Jahre lang Verkehrsminister in Nordrhein-Westfalen war. Vor allem weiß Grunden besser als die meisten anderen im politischen Betrieb, wer dieser Hendrik Wüst eigentlich ist.

Sie stammen beide aus der 20.000-Einwohner-Gemeinde Rhede im Westmünsterland, sind gleich alt und kennen sich seit Kindheitstagen:

Grundens Cousins wohnen damals bei Wüsts gegenüber. Wenn er dort zum Familienbesuch ist, spielen die Jungen schon mal draußen mit Hendrik zusammen. Nach der Realschule wechselt Grunden zum Euregio-Gymnasium nach Bocholt, wo er Wüst wiedertrifft. Sie machen 1995 gemeinsam Abitur. Grunden hat auch den Politiker Wüst von Tag eins an erlebt. Schon als Oberstufenschüler kandidieren sie beide 1994 für den Rheder Stadtrat. Wüst für die CDU, Grunden für die SPD. Wüst gewinnt im schwarzen Münsterland auf Anhieb den Rheder Stadtbezirk 7 und startet eine nunmehr fast 30-jährige Laufbahn voll von Ämtern und Mandaten. Grunden verliert im Wahlbezirk 16 gegen den CDU-Ratsfraktionschef Alfons Kalkofen. Er muss sich mit der Rolle des „sachkundigen Bürgers" im Stadtrat begnügen, zieht aber später aus, um ein einflussreicher Politikberater zu werden. Der eine übt Macht aus, der andere kann sie erklären.

Nach der Schule geht Grunden zunächst nach Marburg, um Politikwissenschaften und Philosophie zu studieren. Über eine Station in Prag landet er bei der „NRW School of Governance" an der Universität Duisburg-Essen. Grundens Doktorarbeit trägt den Titel: „Politikberatung im Innenhof der Macht: Zu Einfluss und Funktion der persönlichen Berater deutscher Ministerpräsidenten". Er steigt auf zum Leiter der „Forschungsgruppe Regieren" und wird Akademischer Rat. Später übernimmt er Vertretungsprofessuren und ist Mitautor des Standardwerks „Regieren in Nordrhein-Westfalen: Strukturen, Stile und Entscheidungen 1990 bis 2006". Die *Rheinische Post* bezeichnet Grunden einmal als „akademischen Ziehsohn" des Politikprofessors und TV-Wahlanalysten Karl-Rudolf Korte. Nach einigen Jahren in der Wissenschaft erreicht Grunden ein Anruf aus der SPD-Landtagsfraktion. Ob er jemanden wisse, der die politische Arbeit der Fraktion ein wenig strukturieren könne? Grunden überlegt. Eigentlich wäre das der ideale Job für einen politischen Kopf mit Praxissehnsucht. Doch Grunden ist frisch verbeamtet und müsste sich beurlauben lassen. Die SPD-Landtagsfraktion wirbt weiter und macht ihm schließlich ein unmoralisches Angebot, wie Grunden es selber nennt. Seither ist er Hendrik Wüst wieder ganz nah. Der eine regiert, der andere attackiert. Es gehört zu Grundens Jobbeschreibung, Wüst zu kritisieren.

Hin und wieder verschränken sich Vergangenheit und Gegenwart. Als Wüst im Oktober 2021 erstmals im Landtag zum Ministerpräsidenten gewählt wird, veröffentlicht Grunden bei *Twitter* einen mehr als 30 Jahre alten Ausschnitt aus ihrer Lokalzeitung. Das Foto zum Text zeigt Wüst als Kinderkarnevalsprinzen Hendrik I. in der närrischen Diaspora Rhede „mit seiner Lieblichkeit“ Sandra Dücking. Die jungen Tollitäten schauen etwas gequält in die Kamera, weshalb Grunden ironisch Zweifel an der Rheinland-Kompetenz des neuen Düsseldorfer Regierungschefs anmeldet: „Man beachte aber die Begeisterung des Westfalen für den Karneval. Glückwunsch an @HendrikWuest.“ Es ist eine der harmloseren Frotzeleien. Unangenehmer wird es für Wüst, wenn Grunden die Opposition mit scharfen Parlamentsreden munitioniert. Gleich zur ersten Regierungserklärung des neuen Ministerpräsidenten komponiert er eine Erwiderungsrede des seinerzeitigen SPD-Fraktionschefs Thomas Kutschaty, die von den Oppositionsbänken mit stehenden Ovationen gefeiert wird. Es sind wohlgesetzte Spitzen. Mit Genugtuung beobachtet Grunden in solchen Momenten, dass Wüst erkennbar Mühe hat, in der Rolle des jederzeit kontrollierten, freundlich-friedfertigen Landesvaters zu bleiben. „Dann steht er nämlich auf und trinkt Wasser“, erklärt Grunden, „ihm wurde wohl eingetrichtert: Rege Dich nicht auf. Reagiere nicht darauf. Lass Dich nicht provozieren. Und das zieht er bis heute durch.“ Es gibt an der Kopfseite des Düsseldorfer Plenarsaals eine große Wand mit Landeswappen, hinter der Abgeordnete für kleine Erfrischungen kurz verschwinden können. Wüst scheint die Trinkpause zu nutzen wie ein gewiefter Tennis-Profi das „Medical-Time-Out“, den kurzen Gang in die Kabine zwischen zwei Sätzen: Man sammelt sich noch einmal, wenn es nicht läuft, und bringt den Gegner damit aus dem Rhythmus.

„Er will unbedingt verhindern, dass irgendwo was hängen bleiben oder irgendetwas irgendwen provozieren könnte“, glaubt Grunden. Contenance und Kontrolle um den Preis der Substanzlosigkeit? Wüst macht es heute dem politischen Gegner durch sterile Konsensfähigkeit schwer. „Keine Fehler machen! Keine Fehler machen! Nicht auffallen. Nur Reden halten, die man sofort wieder vergisst“, sei wohl die Devise, analysiert Grunden. Wüsts CDU-Amtsvorgänger Laschet sei wenigstens ein leidenschaftlicher Parlamentarier gewesen, der die politische Auseinandersetzung im Landtag respektiert habe. Wüsts Leuten hingegen sei der politische Wettstreit im Abgeordnetenhaus völlig egal. „Nur Phrasen, kein Wortwitz, nichts, was in Erinnerung bleibt", sagt Grunden, „als wäre es daraufhin gesäubert, dass nichts hängen bleibt." Er muss jedoch einräumen, dass die Methode Wüst im Ministerpräsidentenamt machttechnisch ziemlich erfolgreich ist. Jeder Tag, an dem die Bürger von politischem Streit, markanten Aussagen oder allzu ambitionierten Plänen verschont bleiben, zahlt augenscheinlich auf das Image des präsidialen Amtsinhabers ein.

Dabei hat Grunden über Jahrzehnte einen anderen Hendrik Wüst kennengelernt. In den 90er-Jahren ist der SPD-Mann einmal als sachkundiger Bürger im Rehder Stadtrat zu Gast und erlebt dort die ersten politischen Auftritte des heutigen Ministerpräsidenten: „Der machte daraus schon einen kleinen Bundestag. Mit seinen Reden", erinnert sich Grunden, „der war da der Scharfmacher". Doch das demonstrativ Scharfe und Konservative von einst sei inzwischen ins demonstrativ Unpolitische umgeschlagen. Grunden und Wüst stammen zwar aus derselben Kleinstadt, kommen aber doch aus ziemlich unterschiedlichen Lebenswelten: Der SPD-Referent durchläuft in seiner Jugend eine Phase, in der er unangepasst sein will und sich als Punk und Gruftie kleidet. Wüst hingegen sieht auf alten Fotos fast genauso aus wie heute. Gleiche Frisur, gleiche Haltung, nur die Brille bekommt er erst mit 19 Jahren. Grunden mischt seit dem 16. Lebensjahr bei den Jusos mit und kreist einst um die großen Fragen: Kapitalismus, Imperialismus, Asylrecht sowie Golfkrieg und „Kein Blut für Öl". Es werden Flugblätter gedruckt und Weltfriedenspläne geschmiedet. Wüst erscheint derweil in Grundens Augen früh als filmreifes Jungunionisten-Klischee. Man sah dessen Clique auf dem Schulhof im blauen Blazer mit Goldknöpfen, dazu diese Aktenköfferchen mit dem Aufkleber „Bundeswehr? Mit Sicherheit Ja!". Wüst leistet später gar keinen Wehrdienst, weil er ausgemustert wird. Als Schüler muss er sich einer Notoperation unterziehen, als sein Blinddarm platzt. Bei der Intubation geht etwas schief, weshalb Wüst bis heute unter chronischem Husten leidet. Bei öffentlichen Auftritten hört man gelegentlich dieses heisere Räuspern.

Am Euregio-Gymnasium in Bocholt belegen Grunden und Wüst zusammen die Leistungskurse Deutsch und Geschichte. Die Schule ist eine typische NRW-Neugründung aus den 70er-Jahren, das vierte Gymnasium der Stadt. Viele Kinder aus den zahlreichen Neubaugebieten finden hier ihren Platz. Und eben die „Rhedenser", wie Wüst und die Schüler aus der Nachbarstadt genannt werden, die morgens mit dem Fahrrad durch die Felder nach Bocholt fahren. Vor allem für jüngere, eher linksliberal orientierte Lehrer mit Reformideen ist das neue Euregio-Gymnasium attraktiv. Das prägt den Geist der Schule auch noch 20 Jahre später, als Wüst dort Abitur macht. „Er hatte es damals nicht leicht", sagt Grunden, „weil die, die sich für links interessierten, waren schon deutlich in der Mehrzahl." Es ist ein für das konservative Münsterland ungewöhnlich progressives Gymnasium, in dem Jungunionisten wie Wüst eher als Exoten gelten. Politik ist Dauerthema auf dem Schulhof. Bei Debatten geht es mitunter hoch her. Gerade an Geschichtslehrer Gottfried Bückmann, der im Jahr 2020 verstirbt, reibt sich der junge Wüst. Der Pädagoge ist als „links" verschrien, sitzt später für die SPD im Stadtrat von Hamminkeln und bringt mit seinem debattierfreudigen Unterricht schon mal CDU-nahe Elternhäuser in Wallung. Bückmann stellt den Schülern eigenwillige Aufgaben: Sie sollen beispielsweise eine Rede von Franz Josef Strauß auf faschistoide Elemente analysieren oder eine Pressemitteilung der SED zum Mauerfall verfassen. Unkonventionelle, aber durchaus pädagogisch wirksame Methoden. Viele Schüler sind noch Jahre später begeistert. Auch Wüst. Trotz der weltanschaulichen Kluft bilanziert er heute rückblickend: „Das war ein toller Lehrer, der mich über die gesamte Gymnasialzeit geprägt hat. Er hat uns damals die Aufgabe gegeben, jeden Abend die *Tagesschau* zu gucken und die drei wichtigsten Nachrichten zusammenzufassen. Der wollte einfach, dass wir uns für Politik interessieren."

Der ehemalige Schülersprecher Ivo Leunig, der damals ebenfalls im Geschichte-Leistungskurs sitzt, erlebt Wüst dagegen auf verlorenem Posten. Der Lehrer provoziert laufend mit Thesen und will die Schüler argumentativ fordern. Grunden und seine Freunde von den Jusos hätten in den Debatten meist den Ton gesetzt, Wüst sei dem nicht gewachsen gewesen, erinnert Leunig. Einmal wird der Schülersprecher vom

Schulleiter im Direktorenzimmer aufgehalten, obwohl er zu einer Matheklausur muss. Sie vergessen ein wenig die Zeit. Der Mathelehrer wird unruhig, lässt Leunig ausrufen. Schließlich schickt er einen Mitschüler los, um nach ihm zu suchen: Es ist Hendrik Wüst. Der hat sich nicht danach gedrängt und will eigentlich lieber seine Klausur weiterschreiben, doch er scheint eine Vertrauensstellung bei den Lehrern zu besitzen. Das macht einen bei Mitschülern schnell als Streber verdächtig. Irgendwann kommt es jedoch zu einer Art Großen Koalition am Euregio-Gymnasium: Wüst und Grunden gehen gemeinsam gegen Pläne der Schule vor, Kopierkosten von zehn Mark pro Halbjahr einzuführen. Sie arbeiten zusammen, auch wenn sie damals unterschiedlich motiviert wirken: Wüst wittert die kalte Einführung einer neuen Steuer, Grunden treibt eher linker Widerspruchsgeist gegen die Obrigkeit. Sie wälzen die Schulordnung und schmieden einen Schlachtplan. Das ungleiche Duo kann schließlich der Schulleitung nachweisen, dass die Kopierkosten eine freiwillige Leistung sind und nicht verordnet werden dürfen. „Damals haben wir mal zusammengearbeitet und der Schulleitung mit juristischen und politischen Mitteln gezeigt, was eine Harke ist", erinnert sich Grunden. Er lacht.

Obwohl Wüst in der Abiturzeitung als „schwarze Socke" und „Amateurpolitiker" veralbert wird, erlebt ihn der ehemalige Euregio-Lehrer Johannes Seggewiß keineswegs als Außenseiter. „Er hat sich sehr für die Interessen der Schüler eingesetzt", sei unheimlich engagiert, zielstrebig und argumentationsfreudig gewesen, sagt er. Seggewiß ist inzwischen Pensionär und lebt in Köln. Er kennt das Gymnasium jedoch so gut wie kaum ein anderer: Schon als Student hat er dort seit 1974 nebenher gejobbt und später über Jahrzehnte Tausende von Schülern in Musik und Latein unterrichtet. Wüst ist nie in einem seiner Kurse, doch als langjähriger Ansprechpartner der Schülervertretung kennt er den Jungpolitiker natürlich. Wer Seggewiß heute in seiner Maisonette-Wohnung trifft, spürt bei diesem herzlichen Mann in Jeans und Strickjacke noch immer, dass Lehrer für ihn mehr Berufung als Beruf bedeutet. Er hat Schülerbands geformt, frühere Abschlussklassen zu sich nach Hause eingeladen und grundsätzlich jedem Schüler nach dem Abitur das „Du" angeboten. Nach dem Ausscheiden aus dem Schuldienst zieht

Seggewiß von Bocholt nach Köln-Porz. Als der Verkehrsminister Wüst einmal für eine Informationsveranstaltung zu einem Autobahnprojekt im Stadtteil angekündigt ist, sagt der Lehrer zu seiner Frau: „Komm, den Hendrik gucken wir uns mal an." Wüst erkennt den ehemaligen Lehrer sofort und sagt nach der Veranstaltung vertraut: „Hallo, Johannes!" Seggewiß findet das toll, „dieses Bodenständige". Später ist der Lehrer noch einmal in Düsseldorf unterwegs. Gemeinsam mit seiner Frau möchte er sich den Medienhafen anschauen. Wüst ist da bereits zum Ministerpräsidenten aufgestiegen. Seggewiß erkennt den einstigen Euregio-Schüler zwischen Landtag und Staatskanzlei auf einige Entfernung in einem Tross aus Mitarbeitern und Sicherheitsleuten. „Als er mich gesehen hat, ist er sofort rübergekommen und hat sich einen Moment Zeit genommen", schwärmt der Pädagoge, „das macht auch nicht jeder." Selbst der politische Gegenspieler Timo Grunden kann sich über Wüsts Umgangsformen nicht beschweren. Trotz aller Differenzen und ihrer unterschiedlichen Rollen hätten sie sich persönlich nie zerstritten, sagt er. Wenn Wüst in Rhede beim Einkaufen Grundens Mutter trifft, berichtet sie hinterher meist dem Sohn am Telefon davon, wie freundlich der wichtige CDU-Mann wieder gegrüßt habe. Bei einer dieser Begegnungen erzählt Wüst ihr sogar, dass er ein Buch von Timo gekauft und verschenkt habe. „Das fand ich nett", sagt Grunden.

Die Schulzeit bedeutet für Wüst die erste große Suche nach Orientierung und Sicherheit. Er ist kein sonderlich guter Schüler, der aus Zeugnissen Anerkennung ziehen könnte. „Es gab immer Riesenstress zu Hause", erzählt er Jahrzehnte später mal in einem Interview. Die Eltern predigen die gute alte Nachkriegsphilosophie: „Kannste was, dann haste was, dann biste was." Der Junge soll Abitur machen, damit er seinen Weg gehen kann. Beim Elternsprechtag wartet zu Hause regelmäßig „ein Donnerwetter", wie Wüst es formuliert. Als er mit 16 Jahren einen Blauen Brief in Mathematik und Französisch bekommt, sind Mutter und Vater über die Post von der Schule derart bestürzt, dass sie wechselseitig versuchen, die Schmach voreinander zu verheimlichen. Bei allem früh entflammten politischen Postenehrgeiz bilanziert Wüst nachträglich: „Was Lernen anging, war ich schon ein schwieriges Kind." Am Ende schafft er das Abitur doch noch mit einem Notenschnitt von 2,5, was für den damaligen Numerus Clausus im Fach Jura an der Universität Münster reicht. Die Profilierung gegen den progressiven Mainstream am Euregio-Gymnasium bietet ihm derweil die Gelegenheit, die eigene Persönlichkeit auszuformen. „Irgendwann sortiert man sich ein. Es macht ja auch Spaß zu polarisieren", sagt ein Wegbegleiter aus Jugendtagen, der Wüst damals erlebt und bis heute losen Kontakt mit ihm hält. Die Rolle des Konservativen auf dem Schulhof ist gleichwohl nur eine zarte Rebellion, denn eigentlich verkörpert Wüst damals nur das, was ihm aus Rhede allzu vertraut ist.

Der schwedische Fußball-Millionär Zlatan Ibrahimović, der es aus dem Problemviertel „Rosengard" in Malmö bis in die glitzernden Weltmetropolen Mailand, Barcelona oder Paris schafft, hat über die Prägewirkung der Heimat einmal gesagt: „Du kannst den Jungen aus dem Ghetto holen, aber nicht das Ghetto aus dem Jungen." Rhede ist das glatte Gegenteil eines Ghettos, aber die Gewissheiten dieser kleinstädtischen Idylle im Kreis Borken scheinen auch in Wüst tief drin zu stecken. Vier Kirchen, ein Kino, aber kein Bahnhof oder Theater. Stattdessen viel Klinkerfassade, Kopfsteinpflaster sowie Architektureinflüsse aus den nahen Niederlanden. Schützenfest, Kegelbahn, Bauernhöfe. Wenn man bei Google Maps den Ort „In dem die Welt noch in Ordnung ist" eingeben könnte, würde man wohl hierhin navigiert. Der Ratssaal, das „Rheder Ei", wird an sitzungsfreien Tagen auch für Kulturveranstaltungen genutzt. Der Münsterländer ist pragmatisch. Nach Auf- und Abstieg der Textilindustrie wächst die Stadt wieder, aber nicht zu sehr nach Westen, damit sie nicht eines Tages in die größte und attraktivste Stadt im Kreis, Bocholt, eingemeindet wird. Die Stadtrechte werden seit jeher eisern verteidigt. Rhede ist heute beliebter Wohnort für „ordentliche Leute", die beschaulich und vergleichsweise günstig bauen wollen und einigermaßen schnell nach Münster oder ins Ruhrgebiet müssen.

Wüst wollte hier nie weg, auch wenn er gelegentlich Weggabelungen andeutet, die in ein Leben in Berlin, im Ausland oder sonst wo hätten münden können. Die weitgehend überraschungsfreie Berechenbarkeit dieser Heimat hat sich ihm eingebrannt. „Zuhause ist der Puls niedriger", sagt er gern. Er mag die Ereignislosigkeit der Provinz, das platte Land mit seinen endlosen Fahrradwegen: „Ich bin ein Mensch, der muss draußen sein und sich bewegen, sonst werde ich rappelig", erklärt er. Rappelig ist auch so ein Wort, das man in Berlin-Mitte nur noch selten hört. Jemand wie Wüst nennt als Lieblingsgericht Rindsroulade, wählt lieber Mayo als Ketchup und entspannt sich „bei einem Pralinchen". Er spielt lieber Schach als Monopoly. Als Jugendlicher hat er gern die Trucker-Serie „Auf Achse" mit Manfred Krug im Vorabendprogramm geguckt und träumt sich wohl nur bei „Alles wird gut" von den Toten Hosen, seiner ersten Single-Schallplatte, aus dem Kinderzimmer weg. Im Refrain des Hosen-Hits aus dem Jahr 1990 heißt es: „Wir sind auf dem Weg in ein neues Jahrtausend, auf dem Weg – ein Kreuzzug ins Glück." Wüsts Glück bleibt bis heute Rhede, wo er jeden und alles kennt. Außer 1997/1998 im Studentenwohnheim in Münster, einige Monate 2003 in einer WG am Brüsseler Bahnhof „Midi" sowie ein halbes Jahr 2004/2005 an der Invalidenstraße in Berlin und bis heute unter der Woche in der Zweitwohnung in Düsseldorf-Unterbilk hat er nie lange woanders gelebt.

An einem Montagmittag im März 2023 erklärt sich Wüst zu einer kleinen Stadtführung bereit. Es ist kühl. Wüst trägt einen blauen Kurzmantel und hat den grauen Schal eng geknotet. Er zeigt kurz das neue Rheder Rathaus aus den 90er-Jahren, in das er sonst nur noch zur Passverlängerung muss. Er läuft über die verwaisten Flure des gläsernen Verwaltungsbaus und sucht jemanden, der kurz das „Rheder Ei" aufschließen kann. „Die Journalisten wollen nur mal gucken", erklärt er der Dame aus dem Bürgermeisterbüro. Draußen hakt Wüst später kurz den „Rheder Bach" ab, der sich in der Hochphase der Textilindustrie wegen der Tuch-Chemikalien schillernd verfärbt haben muss. Heute plätschert er klar dahin. Was gibt es sonst noch? Wüst ist nicht der Typ heimatstolzer Fremdenführer. Er geht eben rüber zu den fast fertigen „Stadthöfen", einem neuen Karree aus Hotel und Geschosswohnungen mitten in der Rheder Fußgängerzone. Früher stand da das Gebäude, in dem Wüsts Großeltern eine Metzgerei betrieben. Er erwähnt das so tonlos, dass man nicht weiß, ob er diesen Strukturwandel schlimm oder schön findet – oder ob es ihm egal ist.

Plötzlich ruft jemand: „Hallo!" Noch einmal: „Haaaalllooo!" Wüsts Personenschützer werden aufmerksam. Ein älterer Herr kommt aus einem Café auf Wüst zugelaufen. „Hömma, Du wirst auch fürs Spazierengehen bezahlt", sagt der grauhaarige Mann mit Drei-Tage-Bart lachend und knufft Wüst in die Schulter. „Ach, Dieter." Es ist Dieter Schlebes, Wüsts Friseur. Der 78-Jährige ist eine Institution im Ort und schneidet dem Ministerpräsidenten seit über 35 Jahren die Haare. Wüst kommt zu ihm, wie es seine Terminlage erlaubt, meist samstags nach Geschäftsschluss. In Ausnahmefällen sogar sonntags, nur nicht am Montag. Das gibt nur Ärger mit der Innung. Schlebes steht noch selbst zehn Stunden am Tag im Salon um die Ecke, der mit seinen wuchtigen Frisiersesseln diese duftende Behaglichkeit der guten alten Zeit verströmt. Hier wird der Fassonschnitt noch penibel mit der Schere erarbeitet. Nicht diese Schermaschinen-Abfertigung der Billigketten. Den neuesten Dorftratsch gibt es gratis. Auf dem langen Spiegeltisch hat Schlebes einen kleinen Hendrik-Schrein aufgebaut: Fotos des Ministerpräsidenten, eine Autogrammkarte, ein Schreiben mit NRW-Wappen, Wüsts ausgedruckte Geburtstagsgrüße, dazu ein Wüst-Selfie mit Kittel. Schlebes hat schon mal dem *WDR* in die Kamera gesagt, dass sie entschieden hätten, beim früher strenger gescheitelten Wüst oben etwas mehr „Natur" zu lassen. In einem Radiointerview verrät der Coiffeur zudem, dass der Ministerpräsident „viel Wert auf sein Äußeres" lege. Wenn Wüst in seinem Stuhl sitze, gingen sie auch schon mal die Frisuren des Kabinetts durch. Arbeitsminister Karl-Josef Laumann etwa bekomme die Haare von seiner Frau geschnitten, habe Wüst ihm erzählt, berichtet Schlebes zeternd in der Live-Sendung. Ein Autogramm wünscht sich der Friseur hingegen vom gut geföhnten, wenngleich politisch inzwischen ziemlich rasierten CSU-Politiker und Wüst-Freund Andreas Scheuer. Der habe die Haare schön.

Schlebes gehört zu den wenigen Menschen, die das dürfen: die Sphären der Heimat und die der Politik fahrlässig zu vermischen. Wüst achtet seit Jahrzehnten darauf, dass Rhede sein privater Schutzraum bleibt und er die Kontrolle über sein öffentliches Bild behält. Das ist mehr als westfälische Zurückhaltung. Er will bestimmen, welche Anekdote über ihn in Umlauf kommt – und welche nicht. Freunde wissen das, alle anderen sind keine Freunde. Oder wissen oft nichts. Wer den Menschen hinter dem Politikprofi kennenlernen will, braucht viel Beharrlichkeit. Wüst wurde fünfmal direkt in den Landtag gewählt, er kennt die CDU wie kaum ein anderer. Er ist zu Hause im Münsterland, dort omnipräsent und hat in den vergangenen 30 Jahren über zig Gremien und Posten auf diese und jene Weise bei anderen Menschen Eindruck hinterlassen. Viele haben ihn schon persönlich erlebt, etliche können ihn direkt auf dem Handy anrufen. Er spricht mit jedem und lässt sich von vielen duzen. Doch wirklich kennen? Es wirkt bei Wüst bisweilen ein wenig wie bei dem lächelnden Jungen auf der orangenen Zwieback-Packung von „Brandt": Immer da, irgendwie ganz nett, aber nie wirklich kennengelernt. Selbst Menschen aus dem Politikbetrieb, die seit Jahrzehnten mit Wüst zu tun haben und viel über ihn wissen müssten, blocken bei einer Frage schnell ab: „Persönliches dürfen Sie mich nicht fragen", heißt es dann fast reflexhaft, „so gut kenne ich ihn auch wieder nicht." Was ihn bewegt und antreibt, wann und wo er ganz bei sich ist? Es gibt viele Leerstellen abseits der von Wüst selbst in Umlauf gebrachten Geschichten. Bei Wikipedia wird noch bis Ende 2012 ein falsches Abiturjahr veröffentlicht, ohne dass es jemandem aufgefallen wäre. Selbst sein Einzug in den Stadtrat von Rhede wird in der Online-Enzyklopädie unkorrekt auf 1995 datiert. Vor der Verschlossenheit des Hendrik Wüst im heimatlichen Umfeld scheint sogar die Schwarmintelligenz zu versagen.

Doch Dieter Schlebes kennt die Familie Wüst und ihre Geschichte. Er hat allen die Haare geschnitten. In den letzten Jahren vor dem Tod des Vaters Anfang 2010, als der gesundheitlich immer weiter abbaute, ist Schlebes sogar zum Frisieren ins Haus gekommen. „Ich bin Dir zu großem Dank verpflichtet, dass Du immer zu Papa gefahren bist", habe Wüst junior ihm schon häufiger gesagt. Als drittes Kind von Anneliese und Franz-Josef Wüst kommt Hendrik am 19. Juli 1975 im St. Vinzenz-Hospital in Rhede zur Welt. Er ist ein Nachzügler, seine Schwestern Barbara und Eva Maria sind zehn und neun Jahre älter. In welches Milieu er hineingeboren wird, verrät Wüst vor Jahren einmal in einem eigenwilligen Lebenslauf im Reportagestil, der natürlich längst von seiner Homepage getilgt ist: „Es war gegen halb elf, der Wagen war gewaschen und es schien die Sonne. Eigentlich sollte es ein ruhiger Tag werden. Eigentlich: Denn schon auf den untersten Treppenstufen des

Krankenhauses erkannte Franz-Josef Wüst, dass es diesmal ganz anders werden sollte als vor neun und zehn Jahren. An diesem Samstag wackelten die Wände des alten Gemäuers bedrohlich. So ein Gebrüll war nie zuvor durch die Pendeltüren des Rheder Kreißsaals ins Münsterland gedrungen. Franz-Josef Wüst ließ die Zeitungen fallen und war sich ganz sicher: ‚Das muss ein Junge von Wüst sein!'" Aus diesen Zeilen quillt Stammhalter-Stolz und ganz viel bundesrepublikanische Bürgerlichkeit der 70er-Jahre. Der Vater, der samstags mit gewaschenem Wagen, Zeitungen unter dem Arm für die Warterei während der Wehen und ganz viel Hoffnung auf einen Sohn auf der Geburtsstation vorbeischaut – so erleben das damals Millionen Familien im Westen.

Wüst sagt von sich, „in behüteten Verhältnissen" aufgewachsen zu sein. Mutter Anneliese, geborene Brinkhaus, ist das Zentrum der Familie. „Eine sehr warmherzige Frau", sagt ein Jugendfreund. Sie kommt nicht nur aus einer Metzgerfamilie, sondern hat auch selbst Fleischerin gelernt. Sekundärtugenden wie Disziplin und Pflichtbewusstsein werden von ihr vorgelebt. „Das war ehrlicher Fleiß, nicht neureich", erklärt der Jugendfreund am Telefon. Das mütterliche Arbeitsethos überträgt sich bis heute auf den Sohn. Wenn Wüst seine hölzerne Art und die fast manische Absicherung vor öffentlichen Auftritten vorgehalten wird, ärgert ihn das erkennbar. Er will vor jedem Termin wissen, wer wo im Publikum sitzt, wer wann begrüßt werden muss und ob garantiert ist, dass er an einem Rednerpult in Ruhe vom Blatt ablesen kann. Spontanität ist in seiner Welt die charmante Übersetzung für: Mangel an Planung. Für ihn gehört das alles zur Professionalität eines Politikers: „Mein Respekt gegenüber diesem Amt gebietet es, gut vorbereitet zu sein. Die Menschen, die mir das Amt übertragen haben, müssen darauf vertrauen können, dass ich meine Arbeit gewissenhaft mache." Manchmal sagt er intern auch, dass er von einem Metzger doch ebenso erwarten könne, dass er sich die Hände wasche, bevor er die Wurst schneide. Die häusliche Prägung schimmert häufig in seinen Sprachbildern durch. „Meine Mutter hat als Beruf immer angegeben: Hausfrau aus Leidenschaft", sagt Wüst einmal in einem Interview. Es ist ein offenes Haus, die Eltern gelten als sehr gastfreundlich und haben häufig Übernachtungsbesuch. „Bei uns zu Hause war immer irgendein blubbernder

Kochtopf auf dem Herd", erzählt Wüst. Das Lieblingsessen des Jungen ist anfänglich jedoch eher ausgefallen: Krabbencocktail.

Die Mutter bringt ihn früh zum Turnverein Rhede. Beim Mutter-Kind-Turnen gilt Hendrik als äußerst schüchtern und „sehr mutterfixiert". Der lange und bis heute sportliche und schlanke Wüst kokettiert gern mit seinem Gardemaß: „Hosenlänge 34, Bundgröße variiert." Als Bewegungstalent gilt er indes nie. Er lernt erst allmählich, sportliche Defizite mit anderen Qualitäten zu kompensieren: „Schon in der Grundschule wurde ich zum Klassensprecher, obwohl andere Jungs viel cooler waren und besser Fußball spielen konnten", hat Wüst vor fast 20 Jahren in der Junge-Union-Zeitschrift *BISS35* stolz bilanziert. Beim TV Rhede wundert man sich bis heute, wie aus dem ängstlichen Muttersohn in wenigen Jahren ein zumindest selbstbewusster und wortflinker C-Jugend-Handballer, vor allem jedoch Rheder Kinderprinz werden konnte: „Sowas macht man nicht, wenn man scheu und zurückhaltend ist, sondern da muss man schon den Drang haben zur Performance", sagt der ehemalige Abteilungsleiter Manfred Gasterstädt, der ab 1988 sechs Jahre lang Wüsts Handballtrainer ist. Die persönliche Entwicklung Wüsts im Verein sei „stark" gewesen, findet Gasterstädt, der schon häufiger von Journalisten zu seinem prominenten Schützling befragt wurde. Ihm fallen dann immer lustige Begriffspaare zu „Henne" ein, wie Wüst damals von den Mannschaftskollegen genannt wird: „Mehr wortgewaltig als wurfgewaltig" sei der heutige Politiker gewesen, ein „Klappergestell" und „nicht mit überragendem Talent gesegnet". Aber eben auch: „bissig, ehrgeizig, mannschaftsdienlich, mit ausgeprägtem Humor". Der schmächtige Wüst spielt Linksaußen, was im Handball der 80er-Jahre eine Position für die weniger Talentierten ist. Mit der C-Jugend wird er Kreismeister. Ab der B-Jugend qualifiziert sich der TV Rhede für die Oberliga, seinerzeit die höchste Spielklasse für Jugendliche in Nordrhein-Westfalen. Die Rheder Jungen, die von den Gegnern als „Bauern" verlacht werden, müssen im Ruhrgebiet gegen Top-Vereine wie Tusem Essen oder den OSC Rheinhausen antreten, wo gleichaltrige Talente wie der spätere Welthandballer Daniel Stephan ihr Rüstzeug für große Karrieren bekommen.

Wüst stößt spielerisch schnell an seine Grenzen und gehört zur zweiten Garnitur des Teams. Doch in der robusten Abwehrarbeit am Kreis kann man ihn durchaus gebrauchen. „Er konnte sehr schnell herauskriegen, wo die Schwachstelle seines Gegenspielers war", erzählt Gasterstädt, „eine beliebte Sache von ihm war, jemanden so lange verbal zu bearbeiten, bis der die Contenance verlor und dann mit einer Zwei-Minuten-Strafe runtermusste. Dann kam Hendrik zu unserer Bank zurück, knipste mit den Augen, als wollte er sagen: Das ist mein Tor." Teamkollegen fällt schon früh eine Fähigkeit auf, die später auch den Politiker Wüst auszeichnen wird: „Er war nie emotional, immer bewundernswert cool." Es gebe Menschen, die koste es viel Energie, sich immer zu kontrollieren: „Bei ihm nicht. Da ist es eher eine natürliche Gabe."

Trotz seiner begrenzten Möglichkeiten genießt Wüst in der Mannschaft Anerkennung. Zum Anekdotenschatz des Vereins gehört über Jahre ein etwas verunglückter Austausch mit einem Handballteam aus Frankreich. Ein französischer Junge, der vorübergehend bei Wüsts einquartiert ist, findet die Coffeeshops in den nahen Niederlanden und das Schützenfest in Rhede so attraktiv, dass er ziemlich derangiert bei den Gasteltern aufschlägt. Der Ärger ist groß, so hatte sich Mutter Wüst europäischen Kulturaustausch nicht vorgestellt. Bei so etwas soll ihr Hendrik nie wieder mitmachen. Der Handball bleibt gleichwohl für die Familien ein schmales Fenster zu gesellschaftlichen Realitäten, die über die Enge Rhedes hinausreichen. So freundet sich Hendrik mit dem Teamkameraden Nouri an, einem jungen Aleviten. Der wird später Lehrer in Augsburg. Wenn Klassentreffen in der alten Heimat anstehen, ist es keine Frage, wo Nouri Quartier bezieht: „Ich penne bei Henne."

Beim TV Rhede ist immer was los. In der Kabine trinken die Mannschaftskameraden zusammen die ersten Biere, freitags nach dem Training geht es in die „Stadt", wie sie das Ortszentrum von Rhede nennen. Gerne ins „New Orleans", eine Kneipe, in der sich Wüst auch noch lange mit seinem „Tequila-Club" trifft. Das ist eine kleine private Freundesgruppe aus Jugendtagen, die einander die Treue hält, aber inzwischen keine mexikanischen Spirituosen mehr zu sich nimmt. „Es war eine schöne Zeit. Wir hatten einen tollen Zusammenhalt und Hendrik war immer mittendrin", erzählt der frühere Teamkamerad Torsten Wübling, der heute als Schulleiter arbeitet und Wüst nur noch zufällig in der Rheder Fußgängerzone sieht oder bei runden Handballer-Geburtstagen. „Hendrik war nie der überlegene Spieler, aber immer mit vollem Herzen dabei. Wir waren auf links ein gutes Team und haben uns gegenseitig in Szene gesetzt", sagt der frühere Mitspieler Klemens Kortenhorn. Der frühere Rückraum-Hüne arbeitet als Buchhalter. Die Freundschaft zwischen ihm und „dem Hendrik" hält bis heute. Sein einziges Oberliga-Tor gelingt Wüst ausgerechnet gegen den übermächtigen Bundesliga-Nachwuchs von Tusem Essen. Obwohl der TV Rhede am Ende mit 15 Treffern Differenz unterliegt, wird „Henne" von den Kameraden gefeiert wie ein Matchwinner. Später ist das Knie kaputt und Wüsts Handball-Zeit zu Ende.

Schon früh ragt die Politik in den Handball. Wüst gehört bereits mit 15 Jahren zu einer Gruppe von Jugendlichen, die sich berufen fühlt, die Junge Union (JU) in Rhede wiederzubeleben. Das Protokoll der Mitgliederversammlung vom 29. November 1990 im Hotel Hungerkamp weist Wüst als gewählten Pressereferenten aus. Es ist das erste Dokument, das sich zu seiner Politikerkarriere recherchieren lässt. Als Beisitzer werden damals Wüsts Freunde Frank Eimers und Stefan Rößing in den Vorstand gewählt. Der erste Vorsitzende ist Dietmar Kuhlmann, den Zeitgenossen als „Bilderbuch-Nachwuchspolitiker" beschreiben: Banklehre, Aktenkoffer, konservativ. Eimers, der heute bei der „Commerzbank" arbeitet, hat im Magazin *Focus* einmal im Jahr 2022 behauptet: „Wir kamen nicht von rechts innerhalb der CDU, eher von links." Von der „ökologischen Marktwirtschaft" habe man schon damals gesprochen. Andere Mitstreiter erinnern sich dagegen eher an einen klassisch stramm konservativen Junge-Union-Mainstream. Rößing betreibt heute eine Rechtsanwaltskanzlei in Rhede und gilt als der engste persönliche Freund von Wüst. Die Verbindung ist offenbar zu vertrauensvoll, um sich darüber öffentlich auszulassen. „Wir sind mit Familie Wüst privat verbunden und möchten daher Abstand von einem Gespräch nehmen", erklärt Rößing auf Anfrage. Der frühere Rheder CDU-Ortsvorsitzende Hermann Starting, der später Wüsts Schwiegervater wird, hat sich seinerzeit auch im Nachrichtenmagazin *Focus* geäußert: „Die Junge Union war lange eingeschlafen, die musste erst reaktiviert werden", wird er dort zitiert, „da kam Hendrik als treibende Kraft ins Spiel". Inzwischen lässt Starting Gesprächsanfragen unbeantwortet. Die Erzählung vom Politiker Hendrik Wüst, der praktisch aus dem Kinderzimmer heraus konservativ tickt und nach oben will, erscheint offenbar nicht mehr so vorteilhaft. Ist das alles zu glatt?

Wüsts Urmotivation, sich politisch zu engagieren, lässt sich jedenfalls nicht so leicht ermitteln. Meist verweist der CDU-Mann in Interviews auf die Wendezeit 1989/90 und die schlimmen Fernsehbilder aus Kinderheimen in Rumänen. „Wenn das Sozialismus ist, dann bin ich für das andere", habe er sich gesagt. Andere Weggefährten berichten von einer allgemeinen Wiedervereinigungseuphorie um Kanzler Helmut Kohl, die auch die Jungen vom Land erfasst habe. Die Wüsts beherbergen damals DDR-Sportler, die beim Leichtathletik-Sportfest im Stadion Rhede starten. Im Sommer 1990 darf der knapp 15-jährige Hendrik zum Gegenbesuch nach Neu-Brandenburg reisen, in ein anderes Deutschland. Eine prägende Erfahrung. Manchmal wird auch die Kopiergeld-Revolte mit Grunden am Euregio-Gymnasium als politisches Erweckungserlebnis herangezogen, obwohl sie sich wohl später zugetragen hat. Wüst outet sich heute auch gern als zwischenzeitlicher Bewunderer des SPD-Politikers Björn Engholm, wobei nicht ganz klar ist, wann für diese Verirrung biografisch Platz gewesen sein soll. Taugt ein Ministerpräsident aus Schleswig-Holstein für einen 13- oder 14-Jährigen zum Idol? In einem seiner seltenen privaten Interviews hat Wüst dem *FAZ*-Korrespondenten in Nordrhein-Westfalen, Reiner Burger, Anfang des Jahres 2022 berichtet, dass ihn Engholm als „hanseatisch cool, intellektuell und feinsinnig" beeindruckt habe. Kohl dagegen „sah aus wie mein Vater".

Möglicherweise hat sich Wüst mit der Jungen Union auch bloß ein Betätigungsfeld gesucht, das exakt seinen jugendlichen Fähigkeiten entspricht. Beeindruckt berichtet ein Weggefährte, wie tief sich Wüst als Teenager einmal in ein Gutachten über eine geplante Sondermülldeponie in der Gegend einarbeiten konnte. Wüst mag ein mittelmäßiger Schüler gewesen sein, aber er verfügt offenbar früh über eine ungemein schnelle Auffassungsgabe und die Fähigkeit, komplexe Informationen zu strukturieren. Zudem weiß er, wie man die Altersgenossen abholt. Es werden Diskussionsabende veranstaltet mit den Programmpunkten: erst Referat, dann Kegelbahn. Beides am gleichen Ort. Wüst verbindet sein Talent zur westfälischen Kumpeligkeit mit Organisationssinn und Sendungsbewusstsein. Das Wechselspiel aus Party und Politik, das ihn über viele Jahre durch die Junge Union begleiten wird, scheint wie für Wüst gemacht.

Er nimmt seine Themen schon bald mit in die Handball-Kabine und bewegt Teamkameraden, auch in die Junge Union einzutreten. „Das Mitgliedergewinnungsprogramm der Jungen Union war Freibier", wird bei den konkurrierenden Jusos säuerlich registriert, die sich auch in der Diaspora eher über Debattentiefe definieren. Nicht jedem passt es, dass Wüst beim TV Rhede politisch missioniert. „Hendrik, hör auf mit de Zettelkes", will ihn ein ehemaliger Betreuer vor Jahrzehnten in westfälischem Idiom ermahnt haben, als Wüst mal wieder nach dem Training Informationsmaterial verteilt. Auch im Landtagswahlkampf 2022 kommt im Verein nicht überall gut an, dass der Ministerpräsident mit einer Filmcrew in der Turnhalle anrückt und sich für einen Werbespot im Kreise des TV Rhede zeigen will. Einige Spieler lehnen es ab, für diese Inszenierung das Trikot überzuziehen. Gasterstädt, den Wüst nur „Manni" nennt, öffnet dennoch die Türen für diese CDU-PR. Als Sportverein müsse man zwar parteipolitisch neutral bleiben, aber wenn Wüst seine sechs Jahre beim TV Rhede als prägend empfinde, respektiere er das. Am Tag der Dreharbeiten ist eigentlich kein Training. Alle Spieler, die hinterher mit dem Ministerpräsidenten in dem Film zu sehen sind, machen aus freien Stücken mit.

Wüst nimmt in der Jungen Union schnell eine Schlüsselstellung ein. Schon am 18. März 1991 weist das Protokoll der Vorstandssitzung dem 15-jährigen Pressereferenten eine anspruchsvolle Aufgabe zu: Es sei wichtig, „dass wir unsere Meinung in der Zukunft im verstärkten Maße auch in der Lokalpresse äußern sollten, um auch die Öffentlichkeit auf uns aufmerksam zu machen". Außendarstellung und Aufmerksamkeitsökonomie sind in dieser Karriere von Beginn angelegt. Wie fast immer in seiner späteren Laufbahn macht Wüst keine halben Sachen:

Er stürzt sich generalstabsmäßig in die Arbeit. 1992 wird er Ortsvorsitzender der Jungen Union, Landesausschussmitglied, Mitgliedsreferent der Jungen Union im Kreis Borken, Kreis- und Landesdelegierter. Im November 1992 tritt Wüst in die CDU ein und übernimmt auch dort 1993 die Pressearbeit des Ortsverbands. Im Kommunalwahlkampf 1994 umwirbt er Jungwähler mit einem „Black is beautiful"-Flugblatt, das „Euer Hendrik Wüst" mit pointierter Orientierungshilfe versieht. Die CDU habe sich „von der Asylrechtsänderung über die Pflegeversicherung bis hin zur Wahrnehmung außenpolitischer Verantwortung, z. B. Blauhelmeinsätzen, als zukunftsfähige Partei in Deutschland erwiesen. Probleme werden angepackt!" Die SPD sei hingegen „auf den Rang einer programmatisch und personell langweiligen Partei zurückgefallen, die in ihrer Machtversessenheit nicht davor zurückschreckt, sich in die politische Abhängigkeit von SED/PDS-Kommunisten zu begeben." Das Weltbild wirkt gefestigt.

„Er war erst 14, hatte eine Aktentasche dabei und ein entschlossenes Auftreten. Der wusste damals schon genau, wo es hingehen sollte", hat Verena Ratering, eine Mitbegründerin der Jungen Union in Rhede, dem *Kölner Stadtanzeiger* im Jahr 2022 über Wüst und seine Vor-JU-Phase gesagt. Sie heißt im Jahr 1990 noch Hungerkamp, engagiert sich später als Schriftführerin und ist die Tochter des Hoteliers, bei dem die Versammlungen stattfinden. Ratering ist auch mit Wüsts älteren Schwestern in der Katholischen Studierenden Jugend (KSJ) organisiert. Die Schwestern sind Wüsts erste Referenzgröße. Sie sind besser in der Schule als er und leiten kirchliche Jugendfreizeiten. Sie streben früh raus aus Rhede und ticken politisch anders als das Nesthäkchen: „Ich habe zwei ältere Schwestern, die waren auch ein bisschen engagiert so in der Anti-AKW-Bewegung. Das wurde auch zu Hause am Küchentisch oder am Esstisch diskutiert", hat Wüst einmal im *Deutschlandfunk* erzählt, „das war so meine erste Wahrnehmung." Im Münsterland der frühen 80er-Jahre sind der geplante „Schnelle Brüter" im nahen Kalkar und die Errichtung des Atom-Zwischenlagers Ahaus Themen, die viele Jugendliche an der Elterngeneration verzweifeln lassen. Im Jahr 2000 bilanziert Wüst gegenüber der *Welt am Sonntag*, seine Schwestern hätten ihm zu Hause „alles freigekämpft". Auf diese Weise habe er „ganz unbehelligt so geraten“ können, „wie meine Schwestern eigentlich werden sollten“.

Eva Maria Wüst ist einige Jahre SPD-Mitglied. Sie wird Journalistin und geht nach Köln, zunächst zu *VOX* und *RTL*, im Jahr 1996 dann zum *WDR*. Wenn Bruder Hendrik früher bei Feiern zu Gast ist, sind das für ihn Expeditionen in ein linksgrünes Paralleluniversum. „Man hat bei ihm im Gespräch immer gemerkt, dass er genau weiß, dass er es gerade mit Journalisten zu tun hat“, berichtet ein Partygast, der Wüst mal in einem solch privaten Rahmen trifft. Er ist vorsichtig auf dem Kölner Parkett. Zeigt sich Wüst hier, wie er ist oder wie er meint, sein zu müssen? Kann man sich vor lauter Empfängerorientierung selbst verlieren? Es klingen Fragen schon damals an, die ihn noch häufiger in seinem Politiker-Leben begleiten werden. Wüst hat ein gutes Verhältnis zu seinen Schwestern und Patenschaften für deren Kinder übernommen. Eva Maria lebt heute mit dem *dpa*-Fotografen Federico Gambarini zusammen. Sie kommen sich lange kaum ins Gehege, auch wenn Gambarini häufig in Düsseldorf landespolitische Termine ablichtet. Niemand nimmt Anstoß daran, dass er dabei mitunter ikonische Fotos von seinem Schwager macht: So hält Gambarini in der Staatskanzlei einen Moment fest, in dem der hochgewachsene Verkehrsminister Wüst hinter dem deutlich kleineren, etwas zerknautscht dreinschauenden Ministerpräsidenten Laschet steht und ihm etwas ins Ohr sagt. Das „Einflüsterer“-Foto wird von etlichen Medien veröffentlicht, als das Regierungsamt 2021 tatsächlich von dem einen auf den anderen übergeht. Kaum ist Wüst Ministerpräsident, legt *dpa* hausintern fest, dass Gambarini seinen Schwager nicht mehr fotografieren darf. Mit Blick auf all die politischen Debatten, die sich noch um Wüsts permanentes Foto-Marketing drehen werden, erweist sich die Entscheidung als vorausschauender Selbstschutz der Nachrichtenagentur. Zu kuriosen Konstellationen kommt es dennoch immer mal wieder. Bei der Räumung des Braunkohle-Protestdorfs Lützerath etwa, die Wüst Anfang 2023 politisch zu verantworten hat, sich aber vor Ort nicht zeigt, gelingt ausgerechnet Gambarini erneut ein viel beachtetes Motiv: Er hält fest, wie vermummte Hundertschaftsbeamte die Klimaaktivistin Luisa Neubauer wegtragen.

Wüsts Schwester Barbara wird Ärztin für Kinder- und Jugendpsychiatrie mit eigener Praxis in Meinerzhagen im Märkischen Kreis. Aus einer Beziehung mit einem CDU-Kommunalpolitiker geht Sohn Lennart hervor, der inzwischen auf den Spuren des prominenten Onkels wandelt: Seit Ende 2021 führt Lennart Wüst die Junge Union Meinerzhagen.

Eva Maria und Barbara Wüst sind schon zum Studium ausgezogen, als im September 1994 eine Katastrophe über die Familie hereinbricht. Mutter Anneliese bekommt die Diagnose Krebs. Unheilbar, nur noch wenige Monate bleiben ihr. Es beginnt eine schwere Leidenszeit. Hendrik Wüst, der kurz vor dem Abitur steht und im Herbst 1994 erstmals in den Stadtrat gewählt wird, muss in Rhede Haus- und Pflegearbeit übernehmen. Eine emotionale Grenzerfahrung. Er hat ein enges Verhältnis zur todkranken Mutter, das sogar in den pubertären Jahren der Abnabelung eher weiter vertieft wurde. Als er 16 Jahre ist, animiert sie ihn, es dem Vater gleichzutun und einen Jagdschein zu machen. Mutter und Sohn legen schließlich die Prüfung kurz nacheinander ab. Sie wird als sein Vorbild und wichtigster Anker beschrieben. Anneliese Wüst stirbt Mitte April 1995 im Alter von nur 53 Jahren. Wüst spricht öffentlich nur selten über diesen Schicksalsschlag, und wenn, dann eher aus einer distanziert-analytischen Perspektive. In der *Frankfurter Allgemeinen Zeitung (FAZ)* beschreibt er dieses einschneidende Erlebnis einmal so: „Ich war 19, es war sehr schwer, das anzunehmen. Die eigene Mutter verabschiedet sich früh, da bin ich schnell erwachsen geworden." Auch bei der Übergabe eines Förderbescheids der Brost-Stiftung an ein Forschungsteam der Universitätsklinik Essen gibt Wüst im Jahr 2021 rare Einblicke in diese persönliche Zäsur. In dem Förderprojekt soll untersucht werden, wie negative Folgen einer Chemotherapie auf das Herz-Kreislauf-System von Krebspatienten abgemildert werden können. „Vor 26 Jahren habe ich meine Mutter verloren. Am Ende war nicht mehr zu unterscheiden, ob sie an Krebs oder an den Folgen der Krebsbehandlung gestorben ist. Diese Zusammenhänge zu erforschen, ist eine Aufgabe, die vielen Menschen helfen wird", sagt er da. „Es ist beeindruckend, wie er das kompensiert hat, als seine Mutter während des Abiturs schwer krank wurde", berichtet ein Handballfreund, der in dieser Zeit enger mit Wüst befreundet ist.

Der Vater versinkt in Trauer, die Kinder müssen ihn aufrichten. Wüst geht ihm im Büro zur Hand, damit das Geschäft weiterläuft. Es ist ohnehin schwer genug: Franz-Josef Wüst verdingt sich als selbstständiger Handelsvertreter für Textilmaschinen. Über Jahre durchleidet er den Strukturwandel der Branche am Niederrhein in voller Härte. Reihenweise schließen Fabriken, so dass Wüst Senior mit seinem grünen Opel Rekord immer weitere Wege zu potenziellen Kunden nehmen muss. „Mit der Selbstständigkeit des Vaters gab es Licht und Schatten. Mein Vater war nicht so der Risiko-Mensch, und da kamen immer auch die Sorgen auf den Tisch", erzählt Wüst einmal in einem Interview. Der Vater sitzt oft betrübt über dem Feierabendbier. Es liegt eine permanente Unsicherheit über der Familie. Geldprobleme sind immer wieder ein Thema. Die erste Markenjeans bekommt Hendrik erst auf dem Gymnasium: Es ist eine „Crane" von Aldi. Vorher trägt er Selbstgenähtes der Mutter aus Stoffmustern, die der Vater mit nach Hause bringt. „Die Selbstständigkeit des Vaters hat bei uns nicht die Stimmung ausgelöst, dass man da zwingend auch hätte sagen wollen, ich mache Dein Business weiter", bilanziert er mit dem Abstand von fast 30 Jahren. Die Erschütterungen zu Hause machen Stabilität, Absicherung, Verlustängste zum zentralen Thema des Jungpolitikers Wüst. „Ich bin geprägt durch die ‚Standort Deutschland'-Debatte in den 90ern und den Kampf gegen Massenarbeitslosigkeit. Das war lange das wichtigste Thema. Deswegen haben sich so viele meiner Generation auch in der Mittelstandsvereinigung engagiert", sagt er rückblickend.

Nach dem Tod der Mutter verschärft sich die Lage für Wüst, der gerade das Jura-Studium in Münster aufnehmen will. Der Vater verspricht ihm, so lange weiterzuarbeiten, bis der Filius sein Examen in der Tasche hat. Diesem Druck muss er standhalten. Dabei fordert eigentlich auch die junge politische Karriere als Ratsherr vollen Einsatz. Die CDU ist bei der Kommunalwahl 1994 in Rhede von komfortablen 55 Prozent auf 42 Prozent abgestürzt. Großer Sieger ist ein Bürgerbündnis, das mehr als 19 Prozent holt und mit SPD und Grünen eine Mehrheit gegen die Schwarzen bilden kann. Nicht einmal die sichere Bastion Rhede ist plötzlich für die CDU mehr sicher. Hubert Üffing wird für fünf Jahre der bis heute einzige sozialdemokratische Bürgermeister der

Stadt. Wüst hastet in jenen Jahren zwischen dem Studium in Münster, dem Stadtrat in Rhede und seinen Ehrenämtern in der Jungen Union hin und her. Auch der Vater braucht zu Hause immer wieder Zuspruch. Man kann unter einer solchen Last leicht zusammenbrechen. Wüst hingegen verfeinert seine Arbeitstechnik: Aufs Wesentliche konzentrieren, Aufgaben priorisieren, keine falschen Rücksichten nehmen. In seiner gesamten Laufbahn wird er sich seiner Position nie zu gewiss sein und den Gefahrenradar immer eingeschaltet lassen. „Es gibt Leute, die kommen in ein Amt und verströmen so dieses Selbstbewusstsein: ‚Jetzt bin ich endlich, was ich ja eigentlich schon immer war. Gefühlt hätte ich das Amt schon vor zehn Jahren bekommen müssen'", sagt Wüst heute, „diese Haltung war mir immer fremd." Manche Weggefährten meinen, dass der junge Wüst in der Phase der existenziellen Erschütterung verinnerlicht habe, dass er am Ende nur auf sich selbst vertrauen könne. Dass einem im Ernstfall des Lebens niemand hilft. Deswegen betreibe er Politik auch bis heute mit dieser gewissen Distanz und Bindungslosigkeit zu Themen und Personen. Alles werde stets einem kühlen Behauptungswillen untergeordnet. Wer so früh und niederschmetternd erfahren habe, dass auf nichts Verlass ist, verlässt sich möglichst nicht mehr auf den Zufall.

Daniel Hartmann dürfte eine solche Deutung viel zu negativ sein. Wüsts Studienfreund und späterer Trauzeuge sagt: „Sein politisches Talent ist mir schon sehr früh aufgefallen. Hendrik verfügte über eine unheimlich schnelle Auffassungsgabe, war fleißig, belastbar und hatte schon in jungen Jahren diesen inneren Drang, das Land voranbringen zu wollen. Als ich ihn im Wahlkampf 2022 als Ministerpräsidenten erlebte, dachte ich: Wahnsinn, welche Entwicklung mein alter Studienfreund genommen hat und wie er gereift ist. Ich erlebe ihn heute innerlich sehr ausgeglichen, er ist mit sich im Reinen." Sie lernen sich im Wintersemester 1995/96 an der Jura-Fakultät der Universität Münster kennen. Hartmann kommt aus der gleichen Ecke. Er ist in Marienthal aufgewachsen, etwa 15 Kilometer südlich von Rhede. Hartmann ist auch in der Jungen Union und kennt das Leben auf dem Land. Sie verstehen sich auf Anhieb und verbringen bis zum ersten Staatsexamen viel Zeit miteinander. Lernen, Partys, sogar in den Urlaub fahren sie zusammen. Im Sommer 1998 geht es mit Wüsts silbernem VW-Golf II, Kennzeichen BOR-LE 5, zum Zelten nach Biarritz, Südfrankreich. Morgens Baguette und Kaffee vom Campingkocher, abends Strandbar mit Atlantikblick. Auf dem Rückweg machen sie in Paris Station. Es ist Fußball-Weltmeisterschaft. Sie gucken auf dem Rathausplatz gemeinsam mit Tausenden Franzosen das Endspiel der Grande Nation gegen Brasilien. Es müssen unbeschwerte Tage für Wüst gewesen sein.

Hartmann arbeitet heute als Ministerialbeamter für Wüsts Landesregierung, aber direkt gekreuzt haben sich ihre beruflichen Wege bislang nicht. Wenn sie sich im Düsseldorfer Landtag zufällig treffen, sieht man sie schon mal in der Wandelhalle zusammenstehen. Aber sie trennen das: Persönliches und Politik. Hartmann ist ein sehr höflicher, zurückhaltender Mensch, dem nicht ganz wohl dabei zu sein scheint, Auskunft zu geben. Er informiert Wüst darüber, was er gesagt hat, und ruft extra noch einmal an, um sicher zu gehen, dass kein falsches Bild entstanden ist. „Nach fast drei Jahrzehnten Freundschaft kann ich sagen, dass er ein extrem verlässlicher Freund ist", erklärt Hartmann, „der Hendrik ist jemand, an dem man ein Tau festbinden kann, wie man in Westfalen sagt".

Wüst selbst, so scheint es, sucht lange nach Konstanten, an denen er sich selbst festhalten kann. Schnell merkt er, dass er gerade bei den Älteren in der Rheder CDU gut ankommt. Er sucht ihre Nähe und findet über die Jahre viele Förderer. Wer Fotos aus den 90er-Jahren anschaut, sieht meist Grauschöpfe im Zweireiher, wenige Damen im Faltenrock und immer in der letzten Reihe einen einzigen jungen Mann mit offenem Hemdkragen: eben Wüst. Als er bereits Anfang 1997 seinen späteren Schwiegervater Hermann Starting als CDU-Ortsverbandschef ablöst, lobt die Bundestagsabgeordnete Elke Wülfing den 21-jährigen Studenten als „jungen, dynamischen Mann". Starting ist da selbst erst 41 Jahre alt und erfolgreicher Anwalt, der Wüst später als Referendar einstellen wird. Er bereitet ihm den Boden im Ortsverband: „Nach acht Jahren muss junges Blut kommen." Die erste zentrale Aufgabe für den neuen Chef ist die Aufstellung eines Bürgermeisterkandidaten. Das Amt soll von der SPD zurückerobert werden. Nach der Kommunalreform in Nordrhein-Westfalen wird das Stadtoberhaupt 1999 erstmals direkt von den Bürgern gewählt. Der Bürgermeister fungiert künftig als Verwaltungschef und höchster Repräsentant in Personalunion. Es sei von „äußerster Wichtigkeit, mit welcher Person dieses Amt besetzt wird“, betont Starting 1997. Wüst sekundiert: „Die Partei hofft natürlich auf einen CDU-Mann.“

Die Nominierung des Bürgermeisterkandidaten im Jahr 1999 wird für Wüst eine zentrale Lektion in der alten Politik-Weisheit, dass der Wurm immer dem Fisch schmecken muss und nicht dem Angler. Die CDU Rhede nominiert den Gemeindedirektor Rainer Kampmann aus dem münsterländischen Lengden. Wüst bearbeitet ihn ein wenig, bis er zusagt. Der damals 35-jährige Diplom-Ökonom aus dem Ruhrgebiet ist verwaltungserfahren und ebenfalls in der Jungen Union zu Hause. Er ist ein enger Freund des späteren Gelsenkirchener Oberbürgermeisters, Landesministers und CDU-Generalsekretärs Oliver Wittke. Im Herbst 1998 macht Kampmann zunächst den Posten als Schatzmeister des Junge-Union-Landesverbandes für den 23-jährigen Wüst frei. Alles scheint sich zu fügen. Doch bei der Kommunalwahl verfehlt Kampmann im ersten Wahlgang die absolute Mehrheit. In der Stichwahl gewinnt sensationell der Grüne Lothar Mittag. Er wird ausgerechnet im einst schwarzen Rhede einer von damals NRW-weit nur zwei grünen Bürgermeistern. Gegen diesen Lokalmatador steht der auswärtige Verwaltungsprofi Kampmann am Ende auf verlorenem Posten. Mittag ist ein Lehrer mit Schnauzbart, der in einer Band spielt und gern feinen Zwirn trägt. Ein Menschenfischer, der „weiß, wie man mit Landwirten und katholischen Hausfrauen reden muss“, wie *die tageszeitung* (*taz)* seinerzeit analysiert. Wüst hat sich verzockt. Der Kontakt zu Kampmann, der nach der Niederlage in Rhede als Stadtkämmerer zu Freund Wittke nach Gelsenkirchen geht und seit 2014 Verwaltungs- und Betriebsdirektor beim *Deutschlandradio* ist, bleibt lose bestehen. „Wir wissen, wo wir sind“, sagt Kampmann heute.

Das Verhältnis zwischen Wüst und Mittag wird sich dagegen nie wieder erholen. Der Grüne hält den CDU-Mann offenbar für einen dieser typischen Vertreter der „Generation Golf“, über die Florian Illies, Jahrgang 1971, einst in seinem gleichnamigen Bestseller geschrieben hat: „Wir lernten alle nicht für die Uni, sondern fürs Leben, unser Hauptfach hieß Karriere." Als sich Wüst im Herbst 2021 anschickt, Ministerpräsident zu werden, meldet sich Mittag mit einigen garstigen Einschätzungen in der Lokalpresse zu Wort: „Herr Wüst ist ein Parteisoldat und wird seine Junge-Union-Attitüde nicht ablegen. Hier ist hinsichtlich der drängenden Probleme und der notwendigen Fähigkeit, über den Tellerrand zu schauen, eher neuer Wein in alten Schläuchen zu erwarten. Mit der anspruchsvollen Tätigkeit als Landesvater ist Herr Wüst daher hoffnungslos überfordert", zitiert ihn das *Bocholt-Borkener Volksblatt.* Auch gegenüber dem *Spiegel* legt Mittag später noch einmal nach: Wüst habe im Stadtrat „nichts Substanzielles angeschoben", er habe „immer darauf geachtet, auf Parteilinie zu sein", und habe ansonsten „an der eigenen Karriere gebastelt, nicht am Fortkommen seiner Stadt". Im *Stern* wirft Mittag dem CDU-Mann noch kalkulierte Ideenlosigkeit vor: „Sein Antrieb war: Wie komme ich dahin, wo ich hinwill."

In Rhede ist mancher empört über die Äußerungen des ehemaligen Bürgermeisters. In Stellungnahmen von CDU-Lokalpolitikern und in Leserbriefen wird das Bild von Mittag als verbittertem alten Mann gezeichnet, der neidvoll Gülle über dem größten Sohn der Stadt auskübele. „Als Rheder Bürger freue ich mich über die Wahl von Hendrik Wüst zum Ministerpräsidenten von Nordrhein-Westfalen und schäme mich für die unqualifizierten Äußerungen von Herrn Mittag", heißt es am 5. November 2021 in einer Leserzuschrift des *Bocholt-Borkener Volksblatts.* Es tost ein regelrechter Shitstorm, nur eben in analoger Form. Anruf bei Lothar Mittag im Januar 2023. Er bedingt sich einen Tag Bedenkzeit aus – und will dann nicht mehr reden. Der Ärger der vergangenen Monate hat ihm zugesetzt. In Rhede sei man heute halt stolz auf Wüst. So einen beschmutzt keiner ungestraft. Mittag möchte seine Familie mit weiteren kritischen Wüst-Analysen nicht länger belasten. „Es ist zu viel der Ehre, wenn ich auch noch in Ihrem Buch auftauche", blockt er ab.

Im April 2023 versendet die NRW-Staatskanzlei gleich in zweifacher Ausfertigung eine ungewöhnliche Einladung, damit den Termin auch bloß kein Berichterstatter in Düsseldorf verpassen möge: Die Stadt Rhede gebe zu Wüsts Ehren „einen offiziellen Empfang, in dessen Rahmen der Ministerpräsident sich in das Goldene Buch der Stadt eintragen wird". Die Fotos von der Veranstaltung zeigen später Wüst an der Seite des Rheder Bürgermeisters Jürgen Bernsmann, der zur Feier des Tages die schwere Amtskette angelegt hat. Lothar Mittags Amtsnachfolger Bernsmann ist offiziell parteilos, doch Wüst hat ihn vor seiner Wahl 2015 unterstützt. Sie kennen sich seit der Kindheit, die Väter Wüst und Bernsmann waren Jagdkameraden. Wüst sei „ein echter Rhedenser", rühmt ihn der Bürgermeister.

Wüst hat vor gut zehn Jahren ein stattliches Eigenheim auf dem Grundstück seines ehemaligen Elternhauses gebaut. Bauhausstil, klare Formen, weiße Putzfassade. Am Eingang prangt ein großes, silbernes Edelstahlschild: WÜST. Beim Nachbarn flattert eine Schalke-Fahne im Garten. Wüst selbst ist Fan des 1. FC Köln, weil ein großer Nachbarsjunge in seiner Kindheit auch FC-Fan war und sie Pierre Littbarski toll fanden. „Mehr brauchen Sie in dem Alter nicht", sagt er. Vor allem er, der Suchende, wohl nicht. Wüsts Haus steht in einer engen Wohnstraße. Die Nachbarn müssen sich nach seinem Aufstieg zum Ministerpräsidenten erst daran gewöhnen, dass die Polizei Passanten schon mal nach dem Ausweis fragt oder darum bittet, vom Rad abzusteigen und einige Meter zu schieben. Nach dem Tod des Vaters 2010 habe er hier „ganz bewusst wieder Wurzeln geschlagen", erzählt er im Wahlkampf 2022 der Illustrierten *Bunte*. Die Zwischenüberschrift des Interviews lautet: „Ein Haus zu bauen war für ihn Therapie gegen Trauer".

Nur ein kleiner Trampelpfad trennt Wüsts Garten vom Alten Friedhof. Eine Zeit lang durften hier wegen Grundwasserproblemen keine Erdbestattungen mehr vorgenommen werden. Wüsts Eltern liegen daher auf dem Neuen Friedhof einige Hundert Meter weiter. Es ist ein schlichtes, mit Buchshecke eingefasstes Grab. Auf dem Grabstein-Findling prangt unter einem Messingkreuz nur der Name „WÜST". Im März 2023 ist der Ministerpräsident seinen Eltern bei einem dienstlichen Termin ganz nah. Er zeichnet die Gesamtschule Rhede gleich neben dem Neuen Friedhof als „Schule für Zivilcourage" aus und verweist in seiner kleinen Ansprache auf die benachbarten Kriegsgräber. Ein Mahnmal gegen radikale Verirrungen. Dass es auch für den jugendlich auftretenden Ministerpräsidenten ganz persönlich ein besonderer Ort ist, bemerkt an diesem Vormittag niemand.

Der Hausbau gegen die Trauer erscheint für einen eher desillusionierten Katholiken wie Wüst nur konsequent. Er hat die katholische Sozialisation des Münsterlandes durchlaufen: „Ich war als Kind ganz klar im ‚Team Christkind'", lässt er sich später zitieren, als mal wieder die Debatte über den Weihnachtsmann aufkommt, „ich habe allerdings zwei große Schwestern, die dazu beigetragen haben, dass der Glaube ans Christkind nicht sehr lang anhielt. Ich glaube, damit war es schon im Kindergarten vorbei." Bei seiner Vereidigung als Ministerpräsident spricht Wüst im Landtag die religiöse Beteuerungsformel „so wahr mir Gott helfe". Für Antonius Hamers, den bestens vernetzten Leiter des Katholischen Büros in Düsseldorf, ist das mehr als Folklore. Hamers, zugleich Münsteraner Domkapitular, kennt den Politiker schon lange. Sie sind beide Westfalen und passionierte Radfahrer. Hamers hält die Beteuerungsformel bei der Vereidigung für eine Aussage des Politikers und ein Zeugnis von Demut. Dahinter stehe: „Ich habe nicht alles in meiner Hand." Wüst hat sich gleichwohl den Blick für die Schattenseiten der Institution Kirche nie verklären lassen. „Kirche und Glaube sind für mich zwei Dinge", gibt er mal zu Protokoll. Aber auch: „Für mich ist der Glaube Teil meines Alltags geworden, nicht frömmelnd, aber irgendwo da." Das christliche Menschenbild sei zwar „am ehesten das Einende" in der CDU, aber Wüst grenzt seine eigene Rolle als Politiker und seine gedankliche Flexibilität als Machtpragmatiker klar ab. „Mir steht es nicht zu, den Kirchen Ratschläge zu erteilen", sagt er 2020 in einem im Jahresbericht des Erzbistums Paderborn veröffentlichten Gespräch. „Aber ich stelle fest, dass sich die Politik und die Kirche in einem wesentlichen Punkt unterscheiden. Der Politiker muss seine Positionen immer am Leben und an der Lebenswirklichkeit der Menschen und an gesellschaftlichen Veränderungen ausrichten. Tut er das nicht ausreichend, dient er irgendwann nur noch zunehmend hohlen Programmsätzen, aber nicht mehr den Menschen. Tut er es allzu gleichgültig, wird er beliebig. Mir scheint es, dass es für die Kirche noch schwieriger ist, hier das rechte Maß zu finden. Kirche denkt und handelt in ganz anderen Zeiträumen."

Ein wirklicher Kirchenmensch wird Wüst wohl ohnehin nicht mehr. Dafür ist zu viel geschehen. Zwar wird er am 14. September 1975 in der

Pfarrkirche St. Gudula getauft, besucht die katholische Ludgerusschule Rhede und engagiert sich wie so viele Altersgenossen aus seinem Handballverein eine Zeit lang als Messdiener. Das gehört irgendwie dazu. Doch als Ort der Stabilität lernt Wüst die katholische Kirche nie kennen: Seine Heimatgemeinde St. Gudula ist durch eine ganze Missbrauchsserie gebeutelt. „Unsere Eltern – ich habe zwei Schwestern – haben uns noch völlig ohne Sorge in die katholische Jugendarbeit geschickt. Ich glaube, viele Eltern denken heute schon zweimal darüber nach. Das zeigt, dass da was passiert ist“, sagt Wüst im Frühjahr 2023 dem *Domradio*. Treiber der Aufklärung im Bistum Münster ist ausgerechnet Wüsts Nachbar in Rhede: Martin Schmitz. Der 61-Jährige ist als Kind mehrfach von einem Kaplan brutal vergewaltigt worden. In der Sakristei, vor und nach den Gottesdiensten. Über das Erlebte und die Folgen hat er ein beklemmendes Buch geschrieben mit dem Titel: „Der dunkle Hirte.“ Wenn man Wüst auf das Schicksal seines Nachbarn anspricht, ist große Betroffenheit zu spüren und ehrliche Bewunderung für den Mut und die Kraft, sich dieser Geschichte zu stellen. Einmal sagt Wüst sogar live im Fernsehen, er persönlich kenne Opfer sexuellen Missbrauchs aus seiner Kirchengemeinde: „Da sind Menschen fürs Leben gezeichnet.“

Als Wüst im März 2023 zu einer Privataudienz zu Papst Franziskus nach Rom reist, will und kann er sich nicht unbeschwert in diesem, insbesondere für einen Unionspolitiker, noch immer besonderen Fototermin sonnen. Nach dem Gespräch mit dem Heiligen Vater erklärt er, die Kirche müsse daran arbeiten, neues Vertrauen zu gewinnen und die Nähe zu den Menschen wiederherzustellen. „Viele Menschen sehen die Situation im Erzbistum Köln mit Sorge, auch ich persönlich“, erklärt er. Der Missbrauchsskandal und der Umgang der Kirche damit habe Vertrauen erschüttert. Der Papst habe ihm den Eindruck vermittelt, „dass ihn das sehr, sehr bewegt – das Schicksal der Opfer“. Demonstrativ lässt Wüst offen, ob er mit dem Heiligen Vater auch konkret über die Zukunft des angeschlagenen Kölner Kardinals Rainer Maria Woelki gesprochen habe. Dessen Rolle in der Aufklärung von Missbrauchsfällen beschäftigt seit Jahren das Erzbistum, es gibt scharenweise Kirchenaustritte. Es gehöre sich nach einer Papstaudienz nicht „darüber zu plaudern, und ich weiß auch, was innerkirchliche Dinge sind und was meine Aufgabe ist, Dinge anzusprechen", wiegelt Wüst vielsagend ab.

Für Kardinal Woelki ist das offenbar schon zu viel. Am 29. März 2023 verfasst er einen geharnischten Beschwerdebrief an Wüst. In der Staatskanzlei geht ein Schreiben ein, das an Deutlichkeit nichts zu wünschen lässt. Woelki ist schwer irritiert darüber, dass der Ministerpräsident die Verschwiegenheit nach Papstaudienzen mit seinen Äußerungen verletzt und das aus Woelkis Sicht unfundierte Narrativ von der Vertrauenskrise im Erzbistum Köln selbst bei einem Vatikan-Besuch weiter befeuert hat. Er geht davon aus, dass einem medial versierten Politiker wie Wüst da kein Versehen unterlaufen ist. Woelki bietet dem Ministerpräsidenten, in dessen Bundesland fünf katholische Bistümer beheimatet sind, ein besseres persönliches Kennenlernen an. Tatsächlich kommt es am 26. Juni 2023 zu einem Treffen in der Düsseldorfer Staatskanzlei. Ausgerechnet am nächsten Tag findet im Erzbistum Köln eine Razzia wegen des Meineid-Verdachts gegen Woelki im Zusammenhang mit dem Missbrauchsskandal statt. Eigentlich sollte die Aussprache zwischen dem Kardinal und dem Ministerpräsidenten streng vertraulich behandelt werden. Nun aber ist das Treffen dennoch durchgestochen worden – von wem auch immer. Eilig streuen Wüsts Leute via *BILD*-Zeitung, dass man Woelki keinesfalls vor der Durchsuchung am nächsten Morgen gewarnt habe. Wüst habe von der geplanten Razzia gar nichts gewusst. Aus der vorsichtigen Annäherung wird schlagartig eine noch deutlichere Distanzierung. Das Gespür für den richtigen Moment hat Hendrik Wüst in 30 Jahren Politik noch selten verlassen.

Der Suchende

Planung von unten, Aufstieg nach oben

Busse stoppen pausenlos in zweiter Reihe. Fahrgemeinschaften suchen drängelnd die dunkle Münsterstraße nach letzten Parklücken ab. Vor dem Eingang des Hotels „Am Erzengel" hat sich längst eine Menschentraube gebildet, als wären hier in der Vier-Sterne-Herberge im Osten Bocholts unverhofft die Rolling Stones abgestiegen. Gabriele Wahle wirkt konsterniert. Die Gymnasiallehrerin ist Vorsitzende des CDU-Kreisverbandes Borken und hat an diesem Dienstagabend im November 2004 zur Mitgliederversammlung eingeladen. Die Partei wird ihre neue Kandidatin oder ihren neuen Kandidaten für die nordrhein-westfälischen Landtagswahl 2005 im traditionell schwarzen Wahlkreis Borken I bestimmen. „So was habe ich noch nicht erlebt", staunt Wahle um kurz nach sieben etwas ratlos. Die Versammlung sollte um 19 Uhr beginnen, doch noch immer strömen weitere Mitglieder durch die Hotellobby herbei. Alles Stühlerücken nutzt nichts: Der Festsaal, den die CDU gebucht hat, ist zu klein. Hektisch entfernen helfende Hände eine Trennwand, um Platz zu schaffen. Kreisgeschäftsführer Eckart Ballenthin, seit Jahrzehnten dabei und eigentlich erfahren bei Wahlkreisaufstellungen, überschlägt plötzlich entsetzt, dass er für solche Massen gar nicht genügend Stimmzettel mitgebracht hat. 2200 Mitglieder zählt der Kreisverband Borken inklusive aller Karteileichen, bei Veranstaltungen kann man normalerweise allenfalls mit 20 Prozent von ihnen rechnen. „Wir hatten 500 Stimmzettel, das war zu wenig", ruft Ballenthin und eilt an den fragenden Blicken der Lokalreporter vorbei noch einmal zurück in die Kreisgeschäftsstelle, um Nachschub zu besorgen.

Erst mit einer Dreiviertelstunde Verspätung kann schließlich Heinrich Kruse, der scheidende Landtagsabgeordnete, die Mitgliederversammlung eröffnen. 726 stimmberechtigte Personen verzeichnet das Protokoll. Die Luft im „Erzengel" steht, selbst die Treppenstufen zur kleinen Bühne müssen als Sitzgelegenheiten herhalten. „Von Politikmüdigkeit kann in unserem Wahlkreis nicht gesprochen werden“, witzelt Kruse zur Begrüßung und versucht, dem Chaos etwas Positives abzugewinnen. Borkens langjähriger Vertreter in Düsseldorf ist zwar erst 58 Jahre alt, hat sich aber recht kurzfristig zum Rückzug entschlossen. Kruse will nach Dessau ziehen, wo er schon vor längerer Zeit einen Hof erworben hat. Sein politisches Erbe ist begehrt. Wer im konservativen Südkreis aufgestellt wird und künftig die Städte Borken, Bocholt, Rhede und Isselburg im Landtag vertreten darf, kann sich auf eine Berufspolitiker-Karriere von 20 und mehr Jahren einrichten. Es ist deshalb kaum verwunderlich, dass an diesem Abend gleich drei Bewerber um die Gunst der Basis buhlen. Die 48-jährige Heilpraktikerin Katrin Hallwaß, die den mit Abstand mitgliederstärksten CDU-Stadtverband Bocholt führt, strebt in den Landtag. Ebenso der 39-jährige Wirtschaftsprofessor Andreas Pasckert aus Isselburg, der in seiner Heimatstadt mal als Bürgermeisterkandidat angetreten ist und an der Fachhochschule Aschaffenburg Unternehmensführung lehrt. Und: der 29-jährige Hendrik Wüst, Ratsherr aus Rhede und frisch zugelassener Rechtsanwalt, der als Landesvorsitzender der Jungen Union in Nordrhein-Westfalen und Mitglied des CDU-Bundesvorstands schon auf Tuchfühlung mit der großen Politik ist. Als die Kreisvorsitzende Wahle die offizielle Kandidatenvorstellung aufrufen will, wird es unruhig im überfüllten Saal. Bloß keine langatmigen Grundsatzreferate. Raunen, Stöhnen und Pfiffe erzwingen die erste Abstimmung: Die Versammlungsleitung muss die Redezeit von Hallwaß, Pasckert und Wüst kurzerhand auf jeweils 15 Minuten deckeln. Die Kandidaten sollen einzeln hereingerufen werden und ans Mikrofon treten. Nach dem Schaulaufen wird abgestimmt.

Dieser Novemberabend vor bald 20 Jahren gerät zur entscheidenden Wegmarke in der Laufbahn des Hendrik Wüst. Die Schlacht um die Aufstellung im Borkener Landtagswahlkreis bietet nicht nur bis heute das Fundament seines Aufstiegs. Sie zeigt vor allem so schillernd wie selten den politischen Wettkampftypen Hendrik Wüst. Seine Machthärte und Raffinesse. Seine Nervenstärke und den unbedingten Drang in ein bezahltes Mandat. Sein Gespür für Gelegenheiten, seine Widerstandsfähigkeit, aber auch die Gabe, die richtigen Leute im entscheidenden Moment für sich zu gewinnen.

Während im „Erzengel" damals noch über die Regularien der Abstimmung debattiert wird, vertreibt sich im Backstagebereich ein erstaunlich cooler Youngster die Zeit. Wüst wartet in einem Nebenraum des „Erzengels" auf seinen Auftritt. Er ist als Letzter dran. Wüst trägt einen beigen Anzug und zum weißen Hemd eine glänzende breite Krawatte, silber-schwarz kariert. In der Hand hält er einen aufgerissenen C4-Briefumschlag, darin seine Abschlussurkunde des Studiums. Er kennt doch seine CDU. Zweifel, ob man überhaupt „schon mal richtig gearbeitet" oder zumindest einen ordentlichen Beruf erlernt hat, begleiten jeden jungen Bewerber um politische Ämter. „Mich hat schwer beeindruckt, wie entspannt er dasaß", erinnert sich Konkurrent Pasckert mit dem Abstand von zwei Jahrzehnten. Der Professor hat sein zehnseitiges Manuskript, das ihn seinerzeit mit etlichen Punkten, Unterpunkten und Spiegelstrichen durch die Vorstellungsrunde bringen sollte, bis heute griffbereit. Es ist eine Art Andenken an eine politische Lehrstunde. Die hitzige Atmosphäre im „Erzengel" erwischt ihn, den erfahrenen und bestens präparierten Redner aus der akademischen Welt, ziemlich auf dem falschen Fuß. „Ich habe noch hektisch geguckt, wie ich meine Rede kürzen kann, aber Hendrik war einfach sehr entspannt", erzählt Pasckert. Als Hallwaß schon auf die Bühne muss, kommt es zu einem besonderen Moment zwischen Wüst und Pasckert im Nebenraum. Sie sind unter sich und kommen ins Gespräch. Von Konkurrenz oder einem gegenseitigen Belauern sei nichts zu spüren gewesen, sagt Pasckert. „Es war wirklich sehr nett unter vier Augen, wir haben geredet und wir duzen uns auch seitdem." Wüst habe die ganze Zeit kokettiert, wie unangenehm es ihm doch sein würde, wenn er, ausgerechnet er, gewänne. Ein „Grünschnabel", wie Wüst sich selbst nennt. Pasckert lacht auf. Von wegen Grünschnabel. Pasckert dämmert schnell, dass er keine Chance haben wird gegen diesen zehn Jahre jüngeren Hendrik Wüst: „Er beherrscht einfach das Geschäft, ist ein absoluter Profi, der seine Hausaufgaben gemacht hat."

Diese Hausaufgaben haben gleich mehrere, intensive Wochen in Anspruch genommen, in denen Wüst beweist, wie er die Klaviatur der

CDU schon in jungen Jahren zu bespielen versteht. Formal sind die Ausgangsbedingungen für ihn nämlich schlecht. Eigentlich gilt Hallwaß als Favoritin auf die Landtagskandidatur. Sie ist seit 20 Jahren in der CDU und gerade erst im Amt der Bocholter Stadtverbandsvorsitzenden bestätigt worden. Sie hat ein Heimspiel, und die CDU Bocholt zählt mit fast 920 Mitgliedern fast genauso viele wie Rhede (360) und Borken (680) zusammen. Isselburg kommt nur auf 220 Mitglieder. Es gibt zudem eine Sehnsucht in der Bocholter CDU nach einer neuen Führungs- und Symbolfigur. Wenige Wochen zuvor musste man bei der Kommunalwahl in Nordrhein-Westfalen das Bürgermeisteramt der SPD überlassen. Ein herber Schlag für das christdemokratische Selbstbewusstsein in der größten Stadt des Kreises Borken. „Nachdem wir den Bürgermeister nicht mehr haben, ist diese Entscheidung für uns sehr wichtig", mahnt der Bocholter CDU-Ratsfraktionschef Dieter Abels in den Tagen vor der Landtagsentscheidung. Hallwaß pokert dennoch lange und macht erst acht Tage vor der Mitgliederversammlung im „Erzengel" ihre Kandidatur öffentlich. Einen Tag später zieht Wüst nach. „Der große positive Druck aus Borken und Rhede hat mich bewogen, zu kandidieren", verkündet er und spricht von einer „Ermutigung" aus diesen beiden Stadtverbänden. Eigentlich habe er das Kandidatenrennen bislang „entspannt betrachtet". Es klingt, als werde Wüst gerufen, geradezu bekniet. Er habe sich schon immer für die Landespolitik interessiert, wird er in seiner Karriere noch häufig sagen und eine logische Verbindungslinie vom Junge-Union-Landesvorsitz, den er seit Herbst 2000 hat, bis ins Landesparlament nach Düsseldorf ziehen. Die Wahrheit ist wohl eher: Der Landtagswahlkreis ist 2005 die vorerst letzte Tür in die Berufspolitik, die einen Spalt weit offensteht. Wüst muss versuchen, irgendwie hindurch zu schlüpfen, sonst wird es schwierig mit der eigenen Machtbasis. Und auch mit der politischen Karriere.

Zwei Chancen hat er bereits verstreichen lassen: Bei der Bundestagswahl 2002 kommt eine Wahlkreiskandidatur in Borken nicht in Frage, weil Wüst noch im Jura-Staatsexamen steckt. Stattdessen zieht bei dieser Wahl der fünf Jahre jüngere Jens Spahn, der ebenfalls aus der Region kommt und zumindest eine abgeschlossene Bankausbildung vorweisen kann, in den Bundestag ein. Wenn Spahn, der jüngste je direkt gewählte Abgeordnete, keinen groben Fehler macht, das weiß Wüst, wird er über Jahrzehnte das Westmünsterland in Berlin vertreten. Im Februar 2003 tut sich dann unerwartet eine andere Option auf: Die Europaabgeordnete Hedwig Keppelhoff-Wiechert aus dem Kreis Borken kündigt ihren Rückzug an. Die Präsidentin des Deutschen Landfrauenverbands war über zwölf Jahre in Brüssel und Straßburg. Wüst fühlt sich bereit. Er hat das Studium abgeschlossen und – wie passend – eine Referendariatsstation in Brüssel verbracht. Seit einem Jahr schnuppert er zudem als neues Mitglied des CDU-Bundesvorstands das Aroma echter Macht. Noch Jahrzehnte später kann er versonnen erzählen, wie ihn sein Vater einmal gefragt habe, ob er da wirklich regelmäßig mit Frau Merkel und Herrn Schäuble an einem Tisch im CDU-Vorstand sitze und auch etwas sagen dürfe. Wüst will endlich ganz ankommen in der bezahlen, hauptamtlichen Politik. Wenn nicht im Bund, dann eben in Europa.

Bei einer Klausurtagung in Bad Honnef nominiert ihn – direkt im Februar 2003 – die nordrhein-westfälische Junge Union als Spitzenkandidaten für die Europawahl. Das heißt aber noch nichts. Wüst muss die gesamte Münsterland-CDU bespielen, um eine Chance zu bekommen. Bei der Europawahl gibt es keine Wahlkreise, sondern nur das Gewicht der Bezirks- und Landesebene im Geschacher um vordere Listenplätze. Da der neue Bezirksvorsitzende Karl-Josef Laumann zunächst kein glückliches Händchen bei der Vorauswahl zeigt, sieht es für Wüst nicht einmal schlecht aus: Die *Borkener Zeitung* attestiert dem jungen Mann aus Rhede „überregionale Akzeptanz". Laumanns bevorzugtem Kandidaten Thomas Kropp, einem 50-jährigen Lufthansa-Angestellten, wird trotz CDU-Parteikarriere und Europa-Erfahrung vorgeworfen, zu wenig Präsenz im Münsterland zu zeigen. Auch Gedankenspiele über eine Kandidatur der jungen Büroleiterin der scheidenden Keppelhoff-Wiechert oder einer Volkshochschul-Mitarbeiterin aus der Region verfangen nicht.

Wüsts Kalkül fällt jedoch in sich zusammen, als Keppelhoff-Wiechert eine 180-Grad-Wende hinlegt und doch noch einmal antritt. Die Borkener Kreis-CDU ist fortan gespalten und kann ihr Gewicht nicht mehr auf die Waage bringen. Sechs Kandidaten stehen letztlich beim

Bezirksparteitag im Oktober 2003 zur Wahl. Wüst und Keppelhoff-Wiechert überstehen noch nicht einmal die erste Runde. Deprimierende 19 beziehungsweise 21 Stimmen stehen zu Buche. Das Rennen macht der Quereinsteiger Markus Pieper. Auch Bezirkschef Laumann hat den Geschäftsführer der Industrie- und Handelskammer (IHK) Osnabrück am Ende unterstützt. Dass ausgerechnet der ausgewiesene Sozialpolitiker Laumann, heute Sozialminister im Kabinett Wüst, einen Wirtschaftsvertreter gegen ihn durchsetzt, will er nicht persönlich gedeutet wissen: „Ich hatte gar nichts gegen Wüst, aber wir hatten damals eben mit Markus Pieper einen guten Kandidaten aus dem Kreis Steinfurt. Und viele bei uns im Bezirk fanden, es müssten ja nicht immer alle Mandate an den starken CDU-Kreis Borken gehen", sagt Laumann rückblickend und betont: „So einfach ist das, das war keine Abstimmung gegen Wüst persönlich."

Aus dieser Pleite zieht Wüst offenkundig für sich eine Lehre, die bestimmend werden soll für seine weitere Karriere: Politik ist Vorbereitung, die wie Fügung aussieht. Im Machtspiel muss man das Glück erzwingen und das Risiko minimieren. Sein Meisterstück in dieser Hinsicht wird eben jener Abend im „Erzengel" nur knapp ein Jahr später. Mancher rümpft zwar im Vorfeld die Nase darüber, dass dieser junge Wüst schon wieder den nächsten Anlauf in ein Parlament nehmen will. Ist das nicht arg beliebig? Erst Europaparlament, keine zwölf Monate später Landtag? Was kaum einer mitbekommt: Wüst ist im Kampf um den Landtagswahlkreis besser präpariert als die Konkurrenz. Zudem erspürt er als Erster diese lähmende Unterströmung im Saal: Hier will niemand eine vertiefte inhaltliche Debatte, hier will jeder nur schnell eine Entscheidung und dann nichts wie raus. „Man hat gemerkt, dass die Bauern eigentlich schon wieder nach Hause wollten", erinnert sich Pasckert, „die wollten keine Reden hören, die wollten abstimmen und zurück zu ihrem Vieh." Wüst zieht in seiner Vorstellungsrede den Saal schnell in seinen Bann. Der erste Zwischenapplaus brandet auf, als er markig auf die Landesregierung eindrischt: Wenn man die rot-grünen Bremsklötze wegschaffen würde, gäbe allein das einen Wachstumsschub, poltert er. Wüst fordert den schnellen Ausbau der lokal bedeutsamen Bundesstraße 67. Und er holt rhetorisch die Landwirte ab, die unter immer mehr Bürokratie ächzen. Ein Bauer habe auf dem Trecker zu sitzen und nicht im Büro, tönt Wüst. Geschickt hebelt er auch den Argwohn aus, einer wie er könnte zu jung für den Landtag sein. Er spricht eine Frau im Publikum, die er kennt, direkt an: „Dein Sohn hat doch schon mit 18 Jahren den Hof übernommen, also kann ich das auch." Die *Borkener Zeitung* wird später von einer „kämpferischen, detailreichen und brillant vorgetragenen Rede" berichten.

Wüst hat das gemacht, was er in den Jahrzehnten in der Berufspolitik immer weiter verfeinern wird: möglichst genau die Publikumserwartung zu erfüllen. „Der Saal war voll, die Luft war schlecht, da muss man einfach so flexibel sein und seine Rede kürzen", sagt er hinterher zufrieden. Um 21.55 Uhr ist klar: Hendrik Wüst hat es geschafft. „148 Stimmen für Karin Hallwaß, 50 Stimmen für Andreas Pasckert ...". Der Rest geht im Jubel unter. 524 Stimmen bekommt Wüst. 363 hätten für die absolute Mehrheit gereicht. Es ist ein Triumph. Vor allem in der düpierten Bocholter CDU fragen sich viele: Wie ist es möglich, dass ausgerechnet dieser streng gescheitelte junge Schlaks aus Rhede einen solch fulminanten Sieg davonträgt?

Das Gespür für den Saal ist am Ende nur der kleinere Teil seines Erfolgsgeheimnisses. Die wichtigere Vorarbeit hat Wüst im Verborgenen geleistet. In den Monaten vor dem entscheidenden Novemberabend zeigt sich, dass er trotz seines Alters wohl am besten verinnerlicht hat, wie die CDU funktioniert. Wüst gelingt es, zwei einflussreiche Mitstreiter für sich einzunehmen: die damalige Rheder CDU-Stadtverbandsvorsitzende Christel Wegmann und deren Pendant aus Borken, Antonius König. Es werden zwei zentrale Förderer, die ihn gewissermaßen politisch adoptieren und bis heute wohlwollend begleiten. Manche meinen, der nette Hendrik habe hier zum ersten Mal sein berühmtes Schwiegersohn-Talent ausgespielt. Außerdem glückt ihm in jener Phase der wichtige, beinahe sagenumwobene „Waffenstillstand" mit Jens Spahn und den anderen ehrgeizen Jungen der „Borken-Connection", von dem bis heute in der Union bedeutungsvoll geraunt wird. Politik ist eben am Ende immer auch „People's Business", wie es Neudeutsch heißt: Ein Geschäft mit und unter Menschen, dessen Regeln Wüst offensichtlich schnell beherrscht.

Christel Wegmann öffnet an einem sonnigen Montagmorgen im März 2023 die Haustür in Rhede. Sie wohnt in einer dieser beschaulichen Siedlungen im westlichen Münsterland. Gemütliche, frei stehende Spitzdachhäuschen, bei denen man von der Frontseite durch große Fenster bis hinten zum Garten schauen kann. Wegmann bittet herein und führt durch einen kleinen Flur ins Wohnzimmer, wo schon selbstgebackene Kekse und Nussecken auf dem Esstisch stehen. Sie kocht noch rasch Teewasser auf, dann kann es losgehen mit dem Gespräch über „den Hendrik", wie sie sagt. Wegmann hat eine Kerze angezündet. Es ist gerade keine leichte Zeit für sie. Vor knapp einem Jahr ist ihr Mann völlig überraschend gestorben. Der Jahrestag nähert sich. Die Rentnerin ist eine warmherzige, zupackende Frau, die vier Kinder und drei Enkelkinder hat. Sie ist noch immer im Stadtrat aktiv und auch im Kirchenvorstand engagiert. Ihr Lebenslauf hat auf Wüst immer eine starke Faszination ausgeübt. „Einfach irre", sagt er dazu gern. Wegmann ist gelernte Sozialpädagogin, war aber zuvor Nonne. Ihr späterer Mann ist Priester, als sie sich kennenlernen. Sie entscheiden sich für ein gemeinsames Leben. Wegmanns Mann muss beruflich komplett neu anfangen und erlernt einen technischen Beruf. Sie bleiben dem Glauben und der katholischen Kirche dennoch verbunden. Wegmann sitzt heute im Vorstand der Gemeinde St. Gudula, zusammen mit Hermann Starting, Wüsts Schwiegervater.

Wegmann gehört zu den frühen starken Frauen in der Politik, die Wüst aus der Nähe erlebt. „Ich war die Rampensau", so formuliert sie es schmunzelnd, „mein Mann hat mich gestützt". 1993 kommt sie zur CDU. Sie will sich ehrenamtlich engagieren, aber nicht bei den damals typischen Institutionen wie den Landfrauen oder allein in kirchlichen Einrichtungen. Wegmann macht kommunalpolitisch Karriere: Mitglied im Kreis- und Stadtrat, Vorsitzende der Frauen-Union. Heute ist sie Vorsitzende der örtlichen Senioren-Union. „Ich bin auch meinen Weg gegangen", sagt sie zufrieden, „auf einer anderen Ebene als Hendrik." Dennoch: Ihre Karrieren verlaufen Hand in Hand. „Ich fördere ihn. Und er fördert mich", erläutert sie das Prinzip. Ihre Stimme bekommt einen fürsorglichen Klang, wenn sie von Wüst spricht, der im Alter ihrer Kinder ist. Als Wüst kurz vor seinem Abitur den frühen

Krebstod seiner Mutter verkraften muss, sucht er Wegmanns Nähe. „Seitdem hat er sich auch oft an mich gewandt", sagt sie. „Ich war zwar nicht seine Ersatz-Mutter, aber irgendwo hat sich so ein Verhältnis ergeben." Einmal sei Wüst durch den Garten zu ihnen ins Haus gekommen, habe sie ganz genau angeschaut und gefragt: „Warst Du arbeiten? Deine Hände sehen so aus wie bei meiner Mutter."

Der zielstrebige Wüst kommt gut an in der Rheder CDU. Gerade die Alten mögen diesen höflichen jungen Mann auf Anhieb. „Der Name kursierte schon. Er war sehr wohlgelitten, vor allem bei der älteren Generation", erzählt Wegmann, „sie fanden das toll: ein Junge aus Rhede." Gerade nach der Kommunalwahl-Niederlage 1999 trifft Wüst einen Nerv in der Rheder CDU: Erstmals ist im einst schwarzen Rhede ein Grüner zum Bürgermeister gewählt worden. Wüst schafft es seither, bei den Stadtratssitzungen Paroli zu bieten. „Das lag an seiner frechen Schnauze", sagt Wegmann. „Die haben sich richtig angegiftet. Grün war für Hendrik wie ein rotes Tuch." Manchem gefällt diese Rauflust nicht. Eine frühere Grundschullehrerin von Wüst etwa meldet sich und findet, dass er ein wenig zu weit gehe. Doch die Alten in der Rheder CDU sind froh, dass ihnen der wortflinke junge Ratsherr neues Selbstbewusstsein schenkt. Sie danken es mit Unterstützung in all den Postenkämpfen, die da kommen. „Er spürt auch, wie er hier in Rhede getragen wurde", glaubt Wegmann. Sie macht eine Pause: „Er wurde unglaublich getragen."

Nach der schmerzlichen Niederlage bei der Europakandidatur sucht Wüst zur Jahreswende 2003/2004 Rat bei Wegmann. Sie weiß, dass er auf eine Zukunft in der Berufspolitik hofft, jedoch die Konkurrenz im Kreisverband Borken groß ist. Die Lage erscheint vertrackt. „Ich merke, dass ich was machen muss, um auch künftig auf höherer Ebene Politik machen zu können", soll Wüst damals gesagt haben, „ich schaue mal, ob ich das nicht mit dem Landtag hinkriege." Wegmann erinnert sich, besorgt auf diesen Plan reagiert zu haben: „Hendrik, dann hast Du ja wieder Konkurrenten." Sie fürchtet, dass er sich verrennt: „Als Frau, als Mutter, denkt man: Junge, was tust Du Dir da wieder an?" Aber er habe gewusst, was er wollte und auch den nötigen Mut besessen, sich zu konkurrieren.

Wegmann begreift damals sofort, was ihr Job bei der Operation „Wüst in den Landtag“ ist. Sie ruft Antonius König an, den einflussreichen Stadtverbandsvorsitzenden in Borken. „Und dann haben wir eben die Schlacht geschlagen“, sagt sie. Wüst, Wegmann und König werden zu einem Trio, das alle Register zieht. Rhede und Borken können nur gewinnen, wenn man gut mobilisiert und einige Sympathisanten aus Bocholt herausbricht. Zunächst wollen sie die Wahlkreisversammlung nach Borken verlegen, weil das die Chance erhöhen würde, mehr eigene Unterstützer an die Urne zu bekommen. Der Kreis Borken ist 57 Kilometer lang und 61 Kilometer breit, die Wege für einfache Mitglieder sind weit. Der zahlenmäßig übermächtige Stadtverband Bocholt lässt sich den Heimvorteil jedoch nicht abluchsen. Dennoch gelingt Wüst das, was König noch Jahrzehnte später mit wohligem Timbre „wirklich ein Husarenstück“ nennt.

König, dunkelblaue Jeans, rotblau-kariertes Hemd und graue Strickjacke, ist heute Vorsitzender der Senioren-Union Borken-Heiden und weiterhin auf Kreis- und Bezirksebene tätig. Der pensionierte Realschullehrer, Jahrgang 1947, verbringt schon mehr als sein halbes Leben in der CDU. Er ist 18 Jahre Stadtverbandsvorsitzender in Borken und sitzt 20 Jahre im Stadtrat. Auch im Kreisvorstand bringt er sich etliche Jahre als Schatzmeister ein und lernt dort Wüst kennen. Bei Gremiensitzungen, so erinnert sich König, hocken die Jungen meist in seiner Nähe. Es ist so auffällig, dass parteiintern schon geredet wird: Guckt mal, der König schmeißt sich nur an die Junge Union ran. Er lächelt. „Ich habe damals gesagt: Wir müssen auch an die jungen Leute denken“, sagt er, „wir können nicht nur auf dem alten Rost rumlaufen.“ Auch Wüst sucht früh den Kontakt zum einflussreichen König. Im Kommunalwahlkampf 1999 leiht er sich bei ihm Dreieck-Ständer für Plakate. Sie bauen sie gemeinsam ab und auf. Die Chemie zwischen dem Alten und dem Jungen stimmt. Königs Tochter Anne, inzwischen selbst Bundestagsabgeordnete, wird für Wüst bei der Jungen Union arbeiten. Es gibt im Kreis Borken Stimmen, die behaupten, König Senior hätte Wüst damals gerne zum Schwiegersohn gehabt. Das klappt nicht, aber er adoptiert ihn politisch und hilft, die Mehrheit für das Landtagsmandat zu organisieren. „Da ich Stadtverbandsvorsitzender war, habe ich persönlich Mitglieder angerufen, die ich ganz gut kenne“, erzählt König. Die habe er gefragt, ob sie nach Bocholt fahren würden. „Wenn Sie ja gesagt haben, habe ich gesagt: Du musst wahrscheinlich drei Leute mitnehmen und ich werde Dir sagen, wer das ist.“ Königs Konzept: Keine Busse, besser Fahrgemeinschaften. Das ist verbindlicher. Wer abgeholt wird, kommt in jedem Fall mit. Eine sichere Stimme für Wüst. „Kurz vor Abfahrt rief noch einer an, der war um die 75 Jahre alt und fragte, ob er noch irgendwo mitfahren könne.“ König sagt zu, es gebe noch ein Auto mit zwei Plätzen. Als die Frau des Anrufers das hört, ruft sie aus dem Hintergrund: „Wenn wir abgeholt werden, dann fahre ich auch noch mit.“ Königs Augen blitzen triumphierend. Am Ende sind es allein 236 Mitglieder aus Borken, die er in den „Erzengel“ lotst.

Nach dieser generalstabsmäßig geplanten Handmassage für jedes CDU-Mitglied, das sein Kreuz bei Wüst machen soll, kann nicht mehr viel schiefgehen. Die Lokalausgaben der Zeitungen bringen am nächsten Morgen ein Foto, das zwei Männer Arm in Arm zeigt: Hendrik Wüst und Antonius König. „Ich bin damals extra auf ein Pult geklettert, da bin ich beinah an seine Größe herangekommen“, sagt König. Er hält inne. „An seine körperliche Größe.“ Wüst gibt sich im Moment des Erfolges generös und bittet darum, die aus dem Feld geschlagene Favoritin Hallwaß nicht „runterzuschreiben“. Verlieren gehöre nun mal zur Politik. Hallwaß tritt später aus der CDU aus. Der Frust ist zu groß. Gegen Wüst und die Strippenzieher war kein Ankommen. Wüst dagegen ist endgültig auf dem Radar der CDU-Prominenz angekommen. Die CDU-Bundesvorsitzende Angela Merkel gratuliert ihm noch am Abend telefonisch. Auch CDU-Landeschef Jürgen Rüttgers meldet sich.

Knapp 20 Jahre später gelingt noch einmal ein vergleichbarer Coup. Im Mai 2021 erobert Königs 36-jährige Tochter Anne die Bundestagskandidatur im Wahlkreis Borken II, obwohl Amtsinhaber Johannes Röring noch einmal antreten will. Röring ist nicht irgendwer in der Region, sondern der ehemalige westfälische Bauernpräsident, der den Wahlkreis seit 2005 stets behaupten konnte. Aufgrund der Corona-Auflagen findet die Wahlkreisversammlung auf einem Bauernhof in Rhede statt. In einer weiträumigen Halle finden mehr als 200 CDU-

Mitglieder Platz, noch einmal so viele sind per Livestream zugeschaltet. Zu Beginn des Wahlgangs reisen weitere Hunderte Mitglieder in einer Autokolonne an. Wüst ist Versammlungsleiter. König gewinnt überraschend deutlich mit 69 Prozent der Stimmen. Als Wüst im Oktober 2021 zum Ministerpräsidenten gewählt wird, gratuliert ihm Antonius König per WhatsApp-Nachricht. Die Antwort lässt nicht lange auf sich warten. Wer hätte das vor einigen Jahren gedacht, habe Wüst zurückgeschrieben: „Anne im Bundestag, ich Ministerpräsident". König schaut auf. Stolz liegt in seinem Blick.

Ohne den vorherigen berühmten Waffenstillstand der „Borken-Connection" um Wüst, Spahn & Co. wäre es trotz aller Planungsakribie gleichwohl schwer geworden, die Machtverhältnisse im erfolgsverwöhnten Kreisverband neu zu ordnen. Jeder Zweite in der CDU weiß seit Jahrzehnten zu berichten, Wüst und Spahn hätten sich „irgendwann mal irgendwie arrangiert", doch seit wann und wie genau die Claims aufgeteilt sind, bleibt offen. Klar ist nur, dass sich zur Jahreswende 2003/2004 mehrere ehrgeizige Talente verständigen müssen. Ein Generationswechsel steht an, doch es fehlt die ordnende Hand im Kreisverband. Es wird bis heute nicht viel über das Arrangement gesprochen. Fest steht nur der Ort: die Gaststätte „Sicking" in Borken. Der frisch gewählte Bundestagsabgeordnete Spahn ist gekommen. Wüst als Landesvorsitzender der Jungen Union sowieso. Auch Kai Zwicker sitzt mit am Tisch, der heutige Landrat. Er ist ein paar Jahre älter und damals Bürgermeister der Gemeinde Heek im westlichen Münsterland. Zwicker gilt als Initiator des Treffens, bei dem die Mandate aufgeteilt werden sollen. „Man müsse sich doch einfach arrangieren", so Zwicker Jahrzehnte später, „es war doch genug für alle da." Ebenfalls in der Gaststätte „Sicking": der Wüst-Freund Sven Volmering, später selbst Landesvorsitzender der Jungen Union und Bundestagsabgeordneter. Und der Spahn-Vertraute Markus Jasper. Viel geredet wird im „Sicking" nicht – typisch für die eher wortkarge Region. Auch eine genaue Rekonstruktion ist nicht ganz einfach. Es gibt auffällig viele Erinnerungslücken. Keiner weiß angeblich mehr genau, wann exakt das Treffen war, was im Detail besprochen wurde. Volmering, der heute als Lehrer am Mariengymnasium Bocholt arbeitet und der Politik vollständig den Rücken gekehrt hat, will gar nicht mehr öffentlich reden. Nicht über die CDU, nicht über seinen einstigen Freund Hendrik. Zwei Tage habe er überlegt, schreibt er per SMS. Er sei gespannt auf das Buch, wisse aber noch nicht, ob er es dann wirklich lesen wolle. Klingt so jemand, der mit allen Beteiligten im Reinen ist? In der Gaststätte „Sicking" kommt es jedenfalls zu einer Revieraufteilung, die im Grundsatz bis heute Bestand hat. Spahn bleibt auf der Bundesebene, soll CDU-Kreisvorsitzender in Borken werden. Wüst hingegen erhält volle Rückendeckung für die Landesebene und kann auch mit Stimmen der Jungen aus Bocholt rechnen. Zwicker wird der Mann fürs Kommunale. Jasper ist die Rolle des Strippenziehers im Hintergrund zugedacht: Zunächst als Spahns Mitarbeiter in Berlin, seit 2010 als Geschäftsführer der Kreis-CDU. Volmering soll Wüst als Landesvorsitzender der Jungen Union beerben, was 2006 auch gelingt. Später muss er jedoch mehrfach erfolglos im Bundestagswahlkreis Bottrop-Recklinghausen III kandidieren und schafft es nur 2013 einmal über die Landesliste ins Parlament. Angeblich hätte Volmering gern 2021 im sicheren Bundestagswahlkreis von Anne König kandidiert. Doch die „Borken-Connection" scheint ihn vergessen zu haben.

Wenn man heute mit dem Machtmenschen Wüst über politische Karrieren und ihre wichtigsten Zutaten spricht, klingt er überraschend demütig und dankbar. Gewiss hätten viele Mitstreiter aus der Jungen Union den Sprung in die Politik geschafft, sagt er. Und wer heutzutage durch Zeitungsartikel von damals, alte Protokolle sowie Archiv-Ausgaben der *BISS35*, der Mitgliederzeitschrift der Jungen Union Nordrhein-Westfalen, blättert, stößt auf viele Gesichter, die ebenfalls später Karriere machen sollten: Der junge Thomas Jarzombek, jahrzehntelang Bundestagsabgeordneter, Beauftragter der Bundesregierung sowie Düsseldorfer CDU-Chef lächelt einen da an. Genauso wie Marcus Optendrenk, später Finanzminister in Nordrhein-Westfalen, oder Johannes Pöttering, nun Hauptgeschäftsführer des dortigen Unternehmerverbandes. Autorin der Texte: Isabelle Löwe, die heute Fischer heißt und als Sprecherin der CDU Deutschlands fungiert.

Wüst kennt zugleich die Unwägbarkeiten politischer Karrieren. Er habe „auch gesehen, wie viele Gute nie die Gelegenheit bekommen haben, Berufspolitik zu machen. Da hängt einfach viel von Zufällen ab", bilanziert er heute. Es soll wohl alles nicht so am Reißbrett geplant erscheinen. Wer Wüsts Laufbahn verfolgt, kann indes schwer an Zufälle glauben. Seit er mit 15 als Pressereferent der Jungen Union in Rhede anfängt, nimmt er auf Orts-, Kreis-, Bezirks- und Landesebene zehn Jahre lang Schritt für Schritt jede Sprosse in der CDU-Nachwuchsorganisation. Es kostet Zeit, Hingabe und Geschick, immer wieder Mehrheiten zu finden. Man muss sich permanent zur Disposition stellen und die Möglichkeit der Niederlage aushalten können. Der unbedingte Wille, immer wieder andere aus Positionen zu verdrängen, die Fähigkeit, sich und anderen erfolgreich einzureden, es am besten zu können – all das kostet ungemein viel Energie und Selbstdisziplin. Nicht jeder kann das, viele wollen es am Ende nicht mit jeder Faser.

Wer Georg Milde eine Weile zuhört, glaubt jedenfalls nicht an Zufallskarrieren in der Politik. Der promovierte Politikwissenschaftler und Publizist ist ins Restaurant „Spreegold" in Berlin-Mitte gekommen und macht bei einer Tasse Cappuccino eine andere Rechnung auf. Milde war selbst mittendrin im Betrieb: Bundesgeschäftsführer der Jungen Union, persönlicher Mitarbeiter von Altbundeskanzler Helmut Kohl, Herausgeber des Magazins *politik & kommunikation*. Er sagt: „Hendrik Wüst hat eine Stärke, die nur ganz wenige besitzen." Milde betont, politische Auseinandersetzungen nicht eins zu eins mit Wildwest-Duellen vergleichen zu wollen. „Aber: Wenn sich zwei Kontrahenten um ein politisches Amt gegenüberstehen – wer zuckt als Erstes mit dem Auge und guckt als Erstes weg, wer behält die Ruhe und beweist die besseren Nerven? Dann würde Hendrik Wüst gewinnen." Milde kennt Wüst lange. Sie haben sich ab dem Jahr 2002 häufig ausgetauscht und erste Redeentwürfe gegengelesen. Noch heute nennt Wüst ihn einen Freund, empfiehlt – in einem Schüler-Interview der *Westfälischen Rundschau* – Milde sogar als seinen Lieblingsautor. „Zur Ausübung von Macht", sagt Milde, „gehört nicht nur Kraft, sondern auch ein Wille, dass sich der andere nicht durchsetzt. Manche denken ähnlich, knicken dann aber doch ein." Milde hat für sein Buch „Wege in die Politik. 75 Porträts von der Kriegsjugend bis zur Generation Internet" viele Politikerkarrieren intensiv studiert. Sein Urteil: „Wenn man ganz nach oben will, sozusagen in den Himalaya der Politik, und in dieser sauerstoffarmen Zone kommen nur wenige zurecht, dann muss man stehen bleiben."

Wüsts Steherqualitäten blitzen erstmals im Jahr 2000 auf. Er ist zwar bereits Schatzmeister der Jungen Union in Nordrhein-Westfalen, in der von den acht Bezirkschefs dominierten Nachwuchsorganisation gilt er jedoch eher als kleines Licht. Was nur wenige schon damals bei dem 25-Jährigen erkennen: Wüst studiert seit mittlerweile zehn Jahren das Machtspiel im komplizierten Junge-Union-Kreisverband Borken. Er lernt dort, wie Mehrheiten organisiert und über Umwege schon mal Vorstandsmitglieder abgestraft werden, wie sich Delegierte beeinflussen lassen und welche Strippen man im Interessengeflecht ziehen muss. Im Landesverband der Jungen Union sind die Machtverhältnisse eigentlich seit acht Jahren betoniert. Der Landesvorsitzende Ralf Brauksiepe, viele Jahre Bundestagsabgeordneter und Parlamentarischer Staatssekretär aus Hattingen, glaubt sich ebenso wie sein Amtsvorgänger Norbert Röttgen auf eine sichere Allianz aus den vier westfälischen Bezirksverbänden und dem Bezirk Mittelrhein verlassen zu können. Es ist eine gewachsene Machtstruktur in der Nachwuchsorganisation. Brauksiepe, Jahrgang 1967 und seit 1998 bereits Mitglied des Bundestags, will Ende des Jahres 2000 gerne noch einmal für eine letzte Amtszeit als Landeschef der Jungen Union weitermachen. Allerdings gibt es Unruhe seit der Landtagswahl im Mai 2000. Die Junge Union hatte eigentlich ihren ostwestfälischen Bezirkschef Christian Jostes als Spitzenkandidat nominiert, auf der Landesliste wird jedoch Ruhrgebiets-Bezirkschef Thomas Kufen vor ihm platziert und zieht schließlich in den Landtag ein. Es baut sich in der Jungen Union eine Stimmung gegen den größten Bezirksverband Ruhrgebiet auf, dem auch Brauksiepe angehört. Wüst macht sich diese atmosphärischen Störungen geschickt zunutze und bastelt hinter dem Rücken des Vorsitzenden an einer eigenen Mehrheit. Er bricht in unzähligen Telefonaten die Front der vier westfälischen Bezirksverbände (Ostwestfalen, Ruhrgebiet, Südwestfalen, Münsterland) auf und lässt seine Verbindungen ins Rheinland spielen. Mit dem niederrheinischen Bezirkschef Günter Krings ist er damals schon eng, mit der Vorsitzenden des Bezirks Mittelrhein, Andrea Päffgen (heute verheiratete Klieve), sogar insgesamt sechs Jahre lang liiert.

Auch der neoliberale Zeitgeist der Jahrtausendwende spielt Wüst in die Karten. Brauksiepe, Stahlarbeiterkind und Bildungsaufsteiger, steht dezidiert für den Sozialflügel der Union, der in der konservativer werdenden Jungen Union zunehmend einen schweren Stand hat. Erst spät merkt er, dass sein Schatzmeister Wüst gerade dabei ist, ihn abzusägen. Zu einer offenen Kampfansage kommt es nie. Brauksiepe ist ein eher leiser Mensch, der seine politische Laufbahn mit einem zurückhaltenden Motto verfolgt hat: „Ich dränge mich nicht und ich drücke mich nicht." Gegen den gewieften Wüst reicht das im Herbst 2000 nicht. Weichgekocht tritt Brauksiepe am Ende nicht noch einmal als Landesvorsitzender an und liest in der Zeitung, wie Wüst ihm Girlanden windet: Der 33-jährige Familienvater Ralf Brauksiepe wolle den Generationswechsel in der Jungen Union einleiten und konzentriere sich ganz auf seine wichtige Arbeit im Bundestag. Große Dankbarkeit. Abservieren mit Stil eben. Bei der Landesdelegiertenversammlung in Bad Honnef überreicht Wüst dem gestürzten Brauksiepe feierlich einen Gutschein für eine Fahrt mit einem Heißluftballon. Der neue Landesvorsitzende lässt sich bei der abendlichen Party auf dem Rheinschiff „MS Rheingold" von seinen Unterstützern beklatschen.

Wer Brauksiepe fast ein Vierteljahrhundert nach der Hinterzimmer-Niederlage gegen Wüst trifft, spürt dennoch keine Bitterkeit. Die Politik hat ihm mehr geschenkt, als er zu hoffen gewagt hat. Er saß 20 Jahre im Bundestag und war davon fast zehn Jahre lang Staatssekretär. Danach steigt er zum Arbeitsdirektor des Wohnungsunternehmens „Vivawest" auf. Sein Büro in der ehemaligen Gelsenkirchener Zeche Nordstern zieren zahllose Fotos von politischen Begegnungen und Mitbringsel von Parlamentarier-Reisen. Da guckt jemand ohne jeden Groll zurück. Auch zu Wüst ist das Verhältnis schon lange repariert. Es schimmert bei Brauksiepe nachträglich fast so etwas wie Bewunderung durch für Kaltschnäuzigkeit und Cleverness des heutigen Ministerpräsidenten.

Die kunstvolle Eroberung des Landesvorsitzes der Jungen Union bedeutet für Wüst im Jahr 2000 das endgültige Ankommen in der Politik. Er versteht jetzt perfekt das Geschäft und kann sich mit dem Gedanken vertraut machen, hier das Feld für seinen persönlichen und beruflichen

Aufstieg zu finden. Er ist jetzt erstmals eine „richtige Nummer", wie man im Münsterland sagen würde. Sogar der ihm in herzlicher Abneigung verbundene grüne Bürgermeister von Rhede, Lothar Mittag, überreicht Wüst vor der Stadtratssitzung einen Blumenstrauß und wünscht ihm „eine glückliche Hand" im neuen Amt. Wichtiger noch für seine weitere Karriere: Wüst scheint sich stilistisch weiterzuentwickeln. Er ist einerseits konservativer Hoffnungsträger, andererseits eben Angehöriger der „Generation Golf". Wie alle jungen Leute, die Mitte der 70er-Jahre geboren sind, wird er unweigerlich von der Leichtigkeit der Spaßgesellschaft beeinflusst, die seinerzeit den Ton angibt. Wüst verbindet zunächst konservatives Draufgängertum und den Spirit der Jahrtausendwende bei der Neuausrichtung der jungen Christdemokraten in Nordrhein-Westfalen. Er schaut sich das Konzept der „Summer University" bei der Jungen Union in Niedersachsen ab. Motto: „Politik und Party". Tagsüber wird diskutiert, abends gefeiert. Wüst kann beides. Er lobt Prämien aus für die kreativsten Kreisverbände, schiebt einen Foto-Wettbewerb zur Fußball-Weltmeisterschaft 2006 an. Gegen die rot-grünen Regierungen in Bund und Land agitiert er mit rot-grünen Knicklichtern („Rot-Grün kannste knicken") und klebt in der Rolle des Gerichtsvollziehers ein Kuckuck-Pfandsiegel an die schuldenmachende Düsseldorfer Staatskanzlei. Die Grünen attackiert er als „Ein-Generationen-Partei". Der damals neue NRW-Ministerpräsident Peer Steinbrück von der SPD, den Wüst später als hochgeschätzten Amtsvorgänger zu Veranstaltungen einladen wird, muss sich von den kessen Jungunionisten persönlich herabsetzen lassen: „Keiner kennt ihn, keiner mag ihn", tönt Wüst. Tiefsinnige Konzeptpapiere, inhaltliche Aufschläge oder die intellektuelle Kursbestimmung sind erkennbar nicht die Sache des neuen Landesvorsitzenden der Jungen Union. Wüst bereist lieber emsig die Kreisverbände, tummelt sich im CDU-Bundesvorstand und erweitert Stück für Stück seine Einflusssphäre.

Zu einer fast schicksalhaften Begegnung wird in dieser Zeit die Freundschaft zu Philipp Mißfelder, die manche Hinweise auf Wüsts Politikverständnis liefert. Der gebürtige Wattenscheider ist eine bemerkenswerte Erscheinung: Ein Kerl wie ein Baum, schlagfertig, selbstironisch, zielstrebig. Mißfelder, Jahrgang 1979, führt von 1998 bis 2000 die Schüler-Union und sitzt im Bundesvorstand der Jungen Union. Es braucht nur wenige Treffen, da offenbart er Wüst, dass er schon 2002 zum ganz großen Sprung ansetzen wolle. Mißfelder nimmt mit gerade einmal 23 Jahren den Bundesvorsitz der Nachwuchsorganisation ins Visier und erhofft sich Unterstützung seines Landesvorsitzenden. Eigentlich ist der Posten ein Durchlauferhitzer für künftige Bundestagskarrieren, den man eher mit 30 Jahren anstrebt. Mißfelder werde den Bundesvorsitz auf Jahre „blockieren", wird intern gewarnt. Der Führungszirkel um die aktuelle Vorsitzende Hildegard Müller und ihre Stellvertreter Georg Fahrenschon und Tanja Gönner lehnt den Emporkömmling aus dem Ruhrgebiet ab. Wüst hingegen entscheidet, Mißfelder zu unterstützen: „Wenn ein NRWler das werden will, dann stehe ich dem nicht im Weg", gibt er damals zu Protokoll. Heute erinnert sich Wüst an keine einfache Operation. Sie marschieren gemeinsam, sammeln Delegiertenstimmen, suchen Verbündete. „Die Achse Wüst-Mißfelder war sehr eng", sagt Wegbegleiter Georg Milde. Sie kommen sich machtpolitisch nicht ins Gehege, da Mißfelder einen klaren Berlin-Fokus hat und Wüst eher in Nordrhein-Westfalen seine Zukunft sieht. Am 18. Oktober 2002 wird Mißfelder in Düsseldorf zum neuen Bundesvorsitzenden gewählt und bleibt es die Rekordzeit von zwölf Jahren.

„Darüber wurden wir Freunde, auch persönlich", sagt Wüst rückblickend. Womöglich bewundert er den Jüngeren auch heimlich für Eigenschaften, die ihm nicht gegeben sind. Menschen, die sich damals in ihrem Umfeld tummeln, berichten von einem ungleichen Duo. Mißfelder ist anders als Wüst ein Menschenfischer, der schon in jungen Jahren jeden Raum füllt. Er vermag es, Weggefährten aus beinahe jeder Altersklasse und Machtposition an sich zu binden. Er pflegt Netzwerke, die sich wie Freundschaften anfühlen und verströmt eine fröhliche Kreativität, die Wüst eher abgeht. Als er 2015 mit nur 35 Jahren völlig unerwartet an einer Lungenembolie stirbt, schreibt Markus Feldenkirchen in einem Nachruf für den *Spiegel*: „Mißfelder hatte einen scharfen Sinn für menschliche Unzulänglichkeiten, die der anderen, aber auch für seine eigenen." Selbst seine Rolle als Nervensäge der Union vermag er früh zu persiflieren. Als Mißfelder Ende 2002 einmal bei einem Empfang seiner Heimatzeitung *WAZ* (*Westdeutschen Allgemeinen Zei-*

tung) in Berlin aufkreuzt, wedelt er bestens gelaunt mit dem Einladungsschreiben der Chefredaktion. Durch ein Versehen steht in der Anrede: „Sehr geehrte(r) Frau/Herr NN". Genüsslich nimmt er die Peinlichkeit der Gastgeber entgegen und kontert: „Geben Sie es zu: Sie haben gedacht, der Mißfelder springt eh auf jeden Zug, dem schicken wir eine blanko." Diese einnehmende Lässigkeit, mit der man zum Gewinn für jedes Bankett wird und als Salonlöwe höchste Kreise selbst in zweifelhaften Gesellschaften erschließen kann, ist Wüst ziemlich fremd.

Auch im politischen Postenschacher zeigen sich Unterschiede in der Kampfführung. Weggefährten versichern: Mißfelder habe Wüst zwar vorgemacht, wie man Loyalität buchstabiert und mit einem klaren Freund-Feind-Schema durch die Partei pflügt. Bei aller Jovialität sei Mißfelder jedoch zu einer Gnadenlosigkeit im Umgang mit missliebigen Konkurrenten fähig gewesen, die so wohl nie zu Wüsts Repertoire gehören wird. Wie so häufig in seinem Politikerleben scheint er sich allenfalls einzelne Fertigkeiten abzuschauen und mit den eigenen Talenten zu kombinieren. Wüst ist der Kühlere, Überlegtere, eher ein Mann fürs machtpolitische Dominospiel. Vor allem kommt Wüst schon in dieser Zeit eher über die Sekundärtugenden. Anders als Mißfelder, der schnell sein Jura-Studium schmeißt, will er sich da durchboxen. Er fühlt sich auch seinem Vater verpflichtet, der ihn finanziell unterstützt. Mitbewohner aus der „Boeselagerburg", dem mächtigen Studentenwohnheim-Ensemble an der Münsteraner Boeselager Straße, erinnern sich an einen extrem fleißigen Kommilitonen Hendrik. Einmal sei Wüst erst gegen 22 Uhr von der Ratssitzung in Rhede gekommen und habe mit einer Tiefkühlpizza in der Tür gestanden: Seine Mikrowelle sei kaputt, ob er mal eben sein Abendessen auftauen dürfe. „Er hat beide juristischen Staatsexamen parallel zum Landesvorsitz der Jungen Union geschafft. Das zeigt einfach, wie diszipliniert er war", erinnert sich ein Weggefährte. „Aber auch, dass er Politik machen wollte." Wüst besteht sein erstes Staatsexamen sogar zügig per „Freischuss". Ob es für den zielstrebigen Jurastudenten jemals ein Lebensmodell ohne den Berufswunsch Politiker gegeben hat? Dazu gibt es unterschiedliche Einschätzungen, die mit einem frühen Ausflug in den Lobbyismus zu tun haben.

Das „Westin Grand Hotel“ liegt in bester Lage in München-Bogenhausen, unweit von Isar und Englischem Garten. In dem Fünf-Sterne-Haus bietet Honorarprofessor Klemens Joos das Seminar „Politicial Stakeholder Management“ mit vier Semesterwochenstunden für die Technische Universität München an. Anforderungen: ein Impuls-Referat zu Beginn sowie die Erarbeitung eines Interessenvertretungskonzepts. „Hauptaufgabe ist die Übersetzung des Unternehmensinteresses in eine Gemeinwohlperspektive auf maximal eine Seite (OnePager)“, steht in der Seminar-Beschreibung. Joos, 1969 in Nonnenhorn am Bodensee geboren, ist ein bayerischer Selfmademan: Er studiert Betriebswirtschaftslehre in München, betätigt sich politisch und steigt bis zum Landesschatzmeister der Jungen Union Bayerns auf. Zudem ist er persönlicher Referent eines Abgeordneten des Europäischen Parlaments. Bereits während des Studiums gründet Joos im Jahr 1990 die Agentur „Eutop“. Hendrik Wüst wird von 2002 bis 2005 für Eutop arbeiten – während seines Referendariats in Brüssel, später auch als Syndikus-Anwalt in Berlin.

Die Agentur sieht sich als selbstständiger Mittler im Kommunikationsprozess zwischen Politik und Wirtschaft. In mehr als drei Jahrzehnten wächst „Eutop“ auf mehr als 150 Mitarbeiter an den Standorten Brüssel, Frankfurt, Berlin, Düsseldorf, Paris, Madrid, Rom, Wien, Budapest, Prag und Kopenhagen an. Joos selbst ist nicht zu einem Gespräch über seinen einstigen Angestellten Wüst bereit: „Wir äußern uns grundsätzlich nicht zu ehemaligen Mitarbeitern und werden auch im Fall von Herrn Wüst hiervon keine Ausnahme machen“, schreibt sein Büroleiter auf Anfrage.

Gerade für einen Spitzenpolitiker kann die Vergangenheit bei einer solchen Firma, die sich auf der Schnittstelle zwischen Wirtschaft, Verwaltung, Wissenschaft und eben Politik bewegt, durchaus heikel sein. Die Organisation „LobbyControl“ stuft die Arbeit von „Eutop“ so ein: „Die Firma nutzt gerne ehemalige Politiker als Türöffner für ihre Lobbyarbeit. Es gab wiederholt Berichte über fragwürdige Lobby-Methoden.“ Wer sich in der Branche umhört, bekommt verschiedene Zuschreibungen. Joos kenne Gott und die Welt, heißt es. Oder: „Sein Netzwerk ist gigantisch wie problematisch.“ Aus den mittlerweile vorhandenen Interessenverbänden und Transparenzoffensiven hält sich „Eutop“ eher raus. Gründer Joos ist nicht mehr im operativen Geschäft.

Für Aufsehen sorgt im August 2013 ein Bericht in der Wochenzeitung *Junge Freiheit*, die von Politikwissenschaftlern als Sprachrohr der Neuen Rechten eingestuft wird. Unter der Überschrift „Man kennt sich, man hilft sich“ wird der Vorwurf erhoben, die CSU werde von EU-Lobbyisten unterwandert, um „Lobbyarbeit für Brüssel“ zu leisten. Im Mittelpunkt: Klemens Joos. Von schillernden Details wie Oberklassewagen mit Fahrer und Cohiba Zigarre ist die Rede. Der Text fächert auf, wie der Chef angeblich zielstrebig Nachwuchspolitiker aus der Jungen Union angeworben habe. Seine Zielgruppe seien vor allem Funktionäre, die sich noch im Studium befinden, Geld brauchen und eine Karriere in der Politik anstreben. So entstünden Abhängigkeiten, wird mit Verweis auf einen ehemaligen Landesvorständler der Jungen Union berichtet. „Das läuft dann nach dem Prinzip: Ich habe dir damals mit einem Job in meiner Firma geholfen, jetzt musst du mir bei einer Sache helfen“, wird dieser anonym zitiert. Auch der Name Hendrik Wüst findet in dem Text Erwähnung.

Hans-Martin Tillack ist die rund 500 Meter von der Zentrale des Axel-Springer-Verlags in Berlin-Kreuzberg zu Fuß gekommen. Der 62-Jährige nimmt an einem kleinen Tisch direkt im Schatten des mächtigen Holztresens im „Ristorante Sale e Tabbacci“ Platz. Der Edelitaliener war früher das Verlagshaus der *taz*. Tillack hat hier seine journalistische Laufbahn begonnen, die ihn von Berlin aus nach Bonn und Brüssel und wieder zurückführt. Tillack gehört zu den wichtigsten Stimmen des investigativen Journalismus in Deutschland. Bereits in den 90ern sorgt er als Korrespondent des *Sterns* in Brüssel mit Recherchen über dunkle Machenschaften und Korruption für Aufsehen. Er deckt finanzielle Unregelmäßigkeiten beim EU-Statistikamt „Eurostat“ auf, schreibt über Missverhältnisse bei Bundes- und Staatsministern und löst den Skandal um die Bestechungspraktiken beim Siemens-Konzern aus. Er gilt als furchtloser Reporter, dem schon mal die belgische Polizei mit einer Wohnungsdurchsuchung zu Leibe gerückt ist. Tillack gehört zu den wenigen Rechercheuren, die sich intensiver mit Joos‘ Firma „Eutop“ beschäftigt haben. „Das ist eine sehr erfolgreiche Lobby-Agentur“, sagt Tillack. Bei Wasser, Pasta Ragu und Espresso beschreibt er das Geschäftsmodell: „Es geht darum, Einfluss auf Ministerien oder politische Entscheider auszuüben." Die Agentur werde engagiert, „um die Interessen der Auftraggeber zu vertreten und unterzubringen". Die Wege seien oft unergründlich: „Die arbeiten häufig mit ehemaligen Politikern zusammen, da geht es vermutlich vor allem um die Kontakte", so Tillack. „Es ist schon ungewöhnlich, dass jemand wie Wüst so jung bei so einer Firma anfängt", findet er. „Eutop" nutze eigentlich gerne ehemalige Politiker als Türöffner, und zwar aus fast allen Parteien. Der einstige SPD-Bundestagsabgeordnete Johannes Kahrs gehört mit einer eigenen Firma zu den Zuarbeitern. Ebenso Ursula Heinen-Esser, bis zu ihrem Rücktritt 2022 CDU-Umweltministerin in Nordrhein-Westfalen. „In jungen Jahren dort anzufangen, ist ungewöhnlich", sagt Tillack, „aber per se kann man ihm daraus keinen Vorwurf machen."

Wüst kann man auch nicht vorwerfen, dass er die Tätigkeit bei „Eutop" nicht in diversen, öffentlich einsehbaren Lebensläufen aufführen würde. Als „eher zufällig" bezeichnet er die Station, wenn man ihn heute drauf anspricht. „Unsere Eltern haben uns immer ermuntert, einmal ins Ausland zu gehen", erzählt er dann. Damals habe er überlegt, wie er Referendariat, Ratsmandat in Rhede und eben „ein bisschen Auslandserfahrung" unter einen Hut bekommen könne. Leute um Hildegard Müller, die frühere Bundesvorsitzende der Jungen Union, sollen ihn angeblich auf Joos aufmerksam gemacht haben. Er selbst hält sich öffentlich dazu bedeckt. Das Netzwerk der Jungunionisten funktioniert augenscheinlich. Wüst geht nach Brüssel, absolviert dort einen Teil des Referendariats und bleibt anschließend in Diensten von „Eutop". Ein paar hundert Euro im Monat habe ihm das eingebracht, „was für jemanden rund ums Examen viel Geld war". Dafür braucht es extra eine Nebentätigkeitsgenehmigung der Referendariatsstelle. Wüst hält den Kontakt, doch nach dem Examen hat „Eutop" zunächst keine Verwendung für ihn. Das Ganze fällt in die Zeit, in der Wüsts Traum platzt, ein Europa-Mandat zu ergattern.

Wüst schreibt Bewerbungen. Fast wäre er bei der PR-Agentur „Pleon Kothes Klewes" in Berlin gelandet. „Ich hatte eigentlich schon einen anderen Job", sagt er dazu öffentlich nur. Ungefragt serviert er eine blumige Geschichte: In dieser spielt auch der verstorbene Detlev Samland, der ehemaligen SPD-Europaabgeordnete aus Essen und NRW-Minister für Bundes- und Europaangelegenheiten, eine Rolle. Samland ist damals „European Director Public Affairs“ bei eben „Pleon Kohtes Klewes“ und offenbar auf der Suche nach politisch gewieftem Nachwuchs. Zur Festanstellung ohne Mandat nebenher wohlgemerkt. In Wüsts Worten klingt es so, als wäre die Politik für ihn doch nur eine Option von mehreren gewesen. Und das nach all den Jahren, in denen er seinen Aufstieg in der Jungen Union penibel organisiert hat? Nur durch eine Verkettung glücklicher Umstände, die Wüst gekonnt in einen Spannungsbogen kleidet, wird sein Abschied aus der Politik demnach verhindert: „Eutop“ meldet sich noch einmal und will Wüst für eine halbe Stelle zur Unterstützung beim Aufbau des Hauptstadt-Geschäfts in Berlin engagieren. Nebenher kann er weiter Politik machen. Für ihn die perfekte Lösung. Was er genau bei „Eutop“ gemacht hat, bleibt indes unklar. Harte Lobbyarbeit mit seinem riesigen Junge-Union-Netzwerk? Oder doch nur juristische Beratung im Wettbewerbsrecht als ganz kleiner Fisch frisch von der Uni? Dem politischen Storyteller Hendrik Wüst gelingt es seit Jahrzehnten, alles in einer Erzählung harmloser Zufälle zu servieren.

Der Konservative
Zwischen Posen und Positionen

Das Schaulaufen am wichtigsten politischen Catwalk der Berliner Republik hat schon begonnen, als Hendrik Wüst eintrifft. Journalisten und Kameraleute haben am 11. Juli 2007 längst vor dem „Café Einstein" am Prachtboulevard „Unter den Linden" Position bezogen. Die ersten Interviews sind bereits im Kasten. „Da war der Markus mal wieder schneller", stutzt Wüst, freut sich aber trotzdem über den Presserummel. Denn um möglichst viel Aufmerksamkeit mitten im nachrichtlichen Sommerloch geht es ja für sie alle an diesem Tag. Der bald 32-jährige Wüst, seit gut einem Jahr Generalsekretär der NRW-CDU, ist hier mit drei anderen Nachwuchshoffnungen der Union verabredet: CSU-Generalsekretär Markus Söder, Baden-Württembergs CDU-Landtagsfraktionschef Stefan Mappus und seinem Freund Philipp Mißfelder, dem Bundesvorsitzenden der Jungen Union. Zu viert wollen sie einen öffentlichen Aufschlag machen, um Leitlinien für einen modernen Konservativismus zu entwerfen. Sie fühlen sich berufen, dem gefühlten Kompromissdruck der neuen Großen Koalition von Bundeskanzlerin Angela Merkel ein eigenes Thesenpapier entgegenzusetzen. Der gerade fertiggestellte Entwurf des neuen Grundsatzprogramms der CDU, das Merkels Generalsekretär Ronald Pofalla im Dezember 2007 beim Bundesparteitag in Hannover zur Abstimmung stellen will, lässt dem Quartett zu viele Leerstellen. Die Vorstellungen der vier Jungpolitiker, was moderner Konservativismus eigentlich sein soll, gehen zwar auseinander. „Es ist schillernd", kommentiert Wüst nach dem Treffen im „Einstein". Die NRW-CDU tickt traditionell liberaler als Christdemokraten in Baden-Württemberg und Christsoziale in Bayern. Aber auch Wüst wirkt an diesem Tag entschlossen, die Tabuisierung einer bestimmten Denkschule im politischen Mainstream nicht länger hinzunehmen: „Neben dem Christlich-Sozialen und dem Liberalen ist das Konservative die dritte Wurzel der Union", sagt Wüst zu Journalisten, „und es ist falsch, diese verdorren zu lassen, wie es in der CDU geschieht."

Es wird verabredet, bis zum Herbst ein Positionspapier zu erarbeiten. Sie steigen im „Einstein" noch nicht vertieft in Inhalte ein, reißen nur Themen an, setzen erste Überschriften, verteilen die Aufgaben. Vor allem Mappus macht sich später um die Redaktion verdient. Es ist die Geburtsstunde der „Einstein-Connection". Mißfelder ruft nach dem Treffen eifrig jene Korrespondenten an, an denen der Berliner Flurfunk vorbeigegangen ist und die wider Erwarten nicht vor der Kaffeehaus-Tür „gelungert" haben, wie eine zeitaufwendige Spezialdisziplin des politischen Journalismus gern genannt wird. „Wir müssen unsere Stammwähler stärker bedienen", erklärt Mißfelder entschlossen am Telefon. „Das Konservative kommt in der Außendarstellung der Union zu kurz." Es stehe nicht weniger auf dem Spiel als die „strukturelle Mehrheitsfähigkeit des bürgerlichen Lagers". Die CDU solle zum Beispiel das Wort „Leitkultur" hochhalten, mahnt Mißfelder.

Damit ist der Auftrag der kommenden Wochen formuliert. Es dauert noch bis Anfang September 2007, dann ist ein 18-seitiges Papier zwischen den vier Verfassern geeint. Titel: „Moderner bürgerlicher Konservatismus. Warum die Union wieder mehr an ihre Wurzeln denken muss." Söder, Mappus, Wüst und Mißfelder spannen darin einen weiten Bogen von den christlichen Wurzeln über den Wert der Familie bis zum Umweltschutz und den vorgeblich „deutschen Tugenden" wie Ehrlichkeit, Disziplin, Fleiß, Treue und Anstand. Sie grenzen sich ab von den behaupteten Spätfolgen der 68er: „Zu lange wurde Familie als spießiger Ort autoritärer Unterdrückung verunglimpft. Die hedonistische Selbstverwirklichung stand über allem", heißt es in dem Papier. Und: „Die rot-grüne Multi-Kulti-Idee ist gescheitert." Vor allem das Reizwort der „deutschen Leitkultur" scheint bewusst gesetzt. Die Passagen zum starken Staat oder einer „wertebezogenen Ordnungspolitik" hingegen könnten sich so bis heute in jedem Leitantrag der CDU finden. Die Einlassungen zur Klima- und Energiepolitik lesen sich aus der Perspektive des Krisenjahres 2023 geradezu prophetisch: „Auch auf die Kernenergie kann auf absehbare Zeit nicht verzichtet werden. Gerade die Substituierung der Kernkraft durch Kohle- und Gaskraftwerke ist ökologisch ein fataler Irrweg."

Georg Paul Hefty von der *FAZ* findet das Papier kurz nach der Veröffentlichung dennoch zu dünn: „Mappus, Söder, Mißfelder und Wüst wollten sich als Konservative profilieren und haben es in der Eile versäumt, sich als präzise Vordenker oder gar Zukunftsdenker zu beweisen“, schreibt er Anfang September 2007 in einem Leitartikel, „Sie haben eine Chance für ihre Partei vertan und der Vermutung Nahrung gegeben, dass selbst innerhalb der Union das Konservative keine eigene Kraft, sondern eine Reihung von ohnehin mehr oder weniger anerkannten Floskeln ist. Den Druck auf die Gesamtpartei, sich ihrer Wurzeln stärker bewusst zu werden, haben sie nicht nachhaltig erhöht.“

Das konservative Quartett steht von Beginn an im Verdacht, in erster Linie Eigenmarketing zu betreiben. Allein der Ort des Gründungstreffens gilt als Statement in dieser Hinsicht. Wer im Hauptstadtbetrieb sichergehen will, gesehen zu werden, trifft sich im „Café Einstein“. Hier ist seit dem Regierungsumzug 1999 eine Art Vorzimmer der Macht entstanden. Die Bar aus dunklem Nussholz, tiefe braune Ledersofas, elegante Kugelleuchten, Schwarz-weiß-Fotografien an den Wänden. Die dicken wie festen weißen Tischdecken fangen das beständige Klappern des Porzellangeschirrs auf. Die Espressomaschine surrt immerzu beruhigend im Hintergrund. Rund 1000 Tassen Kaffee pro Tag werden hier pro Tag getrunken. Die große Politik ist von früh bis spät Stammgast: Helmut Kohl, Gerhard Schröder, Joschka Fischer – alle kommen und gehen. Selbst die amtierende Kanzlerin Merkel sorgt hier Mitte der Nullerjahre für kein größeres Aufsehen mehr. „Meist betritt Frau Merkel das Einstein mit gesenktem Blick. Mit forschem Gang eilt sie durch den Raum, um im hinteren Teil des Kaffeehauses ihren gewohnten Platz einzunehmen“, beschreibt Café-Chef Gerald Uhlig einmal stolz die Gewöhnlichkeit solcher Besuche der Regierungschefin. „Hier treffen Polit-Größen auf Hollywoodstars“, notiert der *Stern* in einem frühen Text über die „Kaffeehausbühne der Republik“. Uhlig, der 2018 mit 64 Jahren an einer Stoffwechsel-Krankheit stirbt, ist gelernter Schauspieler und Regisseur. Er versteht sich als „Kaffeehaus-Intendant“ mit 365 Premieren im Jahr. Die Aufführung der „Einstein-Connection“ am 11. Juli 2007 reiht sich seinerzeit also bloß ein ins tägliche Schauspiel.

Mehr als ein Vierteljahrhundert nach dem Gründungsakt der „Einstein-Connection“ betritt einer der Hauptakteure von einst wieder ein Kaffeehaus. Diesmal nicht in Berlin-Mitte, sondern in Pforzheim-Brötzingen. Stefan Mappus hat das „Café d'Anvers" als Treffpunkt vorgeschlagen. Der Kontrast zum „Einstein" könnte kaum größer sein: Hier geht es nicht gediegen zu, sondern badisch-hip. An blanken Holztischplatten hocken junge Männer mit polierten weißen Turnschuhen. Einige Frauen tragen an diesem Vormittag Ende März 2023 schon bauchfreies Top. Es werden Bagel gereicht und belgische Spezialitäten, alles ist „delicious". Mappus kommt im karierten Oberhemd, in Jeans und Turnschuhen. Wann hatte man ihn als Politiker je ohne Schlips, Kragen und Manschettenknöpfe gesehen? Mappus muss noch rasch Bekannte am Nebentisch begrüßen. Pforzheim ist sein Geburtsort. Hier kennt und mag man ihn. Das macht den politischen Absturz erträglicher. Knapp drei Jahre nach dem „Einstein"-Gründungstreffen wird Mappus mit nur 43 Jahren Ministerpräsident von Baden-Württemberg, nach gut einem Jahr ist die Amtszeit aber schon wieder vorbei. Mappus ist das Gesicht einer historischen Wachablösung im Ländle: Die CDU verliert damals im Kampf um den umstrittenen Bahnhofsneubau „Stuttgart 21" und kurz nach der Reaktorkatastrophe von Fukushima bei der Landtagswahl 2011 die jahrzehntelange Vorherrschaft an die Grünen. Trotz des CDU-Ergebnisses von noch immer fast 40 Prozent fehlt dem lange entschiedenen Kernkraft-Befürworter Mappus plötzlich die Regierungsmehrheit. Grün-Rot übernimmt. Mappus wird in den Jahren danach zu einer Art Persona non grata der Landespolitik. Untreuevorwürfe im Zuge des Kaufs von Landesanteilen am Energiekonzern „EnBW" stehen im Raum, es gibt Ungereimtheiten um Beratertätigkeiten. Der Diplom-Ökonom, der in der CDU so früh machtvolle Ämter erklommen hat, stürzt jäh ab und gerät in Vergessenheit. Bis heute klebt am bissigen Debattenredner „Mappi-Schnappi" das Image eines konservativen Krokodils. Man hat also zur ersten persönlichen Begegnung ein wenig den grimmigen Stuttgart 21-Wasserwerfer vor dem geistigen Auge, als in Pforzheim ein freundlicher, bald 57-jähriger Mann in Freizeitlook und weichen Gesichtszügen hereinkommt und sich der Rührei-und-Cappuccino-Bestellung anschließt. Mappus hat Wüst vorher per SMS informiert, dass er hier mal in seinen Erinnerungen kramen wird. Sie haben über all die Jahre Kontakt gehalten. Allein diese Verlässlichkeit schätzt er „am Hendrik".

Schnell wird deutlich, dass Mappus die „Einstein-Connection" keineswegs für eine politische Jugendsünde hält. Es sei im Sommer 2007 wichtig gewesen, in dem Grundsatzprogrammprozess einer CDU, die keinem mehr etwas zumuten will, für „ein bisschen Furore" zu sorgen. „Nirgends mehr anecken, war die Devise. Wir waren damals der Überzeugung – ich bin es heute mehr denn je –, dass das vielleicht kurzfristig erfolgreich ist, aber mittel- und langfristig dazu führt, dass Du völlig verwechselbar bist und Dir die Wähler davonrennen", sagt Mappus in badischer Sprachfärbung mit den beruhigenden „Sch"-Lauten. Wüst sei der vielleicht am wenigsten Konservative der Runde gewesen: „Hendrik verkörpert die drei Wurzeln der CDU gleichermaßen: das Christlich-Soziale, das Liberale und das Konservative." Er stehe auf einem „festen Wertefundament", sei aber flexibel genug, „was auch wichtig ist". Wüst habe „einen Sensor für Menschen und auch für Entwicklungen in der Gesellschaft". Innerlich ticke er heute vermutlich nicht grundsätzlich anders als früher, glaubt Mappus, „aber man muss immer die Rolle sehen, die man gerade zu spielen hat". Ein Ministerpräsident müsse jeden Tag darum kämpfen, die Balance zu halten. Mappus weiß, wovon er spricht. Es brauche heute professionelle Geschmeidigkeit in der Politik, „wenn die Autotür aufgeht, muss die Fassade stimmen". Aber: „Bei Hendrik weiß ich, es gibt bei ihm immer Grenzen."

Für die „Einstein-Connection" ist Wüst als NRW-Generalsekretär wichtig, weil er den größten Landesverband vertritt. Die Parteispitze um Merkel kann die jungen Konservativen somit nicht einfach als Querschläger aus dem Süden abtun. Rüttgers lässt Wüst machen, während Mappus von vielen Seiten Druck bekommt. Ministerpräsident Günther Oettinger wirkt wenig begeistert über den programmatischen Aufschlag der Neokonservativen, weil das nur wieder Scherereien mit dem Adenauer-Haus bringt. Der Bundestagsfraktionschef und Merkel-Vertraute Volker Kauder, langjähriger Generalsekretär des baden-württembergischen CDU-Vorsitzenden, Ministerpräsidenten und Mappus-Förderers Erwin Teufel, reagiert aufgebracht. „Ich habe gesagt: Volker, das geht nicht gegen die Kanzlerin, uns geht es um die Sache", erzählt Mappus. Selbst seine Frau, die aus Kleve stammt und in der Jungen Union einst von Ronald Pofalla gefördert wurde, ist seinerzeit in Sorge:

„Was Ihr da macht, geht das nicht dem Ronald voll ans Leder?", fragt sie zu Hause. „Nein", habe er geantwortet, erinnert sich Mappus, „aber ich kann doch auch nichts dafür, dass der Ronald gerade Generalsekretär ist und das Grundsatzprogramm so lauwarm daherkommt." Merkel soll Mappus ohnehin kritisch sehen, schon weil er ein enger Freund von Dirk Notheis ist, dem begnadeten Netzwerker und ehemaligen Landesvorsitzenden der Jungen Union in Baden-Württemberg. Der spätere Investmentbanker und Investor muss die Parteivorsitzende einmal auf einem Landesparteitag hart angegangen sein, was sie angeblich lange nicht vergessen hat. Mappus bleibt jedoch beim Schreiben des Thesenpapiers standhaft. „Wenn ihr das nicht lustig findet, dann müsst ihr euch auch um das Konservative kümmern", findet er. Andere bekommen offenbar kalte Füße. Der niedersächsische CDU-Landtagsfraktionsvorsitzende David McAllister wird beim Gründungstreffen als Teil der „Einstein-Connection" angekündigt, kommt aber nicht und wehrt sich später ebenso wie der rheinland-pfälzische Landeschef Christian Baldauf öffentlich gegen eine Vereinnahmung. Sie seien „sichtlich besorgt, als rechte Eckensteher zu gelten", mutmaßt die *FAZ*.

Eine besondere Rolle in der „Einstein-Connection" nimmt Markus Söder ein. Formal ist der CDU-Programmprozess gar nicht die Angelegenheit eines CSU-Mannes. „Aber vielleicht assistiert ja Ronald Pofalla nächstens auch mal bei der CSU, wenn da mal einer unzufrieden ist", kommentiert die *Schwäbische Zeitung* ironisch. Der bayerischen Schwesterpartei scheint es zu gefallen, konservative Nachhilfe geben zu können. Söders Chef Edmund Stoiber lässt später aufhorchen mit der Bemerkung, die Union dürfe nicht zu einer gesichtslosen, beliebigen Partei der Mitte werden. Mappus ringt mit Söder vor allem um die Passage zur Umweltpolitik, welche die Bewahrung der Schöpfung zwar akzentuieren, aber dennoch von wirtschaftlicher Vernunft zeugen soll. Er reist extra mit zwei Mitarbeitern zum sprachlichen Feintuning von Stuttgart nach München. „Markus Söder war es wichtig, dass es schnell ging und der mediale Aufschlag gut ist", erinnert sich Mappus. Schon einen Tag, bevor das Positionspapier veröffentlicht werden soll, ruft ein Journalist bei Mappus an und hat erkennbar das Werk auf dem Schreibtisch vor sich liegen. Wer da wohl wieder etwas durchgesteckt hat?

Hört man Mappus heute anderthalb Stunden über diese Episode erzählen, drängt sich der Eindruck auf: Da ist einer noch tief drin in der Politik, obwohl er eigentlich längst raus ist. Er führt einen durch das programmatische und personelle Angebot der Union, skizziert die heutigen Anforderungen an Spitzenpolitiker und beschreibt seine Sicht auf seinen konservativen Mitdenker von einst, „den Hendrik", den mancher nun als soften und überaus „mittigen" Ministerpräsidenten schon auf dem Weg ins Kanzleramt sieht. Mappus wird derweil am nächsten Tag öffentlich machen, dass er als Berater bei den Stadtwerken Pforzheim anheuert. Als er das „Café d'Anvers" verlässt, grüßt er noch zwei Männer an einem Tisch. Am nächsten bleibt er kurz stehen, unterhält sich mit zwei Frauen. Die Bedienung ruft ihm hinterher: „Schönen Gruß zu Hause."

Hendrik Wüst macht sich spätestens mit Beginn des Jahres 2007 intensiver auf die Suche nach einem neuen Konservativismus. Den Traditionalisten in der CDU kommen da gerade die Galionsfiguren abhanden. Im Januar gibt zunächst Jörg Schönbohm den brandenburgischen CDU-Landesvorsitz ab. Der knorrige Generalleutnant a. D. führt seit Jahren ungeniert den Begriff der „deutschen Leitkultur" im Munde und genießt seit der legendären Bundesratsabstimmung über das rot-grüne Zuwanderungsgesetz fünf Jahre zuvor parteiintern Kultstatus. Die Große Koalition im Schlüsselland Brandenburg konnte sich im Frühjahr 2002 auf keine gemeinsame Position verständigen, so dass es zu einem nie dagewesenen Kuriosum bei der Abfrage des Votums in der Länderkammer kommt: SPD-Ministerpräsident Manfred Stolpe antwortet mit „Ja", Schönbohm fällt ihm mit einem „Nein" ins Wort.

Hart trifft die Jungen in der Union Anfang 2007 auch der angekündigte Abschied eines ihrer besonderen „Helden": Friedrich Merz erklärt im Februar, dass er bei der Bundestagswahl 2009 nicht erneut antreten und der Politik den Rücken kehren werde. Der damals 51-jährige Merkel-Widersacher, der schon 2004 von seinen Ämtern in der Bundestagsfraktion zurückgetreten ist, wirkt enttäuscht von der zunehmenden Profillosigkeit der Union. „Es gibt zweifellos ein wachsendes politisch heimatloses Bürgertum. Die CDU sollte das im Auge haben und sich darum kümmern", gibt Merz seiner Partei noch mit auf den Weg. Er artikuliert damit ein Unwohlsein, das Teile der Union nach dem Eintritt in die Große Koalition erfasst hat. Schmiegt sich die Merkel-CDU zu sehr an den Zeitgeist an? Droht an der Seite der Sozialdemokraten absehbar eine Falle der Beliebigkeit? Hat man einen zu hohen inhaltlichen Preis für die Kanzlerschaft entrichtet? Die gute Sommermärchen-Stimmung von 2006 ist jedenfalls längst verflogen. Es herrscht nach der Erhöhung der Mehrwertsteuer und der Kürzung der Pendlerpauschale in der Union erster „Groko-Frust". Der Leipziger Reform-Parteitag von 2003, bei dem sich die CDU noch einen radikalen Kurswechsel in der Sozialpolitik verordnet hatte, wirkt plötzlich Lichtjahre entfernt. Die Lehre der verkorksten Bundestagswahl 2005, bei der sich Merkel nur knapp in die Arme des Koalitionspartners SPD retten konnte, scheint zu lauten: Bitte nie wieder das Wahlvolk mit kühnen Ideen verunsichern. Das ist vielen vom allmählich erlahmenden konservativen Flügel zu ambitionslos, auch wenn sie Merkels Pragmatismus immer weniger Paroli bieten können. Wüst selbst hat auch lange für die umstrittene „Kopfpauschale" bei der Krankenversicherung gefochten, stellt jetzt aber ernüchtert fest: „Allein mit dem ökonomisch Notwendigen gewinnen Sie keine Wahlen." Womit aber dann?

Der Grundsatzprogrammprozess der CDU, in den Wüst seit dem Jahr 2006 als Kommissionsmitglied eingebunden ist, verstärkt noch den schwer lokalisierbaren Phantomschmerz. Merkels Generalsekretär Pofalla will der liberalisierten Gesellschaft ein Stück weit entgegenkommen, bereitet vor allem mit familienpolitischen Initiativen den Konservativen in der Partei Bauchschmerzen. Das unbedingte Eintreten für den Ausbau der Kindertagesstättenplätze für unter Dreijährige der neuen Bundesfamilienministerin Ursula von der Leyen etwa passt vielen überhaupt nicht. Auch wenn der wachende Betreuungsbedarf von Millionen Doppelverdiener-Ehen gerade im urbanen Raum gar nicht mehr geleugnet werden kann. Am Ende wird gegen von der Leyens Willen noch eilig eine Idee in den Grundsatzprogrammentwurf verhandelt, deren Copyright bei der CSU liegt: das „Betreuungsgeld" für Eltern, die ihre Kleinkinder lieber zu Hause betreuen wollen. Es drängt sich in jenen Jahren ohnehin der Eindruck auf, dass die durchsetzungsstarke Familienministerin und Merkel-Vertraute von etlichen CDU-Mitgliedern als stumme Anklage empfunden wird. Siebenfache Mutter, Ärztin, weltgewandt. Wie macht diese Powerfrau das nur?

Wüst lehnt den Kita-Ausbau oder das als „Wickel-Volontariat" veralberte Elterngeld für junge Väter nicht rundheraus ab, aber er erkennt sofort die emotionale Dimension des Von-der-Leyen-Kurses. In Interviews warnt er eindringlich: „Wir müssen aufpassen, dass wir gerade den älteren Frauen nicht den Eindruck vermitteln, dass ihr Leben, das sie gelebt haben und leben mussten, durch die neue Politik entwertet wird." Wüst, der 15 Jahre später seine eigene Vaterrolle geradezu öffentlich zelebrieren wird, sieht die Familienpolitik schon damals als Reflexionsort für den eigenen Lebensentwurf. Ihn rege nicht einmal auf, dass Männer mit sanftem finanziellen Druck dazu bewegt werden sollen, zumindest acht Wochen lang einmal Windeln zu wechseln, sagt er der *WAZ*. Es sei vielmehr die auftrumpfende Art der Familienministerin von der Leyen, die bei Konservativen Gegenreaktionen hervorrufe: „Das hat schon viele gestört." Im Thesenpapier der „Einstein-Connection" heißt es: „Wer sein Kind zu Hause selbst betreut, soll sich dafür auch in Zukunft nicht rechtfertigen müssen." Wüst erlebt man damals als jungen, ledigen, kinderlosen Mann, der durchaus differenziert über die neue Wahlfreiheit bei der Kinderbetreuung nachdenkt. Muss sich irgendwann eine junge Hausfrau auf dem Kinderspielplatz zwischen all den Nannys und Tagesmüttern für ihr Lebensmodell rechtfertigen? Verkehrt sich gerade der subtile „Schlüsselkind"-Vorwurf gegen berufstätige Mütter nach Jahrzehnten bundesrepublikanischer Wirklichkeit ins Gegenteil? Solche Fragen beschäftigen Wüst, ohne dass er schlüssige Antworten zu bieten hätte. Er erkennt ein Dilemma, das Konservative nie ganz auflösen können: Sie stehen fürs Bewahren und wollen Vergangenes ehren, dürfen aber nicht fortschrittsfeindlich werden und das Gespür für gesellschaftliche Trends verlieren.

Die „Einstein-Connection" wird in Merkels CDU-Parteizentrale im Sommer 2007 schnell als „Einstein-Pakt" bespöttelt. Dabei sind Assoziationen zum „Anden-Pakt" wohl bewusst geweckt, zu jenem Bündnis also, das sich 25 Jahre zuvor bei einer Südamerikareise der Jungen Union gegründet hatte. Aus dem seinerzeitigen Spaß-Bündnis von führenden CDU-Köpfen wie Roland Koch, Christian Wulff, Ole von Beust,

Peter Müller oder eben Friedrich Merz ist über die Jahre ein einflussreiches Karriere-Netzwerk geworden, das immer auch in Abgrenzung zur Parteichefin Merkel, der Frau aus dem Osten ohne Junge-Union-Vergangenheit, gelesen wird. Die Unterschiede zwischen „Einstein-Connection" und „Anden-Pakt" liegen eigentlich auf der Hand. Der Südamerika-Bund versteht sich als konspirative Seilschaft aus Freunden, die sich als junge Männer lebenslange Rückendeckung in der Berufspolitik versprechen. Erst mehr als 20 Jahre nach dem legendären Gründungsschwur während eines Nachtflugs von Caracas nach Santiago de Chile macht der *Spiegel* den Pakt überhaupt erst öffentlich. Zuvor gibt es allenfalls Geraune. Die „Einstein-Connection" hingegen ist vom ersten Tag auf öffentliche Wirkung auslegt. Die Gründungsmitglieder sind zudem bis auf Mißfelder und Wüst keine persönlichen Freunde, sondern gruppieren sich um ein inhaltliches Anliegen. Sie halten die Rolle von CDU und CSU in der zweiten großen Koalition der Bundesrepublik für unterbelichtet und suchen das Momentum des Grundsatzprogrammprozesses, um dem angeblichen Linksruck Deutschlands wertkonservative Positionen entgegenzusetzen.

Gewiss erkennt das Quartett auch die inhaltliche Marktlücke und verspricht sich von dem „Kaffeekränzchen" (*FAZ*) einen karrierefördernden Effekt. „Das Bündnis scheint vor allem der Vermarktung ihrer Mitglieder zu dienen", mutmaßt der *Spiegel*. Söder wird im Sommer 2007 nachgesagt, sich für eine Berufung ins bayerische Kabinett warmzulaufen. Mappus gilt als Hoffnungsträger der CDU in Baden-Württemberg. Spätestens seit dem bundesweit wahrgenommenen Skandal um die Trauerrede von Ministerpräsident Günther Oettinger auf seinen Amtsvorgänger Hans Filbinger im Frühjahr 2007 scheint es nur noch eine Frage der Zeit, bis sich die Machtverhältnisse im Ländle zu seinen Gunsten verändern. Oettinger hatte Filbingers Zeit als Marinerichter im Nationalsozialismus verharmlost und ihn posthum zum „Gegner des NS-Regimes" gemacht. Mißfelder erweitert als frisch in den Bundestag gewählter Abgeordneter gerade seine Wirkungsmacht über die Kreise der Jungen Union hinaus. Und Wüst scheint durchaus bestrebt, ein eigenes politisches Profil auszuformen. Söder, Mappus und Mißfelder können sich auf das konservative Erbe ihrer Ziehväter Edmund Stoiber,

Erwin Teufel und Helmut Kohl berufen. Aber Wüst? Er gilt als Zögling von Rüttgers, der sich als Sozialausleger profiliert und der liberalen rheinischen CDU entstammt. Die „Einstein-Connection" bietet dem jungen Wüst die Möglichkeit, überhaupt einmal als inhaltlicher Treiber wahrgenommen zu werden und eine Flanke zu besetzen, die in der großen NRW-CDU zunehmend verwaist wirkt. Spätestens mit dem Abschied von Merz bleibt all jenen Christdemokraten an Rhein und Ruhr, die mit dem Modernisierungskurs des Generalsekretärs Pofalla fremdeln, allenfalls noch der öffentlichkeitswirksame Bundestagsfraktionsvize Wolfgang Bosbach. Wie eng die Räume für abweichende Meinungen in der Partei Alfred Dreggers und Karl Carstens zunehmend werden, illustriert Jahre später ein Wortgefecht, in dem Pofalla während eines Streits über Merkels Euro-Rettungspolitik jenem Bosbach entgegenschleudert: „Ich kann Deine Fresse nicht mehr sehen."

Auch wenn gegen Wüst noch häufig der Vorwurf erhoben werden wird, er sei ein politischer Rollenspieler, muss der sich für die „Einstein-Connection" zumindest nicht verbiegen. Sie holt ihn vielmehr in seiner Lebenswirklichkeit in Rhede ab. Wüst schließt zum Beginn seiner Karriere ohnehin gern von sich auf die CDU-Zielgruppe der 25- bis 30-Jährigen und glaubt, Vorstadt-Sehnsüchte im tosenden Zeitgeist behaupten zu müssen. „Unsere Generation muss die Globalisierung ausleben, hat aber konservative Träume", analysiert er im Sommer 2007. Die modernen Konservativen, die „MoKos", sieht er an der Seite der „Generation Trolley – heute Tokio, morgen Paris". Wer in jungen Jahren mobil und bereit sei, überall seine Arbeit zu tun, „der muss auch die Chance bekommen, irgendwann seinen Wunsch nach Familie und Verwurzelung verwirklicht zu bekommen", schreibt er in einem seltenen Gastbeitrag für die *Welt*. Es ist wiederkehrendes Element bei Wüst: Konservativ bedeutet für ihn eine Art Schutzraum vor Unsicherheiten beim Streben nach Selbstwirksamkeit und Identität. Immer schimmert damals noch das eigene Leben in Rhede als Idealbild durch, wenn er über unverrückbare Werte philosophiert: „Man muss doch nur in die Speckgürtel von Ballungszentren schauen. Wo, wenn nicht dort, sollen die jungen Konservativen leben. Sie bauen ein Haus, gründen eine Familie. Sie verschulden sich, weil sie ein Stück Sicherheit geben wollen."

Wüst will Menschen erreichen, die einen konservativen Lebensentwurf leben, „obwohl sie sich nicht konservativ fühlen". Er ist damals fest davon überzeugt: „Die neue Moderne ist konservativ." In einer Welt des rasenden Veränderungstempos seien bei der nachwachsenden Generation „mehr und mehr Werte, Orientierung und Verlässlichkeit gefragt". Es ist wohl eher ein lautes Pfeifen im inzwischen ziemlich düsteren ideologischen Kellergeschoss der Union, die unter Merkel mehr und mehr in die „Mitte" einer liberalisierten und individualisierten Gesellschaft drängt.

Die eigene Sozialisierung verstellt Wüst lange den Blick darauf, dass viele Altersgenossen gerade nicht mehr den Traum von Reihenhaus und Schützenverein leben. Sie zieht es vielmehr in die teuren Metropolen, sie leben unterschiedlichste Beziehungsmodelle, heiraten seltener, bekommen weniger Kinder und suchen in wechselnden beruflichen Stationen so etwas wie serielle Erfüllung. Minderheiten organisieren sich zunehmend im Internet, befreien sich aus der Fürsorglichkeit der „normalen" Mehrheitsgesellschaft und scheren sich immer weniger um politische Antworten, die in der schwitzenden Jungs-Welt der Jungen Union erdacht werden. Selbst auf dem Land schüttelt die Gleichzeitigkeit von Globalisierung und Digitalisierung die Gewissheiten der Arbeits- und Lebenswelt zunehmend durcheinander. Und gerade in Nordrhein-Westfalen, wo schon damals jeder vierte Einwohner ausländische Wurzeln hat, wirkt bereits ein Jahr nach dem schwarz-rot-goldenen Taumel der heimischen Fußball-Weltmeisterschaft das Bedürfnis nach vaterländischer Selbstvergewisserung überschaubar. Die neue Vielfalt in einer westlichen Industriegesellschaft zeigt dem jungen Wüst ein Problem auf, das bis heute Konservative in Europa nicht auflösen können: Lassen sich überhaupt „ein paar alte bürgerliche Gewissheiten" bewahren, wie es Wüst 2007 fordert, ohne dass sich Fortschrittstreiber und -bremser schon innerhalb der politischen Grundformation einer Volkspartei ins Gehege kommen? Die Teilnahme an der „Einstein-Connection" folgt erkennbar auch der strategischen Überlegung, dem konservativen Teil der Unionsbasis „ein Signal" zu senden: „Es geht nicht zuletzt um die Frage, ob uns Ähnliches droht wie der SPD", sagt Wüst. Im linksliberalen Lager verteile sich inzwischen das Wählerreservoir je nach politischer Schattierung auf Sozialdemokraten, Grüne und Linkspartei. Wüst sieht bereits zehn Jahre vor dem erstmaligen Einzug der Alternative für Deutschland (AfD) in den Bundestag sehr real die Gefahr, dass rechts von der Union irgendwann nicht mehr nur die viel zitierte Franz-Josef-Strauß-Wand sein könnte: „Die Union konnte es in der Vergangenheit erfolgreich vermeiden, dass ihr Ähnliches auf dem rechten Flügel widerfährt." Wüst reist damals nach Großbritannien, um bei David Cameron zu lernen, wie die Tories soziale Verantwortung buchstabieren. Er findet Camerons Ansatz „ungemein spannend" und kann nicht ahnen, welch unheilvolle Rolle die Partei beim Brexit spielen wird. Die „Einstein-Connection" nimmt auch Maß beim neuen französischen Staatspräsidenten Nicolas Sarkozy, der gezeigt habe, „dass mit bürgerlichen und wertkonservativen Positionen Wahlen zu gewinnen sind". Dass dies nur der Auftakt eines Weges in die Bedeutungslosigkeit der konservativen Partei in Frankreich sein wird, vermögen die vier Unionspolitiker nicht abzusehen.

Wüst scheint 2007 früh um Trittsicherheit auf dem schmalen Grat zwischen dem angestrebten „aufgeklärten Patriotismus" und reaktionären Positionen bemüht. Pünktlich, zuverlässig und ordentlich gekleidet sein, Autoritäten anerkennen, alte Menschen ehren, an Gott glauben, Vaterlandsliebe praktizieren – alles richtig. Aber Wüst will keinen Rückfall in die 50er Jahre. Küche, Kirche, Kinder für die Frau? „Wer so etwas sagt, ist nicht konservativ, sondern dumm", stellt er klar. Auch beim Familienbild lässt Wüst Zwischentöne anklingen. Die „Einstein-Connection" feiert zwar die „klassische" Ehe als „Erfolgsmodell und gelebtes Leitbild der Mehrheit". Eine Ausgrenzung oder Ächtung homosexueller Partnerschaften lehnt Wüst dagegen anders als manche Konservative ab, auch wenn man in jener Zeit mit Geschmacklosigkeiten über die „Schwulen-Ehe" noch fast jede CDU-Basisveranstaltung zum Johlen bringt. Aus seiner Idealvorstellung von Familie macht Wüst gleichwohl auch keinen Hehl: „Mann und Frau sind für die Kindererziehung immer noch die bessere Paarung als Mann und Mann", sagt er im August 2007 der *WAZ*.

Für einen CDU-Vordenker wie Heiner Geißler gehen Söder, Mappus, Wüst und Mißfelder mit ihrem Thesenpapier schlicht von falschen

Prämissen aus. Appelle an die Romantik würden nicht helfen, so der ehemalige CDU-Generalsekretär damals in einem Interview. Die Klage, dass die CDU nicht konservativ genug sei, komme von Leuten, die das Konservative falsch auffassten, indem sie bestimmte Punkte überakzentuierten, zum Beispiel das Nationalbewusstsein oder die etwas älteren Vorstellungen von der Familie oder der Rolle der Frau. Konservativ bedeute, dass man sich zu den Grundwerten Freiheit, Gerechtigkeit und Solidarität bekenne, findet Geißler.

Nachgefragt bei Markus Söder. Obwohl der bayerische Ministerpräsident im Frühjahr 2023 im Landtagswahlkampf steckt, nimmt er sich Zeit für ein Gespräch über Wüst und die „Einstein-Connection". Sein Sprecher schickt vorher eine SMS, dann ruft er pünktlich an und verbindet: „Wir haben uns Sorgen gemacht, dass die Union ihr Profil behält", erinnert sich Söder, „das war ein konservativer Klub." Auch dass McAllister die Runde so schnell verlässt, hat Söder nicht vergessen: „Das lag auch an Einflüssen in der niedersächsischen CDU: Ursula von der Leyen und Christian Wulff waren damals eher im liberaleren Bereich angesiedelt." Selbst Jahrzehnte später erwähnt der bekannte Star-Wars-Fan Söder noch einmal eine seiner berühmten Wortschöpfungen aus dieser Zeit: „Wir haben uns als die konservativen Jedi-Ritter verstanden." Man kannte sich aus der Jungen Union, Wüst sei immer im Geleit von Mißfelder gewesen. Und obwohl Mappus und auch er schon ein stückweit bekannter und auch karrieremäßig weiter waren, sei der ganze Prozess gleichberechtigt gewesen. Man habe einfach denselben Eindruck und dieselben Absichten gehabt: „Hendrik war auch nie ein Linker, er war in der damaligen Zeit schon stramm konservativ", erklärt Söder. Seitdem sei zwar viel passiert, auch haben sich Ansichten geändert: „Das Timing und Tuning wird anders", so Söder, „das liegt an den Umständen der Welt und sind auch alles Reifeprozesse." Er selbst habe bei Wüst aber eine große Verlässlichkeit erlebt: „Er ist ein bürgerlicher Konservativer."

Nach den harten Auseinandersetzungen mit dem Rheinländer Laschet scheint die Chemie mit dessen Nachfolger Wüst zu stimmen. Er nehme nun wieder eine stärkere Achse NRW-Bayern wahr, sagt Söder: „Er ist als Westfale auch näher an uns dran, als Franke und Westfale versteht man sich schon ganz gut." Das zeigen auch gegenseitige Wahlkampf-Besuche und gemeinsame Kabinettssitzungen. „Verbindlich, verlässlich und auch fleißig", zählt Söder auf, wenn er nach Wüsts Eigenschaft gefragt wird. Was für Wüst politisch noch so kommen könnte? „Das muss er alles selbst entscheiden", so Söder. Dann muss er weiter.

Die „Einstein-Connection" wird zwar immer mal wieder als PR-reife „Kaffeehaus-Revolution" ohne jede Wirkungsgeschichte abgetan, doch ganz ohne Impuls bleibt sie nicht. Sogar der Wissenschaftliche Dienst des Bundestags wertet 2008 das Echo auf das Thesenpapier noch einmal gesondert auf zwölf Seiten aus. Wer diese Beschäftigung in Auftrag gegeben hat, lässt sich nicht mehr rekonstruieren. Die Analyse bemerkt jedenfalls in der Folge „eine verstärkte konservative Rhetorik der CDU-Spitze, namentlich des Generalsekretärs Ronald Pofalla und der CDU-Vorsitzenden und Bundeskanzlerin Angela Merkel". Pofalla habe „nicht zufällig kurz nach Veröffentlichung des Papiers" gefordert, Kruzifixe in allen deutschen Klassenzimmern aufzuhängen. Merkel bewirbt derweil das neue Grundsatzprogramm nunmehr mit den Worten: „Tugenden wie Fleiß und Ehrlichkeit sind nicht altmodisch." Und: „Wir besinnen uns auf unsere Kultur, wir bekennen uns zu unserem Vaterland." Neue alte Töne.

Wie nachhaltig die konservative Programmarbeit bei Wüst selbst war, steht jedoch spätestens seit dem Herbst 2022 in Frage. Da überrascht der inzwischen samtig auftretende Wüst, nunmehr Ministerpräsident einer schwarz-grünen Koalition, mit der Aussage, das Konservative sei „nie Markenkern" der CDU gewesen. Beim Deutschlandtag der Jungen Union wenige Wochen später erklärt er sogar: „Wir waren nie Programmpartei." Der Zeitgeist hat sich gewandelt, anders als 2007 erscheint ein Bekenntnis zu Schwarz-Rot-Gold und „deutschen Tugenden" selbst in der Union nicht mehr als Gewinnerthema. Ist die konservative Haltung bei Wüst also immer nur eine Frage der Gelegenheit? Sein Generalsekretär Paul Ziemiak versucht sich im Frühjahr 2023 an einer Auflösung des Gegensatzes zwischen dem konservativen Jedi-Ritter von einst und dem woken Radikalpragmatiker von heute: „Konservativ ist für ihn keine ideologische Denkschablone, die ab- und ausgrenzen soll, sondern eine positive Grundhaltung, mit der man neue

Themen und neue Positionen pragmatisch annehmen kann." Ein langjähriger Wegbegleiter vermutet hingegen, Wüst habe in 30 Jahren Politik erfahren müssen, dass seine westfälische Provinzschablone schlicht nicht der gesamten Gesellschaft aufzupressen ist: „Er musste begreifen, dass Deutschland mehr ist als die Junge Union und das Münsterland."

Die Teilnahme an der „Einstein-Connection" entspricht gewiss Wüsts politischer Prägung aus dem Rheder Kleinstadtmilieu der 80er- und 90er-Jahre. Zugleich perfektioniert er zunächst in dieser Konstellation eine frühe handwerkliche Erfahrung: Mit konservativen Posen lässt sich in der Union provozieren. „Bei der Jungen Union fangen die großen Karrieren eher konservativ an", bilanziert ein Mitstreiter von Wüst aus politischen Anfangstagen. Je mittiger die Mutterpartei wird, desto konservativer geriert sich der Nachwuchs. Die Jugend versteht sich nicht mehr als progressiver Treiber, sondern als bremsender Bewahrer der angeblich guten alten Zeit. „Wir haben ein Idol: Helmut Kohl!", grölen sie dort über Jahre bierselig. Man fordert zwar permanent eine Verjüngung und Modernisierung der Union, imitiert aber mit Aktenkoffer und gestärktem Polohemd den Stil der Alten. Auch Wüst tritt schon als junger Mann mit Sakko und Hemd auf, gern auch mit Salon-Weste. Seine Mutter hat ihn früh zu „ordentlicher" Kleidung ermahnt: „Wie Du kommst gegangen, so wirst Du empfangen."

Das männerbündlerische Postengeschacher der großen Politik wird in der Jungen Union nicht kritisch hinterfragt, sondern vom ersten Tag an in der Freizeitpolitik der Jungen nachgespielt. Man bleibt unter sich, knüpft Seilschaften und feiert zusammen. Fotos von einer Einweihungsparty der Jungen-Union vor 20 Jahren in einer Berliner Altbauwohnung zeigen zwei junge Herren in Anzügen, die sich prächtig verstehen: Hendrik Wüst und Andreas Scheuer, beide später zeitgleich Verkehrsminister. Als größtes jugendliches Abenteuer, das man sich gönnt, bleibt da die berauschende Wirkung eines Wortes wie „Leitkultur". Wüst hat das Spiel mit der Provokation früh durchschaut und verrät schon 2001 in einem Interview mit der Junge-Union-Zeitung *Die Entscheidung* sein Konzept: „Nur wer wahrgenommen wird, kann ernst genommen werden – das gilt sowohl in der Öffentlichkeit als auch in der eigenen Partei." Er geriert sich als Grünen-Fresser und arbeitet sich am konservativen Lieblingsfeindbild Jürgen Trittin ab, dem damaligen Bundesumweltminister. Dieser habe sich das Land aus dem Briefkopf streichen lassen und nenne sich nur noch „Mitglied des Bundestages" statt „Mitglied des deutschen Bundestags", ereifert sich Wüst. Er fordert mehr vaterländischen Bekennermut auch in der eigenen Partei: „Zu lange haben Unionspolitiker sich verbieten lassen oder selbst verboten, Patrioten zu sein." Der Aufstieg der rechtspopulistischen Schill-Partei in Hamburg spornt Wüst nur noch mehr an: „Schill ist nur in Augen derer rechts von Union, die sich in der Profillosigkeit eingerichtet haben. Leitkultur, Lebensschutz, Migration, Globalisierung – alles Themen, die gut geeignet wären, christdemokratisches Profil zu schärfen", schreibt er 2001 im Junge-Union-Magazin *Die Entscheidung*. Dort pestet er auch über die Verdrängungsmechanismen der sogenannten Spaßgesellschaft: „Der Leistungsdruck der Globalisierung, die glaubt, ohne Heimat, Familie, Religion und Identität auskommen zu können sowie die Ungewissheit gerade der Jungen, den richtigen Weg in der schneller sich ändernden Welt zu finden, bedarf der Betäubung durch die Droge Spaß."

Attacken gegen die grüne Umweltministerin Bärbel Höhn gehen in Nordrhein-Westfalen auch immer. Wüst will der ökologisch beseelten Diplom-Mathematikerin 2001 ein Praktikum auf dem Bauernhof eines Freundes verschaffen. „Dann merkt die Gute mal, wie die Leute leben, denen sie gerade pauschal vorwirft, die Nation zu vergiften", ätzt er. Ein bisschen Spaß soll dann aber schon sein. Ein Praktikum bei der Jungen Union in Düsseldorf bietet Wüst auch Schauspielerin Heike Makatsch an, die damals in einem Interview ihre politische Orientierungslosigkeit geäußert hat: „Liebe Heike", schreibt Wüst in einer E-Mail an Makatsch, „wie wir in der Zeitung lesen durften, bedauerst Du, nicht politisch aktiv zu sein. Wir bedauern das auch! Aber wir können Dir helfen. In unserer Landesgeschäftsstelle haben wir einen Praktikumsplatz für Dich reserviert ..." Wer zwischen Mitte der 70er- und Anfang der 80er-Jahre geboren ist, erkennt sofort die Absurdität des Angebots. Makatsch ist seit den 90er-Jahren als Moderatorin des Musiksenders *VIVA* im Begriff, die Sehgewohnheiten des betulichen öffentlich-rechtlichen Gremienfernsehens zu revolutionieren. Ihr Interviewformat „Heikes Hausbesuche“, mit dem sie regelmäßig auf Tuchfühlung mit Showstars geht, ist ein erfrischender Bruch mit Interview-Konventionen – und damit gefühlt Lichtjahre von der Realität der Jungen Union entfernt.

Wüst outet sich in jener Zeit lieber als Fan von Papst Johannes Paul II. und warnt in der Debatte über die embryonale Stammzellenforschung: „Die CDU darf nicht allzu willfährig ihr christliches Profil verwässern.“ Er ist gegen die Ladenöffnung am Sonntag, denn die CDU müsse „nicht ständig an der Spitze der Ökonomisierung aller Lebensbereiche marschieren“. In der K-Frage der Union vor der Bundestagswahl sympathisiert er mit der Idee, CSU-Chef Stoiber anstelle der eigenen Parteichefin Merkel antreten zu lassen, „weil er Rot-Grün glaubhafter herausfordern könnte und weil er in Bayern eine sehr gute Politik macht“.

Als Tiefpunkt der konservativen Profilierung gilt bis heute ein Interview mit der *Jungen Freiheit* im Jahr 2000, in dem Wüst den Vorsitzenden des Zentralrats der Juden in Deutschland, Paul Spiegel, ziemlich unverblümt angeht. Spiegel, der die Shoa in einem Versteck in Belgien überlebte, hat da wenige Wochen zuvor in einer emotionalen Rede zum 9. November vor dem Brandenburger Tor Anstoß an der Debatte über eine deutsche Leitkultur genommen: „Was soll das Gerede um die Leitkultur? Ist es etwa deutsche Leitkultur, Fremde zu jagen, Synagogen anzuzünden, Obdachlose zu töten?“, so Spiegel, dem rechtsradikale Übergriffe in jenen Tagen Angst machen und der vor „geistiger Brandstiftung“ durch die Politik warnt. Der 25-jährige Wüst weist das Holocaust-Opfer Spiegel in dem *Junge-Freiheit*-Interview zurecht: Dass dieser frage, „ob Leitkultur damit zu tun habe, Ausländer zu jagen, geht natürlich über das Maß an Sensibilität, das ich ihm zugestehen würde, weit hinaus“.

Fast ein Vierteljahrhundert später spricht der Youtuber Marvin Neumann Wüst auf diese Episode seiner Karriere an. Sie sitzen im Frühjahr 2023 für ein Video-Interview in der Düsseldorfer Staatskanzlei, die mit ihren hohen Decken und freigelegten Backsteinwänden inzwischen ein wenig Loft-Charme verströmt. Wüst trägt einen schwarzen Rollkragenpullover, lächelt durchgehend und geht möglicherweise davon aus, mit freundlicher Plauderei bei Jungwählern punkten zu können. Der Ministerpräsident hat in dieser Phase schon länger keine nachrichtenträchtigen Interviews in etablierten Medien mehr gegeben und bespielt lieber die Social-Media-Kanäle der Staatskanzlei. Ein Interview mit Neumann gilt seinem Umfeld wohl als gute Gelegenheit, mit leichter Hand Modernität auszustrahlen. Der Youtuber konfrontiert Wüst jedoch schon nach wenigen Minuten mit dem *Jungen-Freiheit*-Interview. „Nicht alles, was ich damals gesagt habe, würde ich wahrscheinlich heute noch so sagen – auch nicht in diesem Medium“, wiegelt Wüst ab. Nur selten lässt er sich noch öffentlich auf solche Selbstreflexionen ein. Jetzt kommt er nicht umhin, die Kamera läuft. Der Beschreibung „moderner Konservativer“ würde er heute „nicht widersprechen“, sagt Wüst. Man verändere sich im Laufe eines politischen Lebens. „Da gab es Positionen, die können andere als stramm konservativ bezeichnen. Ob ich mir die heute zu eigen mache, muss man sich im Einzelfall sich anschauen – wahrscheinlich nicht.“

In den Jahren als konservativer Raufbold bildet Wüst vor allem mit seinem Freund Mißfelder eine Achse. Wenn der Bundesvorsitzende der Jungen Union mal wieder provoziert, lässt Rückendeckung aus Düsseldorf nicht lange auf sich warten. Als Mißfelder sich etwa zum neoliberalen Reformer aufschwingt und eine Rosskur bei Rente und Pflege fordert, kommt der Aufschrei des Sozialflügels wie bestellt. Wüst hingegen lobt den „rechtzeitigen Weckruf“ im Junge-Union-Magazin *BISS35*, weil „in unserem Sozialstaat alles in die Werkstatt kommt, was schon lange nicht mehr rund läuft: Gesundheit, Pflege, Sozialversicherung“. Geradezu stilbildend scheint Mißfelders berühmte „Hüftgelenks-Provokation“ zu werden. Im Jahr 2003 löst der Jungunionist eine bundesweite Debatte aus, als er in einem Interview erklärt: „Ich halte nichts davon, wenn 85-Jährige noch künstliche Hüftgelenke auf Kosten der Solidargemeinschaft bekommen.“ Früher seien die Leute auch auf Krücken gelaufen. Es folgt eine Welle der Empörung. Danach kennt Mißfelder jeder. Den Skandal mit kalkulierter Herzlosigkeit nimmt auch Wüst ins Repertoire. Im Sommer 2004 macht er einen Vorstoß, den die *Bild*-Zeitung in der Schlagzeile „Arbeitslose sollen künftig auch Ekel-Jobs annehmen“ zusammenfasst. Wüst sagt in der Debatte über „zumutbare“ Tätigkeiten für Langzeitarbeitslose: „Warum sollen Arbeitslose nicht Spielplätze sauber halten, die häufig mit Hundekot, Glasscherben und Drogenspritzen verschmutzt sind?“ Die Entrüstung bricht erwartungsgemäß über den Landesvorsitzenden der Jungen Union herein.

Nun kennt auch ihn jeder in der CDU. Später wird Wüst das „Ich habe doch nur ...“-Spiel aufführen, das viele Politiker virtuos beherrschen: Man flüchtet durch ein rhetorisches Hintertürchen, das man sich in der ursprünglichen Provokation offengelassen hat. Es sind die üblichen Spitzfindigkeiten, um Debatten wieder einzufangen. Der kalkulierte Tabubruch, ein Politiker-Trick. Auch beliebt: Man sucht in journalistischen Texten winzige Unschärfen, um die gesamte Aussage als „völlig falsch“ zu diskreditieren. Auch im Wüst-Team wird man Jahre später immer Leute finden, die Journalisten unterstellen, „nicht ganz sauber“ zu recherchieren oder Dinge „nicht richtig verstanden“ oder „überinterpretiert“ zu haben, wenn sich der Chef ins schlechte Licht gerückt sieht.

Ein Beispiel für das nachträgliche Umdeuten bietet im Sommer 2007, fast genau drei Jahre nach der Arbeitslosen-Provokation, ein Wüst-Interview in der linken *taz*. Es ist betitelt mit einer Zitat-Überschrift, die einem der später allzeit smarte Ministerpräsident Wüst wohl nie wieder schenken wird: „Ich riskiere schlechte Überschriften.“ Das Gespräch führen die Journalisten Klaus Jansen und Martin Teigeler. Wüst kennt den ein Jahr älteren Teigeler aus Bocholt. Sie waren auf derselben Schule, sind aber noch nie zusammen ein Bier trinken gegangen. Wüst gibt sich auffallend kumpelig gegenüber den *taz*-Leuten, spricht Teigeler auf eine angeblich gemeinsame Vergangenheit in der alternativen Szenekneipe „DochDu“ in Bocholt an. Die Frage nach den Ekel-Jobs für Arbeitslose bleibt ihm dennoch nicht erspart. Wüst holt zu einer längeren Erklärung aus: „Ich habe mich damals gewundert, bei wie vielen Leuten ich mich damals unbeliebt gemacht habe. Die Reaktionen waren damals schon krass, dabei habe ich nur die Realität beschrieben: Ich habe nur gesagt, dass es auch einem Akademiker zuzumuten ist, einen Kinderspielplatz sauber zu machen. Erst dann kam der deskriptive Teil des Satzes. Und auf Spielplätzen liegen eben häufig Hundekot und Spritze, daran gibt es nichts zu rütteln.“ Bei einem Nachtreffen am Euregio-Gymnasium soll Wüst die Sache mit den Ekel-

Jobs für Arbeitslose wiederum lässig zur taktischen Finte umgemünzt haben: Es sei halt an der Zeit gewesen, öffentlich „eine Duftmarke“ zu setzen. Voll dahinter, so erinnert sich ein Mitschüler an Wüsts Worte, stehe er selbst nicht. Er habe aber mal wieder in die Medien gemusst.

Obwohl Wüst der Ältere ist und früher in der Jungen Union etabliert, scheint er sich an Mißfelder zu orientieren. Der verströmt einen brachialen Aufstiegswillen und ist ein begnadeter Netzwerker. Vor allem teilt er die Union gnadenlos in Gut und Böse ein: „Bei Philipp war es meist schwarz-weiß“, erinnert sich Jens Spahn, der sich selbst dem Machtdrang Mißfelders nicht unterordnen will: „Philipp hat bedingungslose Gefolgschaft verlangt. Aber dazu hatte ich damals zu sehr meinen eigenen Kopf.“ Spahn sitzt im Frühjahr 2023 in seinem Bundestagsbüro. Erste Sonnenstrahlen scheinen durchs Fenster. Spahn hat ein paar Minuten Zeit, dann muss er zurück ins Parlament.

Seitdem sich der münsterländische CDU-Nachwuchs vor zwei Jahrzehnten in der Gaststätte „Sicking“ geeinigt hat, kennt Spahns Karriere eigentlich nur eine Richtung: nach oben. Der Bundestagsabgeordnete übernimmt im Jahr 2005 den Kreisvorsitz in Borken, festigt vor Ort seine Macht und baut diese kontinuierlich aus. Er zieht 2012 – in der Nachfolge Wüsts – erst in den CDU-Bundesvorstand ein und dann 2014 als konservativer Hoffnungsträger gegen Widerstand ins CDU-Präsidium. Spahn kandidiert später für den CDU-Parteivorsitz, verliert, wird aber viel beachtet und gelobt. Er wird Parlamentarischer Staatssekretär im Bundesfinanzministerium, dann Bundesgesundheitsminister und im Zuge der Corona-Pandemie zeitweise der beliebteste Politiker Deutschlands. Doch dann stockt die Karriere. Im Rennen um den CDU-Parteivorsitz reiht er sich hinter Armin Laschet ein. Zwar gewinnt das Duo die parteiinterne Auseinandersetzung, doch nach der Unions-Niederlage bei der Bundestagswahl 2021 muss Spahn deutlich kleinere Brötchen backen. Er schrumpft zum Fraktionsvize in der Opposition, zuständig für Wirtschaftspolitik, während in Nordrhein-Westfalen Wüsts Stern erst richtig aufgeht. Was macht das mit dem Verhältnis der beiden und ihren abgezirkelten Wirkungsbereichen?

Der Waffenstillstand aus der Gaststätte „Sicking“ hatte mit Spahns Wahl in den Bundesvorstand 2012 schon eine Art Update erfahren.

Wüst will seinerzeit Platz machen und Spahn unterstützen, weil er davon ausgeht, selbst parallel in der NRW-CDU zum Parteivize aufsteigen zu können. „Du Bund, ich Land" – die alte Schlachtordnung bei Wüst und Spahn soll weiter halten. Wüst kann nicht ahnen, dass er beim Landesparteitag in Krefeld im Sommer 2012 jäh durchfallen wird. Er bleibt dennoch vertragstreu und macht kurz darauf Platz für Spahn im CDU-Bundesvorstand. Gut zehn Jahre später scheint eine neue Konkurrenz in der Luft zu liegen. Wüst werden inzwischen bundespolitische Ambitionen zugetraut. Spahn hingegen hat Mühe, noch als Führungsreserve wahrgenommen zu werden. Bricht irgendwann ein Konflikt auf, der strukturell immer angelegt war? Spahn kommt im mächtigen CDU-Kreisverband Borken aus dem Nordkreis, Wüst hingegen aus dem Südkreis. Spahns erste Junge-Union-Kreisversammlung bestand darin, mit einem Autokorso in den anderen Kreis zu fahren, um den damaligen Jungen-Union-Kreisvorsitzenden Lars Henckel, einen guten Bekannten von Wüst, abzuwählen. Das gelingt nicht, illustriert aber eindrücklich das belauernde Verhältnis. Man kennt sich, man beäugt sich.

Spahn redet in seinem Büro die Beziehung zu Wüst schnell auf Normalmaß runter: „Ich weiß gar nicht, wann genau wir uns zum ersten Mal begegnet sind." Er hat spürbar keine Lust, über das formal nun ranghöchste Mitglied aus seinem CDU-Kreisverband zu sprechen: „Ich habe ein Problem für Buchschreiber aller Art: ein unglaublich schlechtes Gedächtnis für genaue Zeitabläufe." Spahn lacht. „Hendrik gehört einfach schon immer zu meinem politischen Leben und ich zu seinem."

Politik ist immer auch Positionskampf, gerade parteiintern. Ein Leitwolf wie Mißfelder kann bei Schmutzeleien gegen Konkurrenten oder bei seiner ungestümen Profilierung gegen die angeblich satte Rentnerrepublik Deutschland vor allem auf Wüsts Rückendeckung zählen. Sie sind über Jahre ein konservatives Team. Auch in der parteiintern zunehmend mit Sorge beobachteten Rivalität der konservativen Jungstars Mißfelder und Spahn ist er damals zu Diensten. Wüst habe versucht zu vermitteln, analysiert der Journalist Michael Bröcker in seiner 2018 erschienen Spahn-Biografie. Darin zitiert er Wüst mit den Worten: „Ich habe gesagt, in Berlin ist Platz für beide." Erst als Mißfelders Laufbahn mit Erreichen der Altersgrenze in der Jungen Union lahmt und er sich immer mehr als Quälgeist der Kanzlerin Merkel zu definieren scheint, sucht Wüst stärker eine eigne politische Linie.

Die später problematische Nähe des Außenpolitikers Mißfelder zu zwielichtigen Regimen will sein Freund Wüst sogar kritisch gesehen haben. Als Beleg gilt ein Bericht des *Spiegels* über den viel kritisierten Auftritt Mißfelders 2014 bei einer Feier in St. Petersburg, die Russlands Präsident Wladimir Putin und der Gazprom-Konzern zum 70. Geburtstag des Altkanzlers Gerhard Schröder gegeben haben. Wüst habe Mißfelder einige Tage nach dessen Rückkehr aus St. Petersburg am Düsseldorfer Flughafen getroffen, berichtet das Magazin. „Kriegst du Geld von den Russen?", soll Wüst da seinen Freund gefragt haben. Und: „Hast du was mit den Russen?" Mißfelder hat solche Fragen Zeit seines Lebens gegenüber der Öffentlichkeit immer verneint. Wenn Journalisten zu hartnäckig wurden, schickte er auch mal seine Anwälte.

Die konservativen Buddies Wüst und Mißfelder entfernen sich voneinander. Angeblich. In der Partei gelten sie indes als engste Freunde. Wenn man diesem besonderen Verhältnis nachspürt, bekommt man teilweise verblüffende Antworten. Sogar bei seiner Tochter Philippa habe Wüst seinen Freund Philipp posthum als Namenspatron gewählt, heißt es von mehreren, unterschiedlichen Seiten. In Wüsts heutigem, direkten Umfeld ist man an dem Punkt zurückhaltend: Das Ganze habe etwas miteinander zu tun, ja. Aber so richtig? „Nein." Wüst sage ab und an: „Dieser Name erinnert mich auch manchmal an Philipp."

Der Aufstieg in der Jungen Union, die Mitgliedschaft in der „Einstein-Connection", der konservative Pas de deux mit Mißfelder – Wüst erwirbt in diesen Jahren das Rüstzeug für den vorerst wichtigsten Job, der da kommen sollte: die Aufgabe als rustikaler Generalsekretär der NRW-CDU. Wüst weiß, dass diese Zeit aus heutiger Perspektive nicht die rühmlichste ist, und verklärt den Konservativen in sich gern als Teil einer Professionalitätserwartung, die mit ihm als Person wenig gemein habe. Gegenüber dem Youtuber Neumann etwa ordnet er seine Vergangenheit nachträglich ein wie eine politische Mode: „Ich hatte früher andere Aufgaben, andere Rollen, ich war mal Generalsekretär der Partei, da schärft man an."

Der General
Schmutzeleien und Scheitern

Hendrik Wüsts ehemaliges Büro ist von allen Spuren der Vergangenheit gereinigt. Der Arbeitsbereich des Generalsekretärs der NRW-CDU im ersten Stock der Landesgeschäftsstelle in Düsseldorf wirkt an einem Dienstagabend im März 2023 sonderbar verwaist. Die Bücherregale sind leer, die Wände kahl. Keine Akten, kein Notizblock. Auf dem Sideboard wartet eine gerahmte Adenauer-Zeichnung darauf, aufgehängt zu werden. Die ansonsten blanke Schreibtischplatte zieren allein ein ausgeschalteter Bildschirm und eine „McDonald's"-Papiertüte.

Es sei gerade erst renoviert worden und noch gar nicht richtig eingerichtet, entschuldigt sich Paul Ziemiak schnell, als er die Verwunderung des Besuchers bemerkt. Modern, digital und papierlos will die NRW-CDU schon sein, doch die Sterilität der Schaltzentrale könnte nur wieder Fragen zur Rolle Ziemiaks im System Wüst aufwerfen. Der Bundestagsabgeordnete aus Iserlohn ist im November 2022 überraschend zum Generalsekretär der Landespartei ernannt worden. Da er dasselbe Amt zuvor auf Bundesebene bekleidet hat, gilt der Wechsel aus Berlin nach Düsseldorf als ungewöhnlicher Karriereschritt. Zumal Ziemiak als Parteimanager den pannenreichen Bundestagswahlkampf 2021 des Kanzlerkandidaten Laschet maßgeblich mitgestaltet hat und deshalb in der NRW-CDU alles andere als unumstritten ist. Auch Parteichef Friedrich Merz soll gerätselt haben, was es mit Ziemiaks Neuanfang in Düsseldorf auf sich hat. Da beide aus dem Sauerland stammen, kennen sie sich eigentlich lange und gut. Schnell heißt es, Wüst bereite mit Ziemiaks Hilfe seinen eigenen bundespolitischen Aufstieg vor. Dieser solle als Horchposten in der Bundestagsfraktion fungieren, seine Wahlkampferfahrungen aus dem Bund einbringen und die vielfältigen Kontakte zu anderen CDU-Landesverbänden für Wüst nutzbar machen. Im Tagesgeschäft der Düsseldorfer Parteiarbeit werde man ihn hingegen so gut wie nie sehen. Die Vehemenz, mit der diese Deutung von Wüsts Umfeld in den Tagen nach Ziemiaks Bestellung bestritten wird, macht sie nicht weniger plausibel.

Ironischerweise steht Ziemiaks Schreibtisch nun also in exakt jenem Büro, das bis heute eine denkwürdige Phase in der Laufbahn seines Chefs markiert. Als Hendrik Wüst hier am 1. April 2006 mit gerade einmal 30 Jahren als neuer Generalsekretär der nordrhein-westfälischen CDU einzieht, wird er von den Landesmedien als „scharfzüngiger Kritiker der Sozis" eingeführt. Dem neuen CDU-Ministerpräsidenten und strahlenden SPD-Bezwinger von 2005, Jürgen Rüttgers, schwebt offenbar eine klare Arbeitsteilung vor: Während er selbst in landesväterlicher Milde auftritt und sich der damals noch tief sozialdemokratisch geprägten „roten Herzkammer" im Ruhrgebiet als eine Art Wiedergänger Johannes Raus anbietet, soll der junge Wüst als Mann fürs Grobe das konservative Stammpublikum auf dem Land bei Laune halten.

Die Doppelrolle geht gründlich schief. Im Februar 2010, elf Wochen vor der nächsten Landtagswahl, muss Wüst zurücktreten. Er wird da seit Monaten als instinktlose Skandalnudel beschrieben. In der Partei, erst recht in der nordrhein-westfälischen Öffentlichkeit ist er unten durch. „In der Union dürfte diesem Pannen-General mit fehlenden Sekretärsqualitäten niemand eine Träne nachweinen", bringt Sven Gösmann, heute Chefredakteur der *Deutschen Presse-Agentur*, seinerzeit in einem Kommentar für die *Rheinische Post* die allgemeine Stimmungslage auf den Punkt. Die CDU erleidet bei der Landtagswahl 2010 herbe Verluste und muss nach nur fünf Jahren an der Regierungsmacht zurück in die Opposition. Rüttgers ist Geschichte, und seine Partei wirkt personell, konzeptionell und finanziell am Ende. Es wird sogar erwogen, aus purer Geldnot jene schicke Landesgeschäftsstelle zu verkaufen, in der heute Ziemiak für Wüst so selbstbewusst den Statthalter gibt. Es ist eine historische Villa nahe der Kunstsammlung am noblen Düsseldorfer Kaiserteich. Sie verspricht schon damals einen ordentlichen Erlös für die klamme Parteikasse. Der Grünen-Landesvorsitzende Sven Lehmann, später „Queer-Beauftragter" der Ampel-Bundesregierung, bietet sich seinerzeit hämisch als Kaufinteressent an: „Eine Geschäftsstelle mit Nähe zu Landtag, Staatskanzlei und Kunstsammlung wäre genau nach unserem Geschmack." Tiefer kann die stolze NRW-CDU nicht sinken.

Als Wüst im Herbst 2022 Ziemiak in sein Team holt, soll er ihm für die neue Aufgabe in der Düsseldorfer Wasserstraße einen englischen

Merksatz eingeschärft haben: „Ugly words make ugly people." Hässliche Worte machen hässliche Menschen. Der Arbeitsauftrag für den neuen General lautet also: nie unnötig provozieren, wenige Angriffsflächen bieten, keine Feindseligkeiten schüren, das eigene Temperament zügeln und immer das Ende bedenken. Es sind wohl Wüsts eigene Lehren aus seinem fast 13 Jahre zurückliegenden Absturz als ein Generalsekretär, der besonders hässliche Seiten gezeigt hat. Ziemiak hält sich tatsächlich zunächst mit öffentlichen Rempeleien zurück und flötet vielmehr in seinen raren Interviews, er strebe für die NRW-CDU „Profil mit Stil" an. Das dürfte ganz in Wüsts Sinne sein, dem freundliche Anschlussfähigkeit heute deutlich erfolgversprechender erscheint als kantige Parteiprofilierung. Es gibt nicht wenige im nordrhein-westfälischen CDU-Umfeld, die an eine konsequente strategische Weiterentwicklung Wüsts glauben: Der alerte Ministerpräsident der Gegenwart sei ohne den rüden Generalsekretär der Vergangenheit gar nicht zu verstehen.

Seine knapp vier Jahre als Parteimanager haben ihm auf die harte Tour gezeigt, dass der Wahlspruch „Viel Feind, viel Ehr'" auf dem frühneuzeitlichen Schlachtfeld getaugt haben mag, aber längst nicht mehr für die moderne Politik gilt. Wer Wüst Anfang 2010 in den Wochen nach dem Rücktritt spricht, erlebt einen jungen Mann, der von der Einsamkeit der Niederlage überrascht wirkt und grübelt. Wo sind all die Netzwerke aus 15 Jahren Parteiarbeit, wenn man sie braucht? Wie kann man die eigene Absicherung in politischen Ämtern künftig verbessern? Wo ist ihm die Außendarstellung entglitten? Wie konnte man nur so eindeutig zum Buhmann und Bauernopfer werden? Wüst hält sich nicht mit Selbstmitleid auf, sondern macht sich an die Schwächenanalyse, seziert den eigenen Niedergang fast so nüchtern wie ein Unbeteiligter. Vorbereitung, Absicherung und Kontrolle werden zentrale Begriffe, die sich Wüst aus der vermaledeiten Episode als Generalsekretär für das weitere politische Leben eingebrannt haben. Beim Karriereschritt 2006 hat er ihnen zu wenig Beachtung geschenkt. Wie konnte ihm das bloß passieren?

Als Wüst im März 2006 von Rüttgers als Generalsekretär nominiert wird, lässt er die schwierigen Rahmenbedingungen der Beförderung sträflich unberücksichtigt. Die Parteizentrale, die er führen soll, steht zu dieser Zeit im Ruf einer Schlangengrube. „Das Klima in der Wasserstraße ist vergiftet", raunen CDU-Kenner. Unschöne Details über Dienstwagen und Vergabe von Arbeitsverträgen an eher untergeordnetes Personal werden gestreut. Wüsts Vorgänger als Generalsekretär, der ehemalige Telekom-Manager Hans-Joachim Reck, verabschiedet sich im Streit mit Rüttgers aus der Politik. Von zahlreichen Verletzungen ist die Rede. Im erfolgreichen Landtagswahlkampf 2005, der die SPD-Vorherrschaft in Nordrhein-Westfalen nach 39 Jahren brach, wurde dem düpierten Reck bereits der sendungsbewusste Politikberater Michael Spreng an die Seite gestellt. Später durfte Reck nicht einmal an den Verhandlungen mit der FDP über den Koalitionsvertrag teilnehmen. Und seine Hoffnungen, als Wirtschaftsminister ins Kabinett Rüttgers berufen zu werden, erfüllten sich auch nicht.

Der aufwendige Wahlkampf hat überdies ein Millionenloch in die Parteikasse gerissen. Die Mitarbeiterzahl der NRW-CDU muss verringert werden, was dem ohnehin angespannten Betriebsklima wenig zuträglich ist. Es häufen sich Berichte über Kompetenzgerangel zwischen Partei und Rüttgers' neuer Regierungszentrale. Der Staatskanzlei-Chef Hans-Heinrich Grosse-Brockhoff wird zwar als Kulturfachmann geschätzt, wirkt aber mit der politischen Koordination überfordert. Auf etliche Kritiker und Neider bringt es derweil der oberste Regierungsplaner Boris Berger, der seit geraumer Zeit in Rüttgers' Umfeld mit wachsender Machtfülle die Strippen zieht. Kaum ist der Ministerpräsident im Amt, wird in Düsseldorf ein 16-seitiges Papier aus Bergers Feder an die Öffentlichkeit durchgestochen. Darin sind interne Ideen für eine Imagepolitur notiert, die in den kommenden Jahren Rüttgers' Akzeptanz über die CDU-Kernwählerschaft hinaus erhöhen sollen. Unter anderem ist von einer virtuellen „Hall of Fame" die Rede, die Rüttgers im Kreise weiterer berühmter Landeskinder von Heidi Klum bis Ludwig van Beethoven zeigen soll. Die lustvolle Häme, mit der solche PR-Planspiele im eigenen Lager verspottet werden, gibt früh Aufschluss über das Intrigenpotenzial in der NRW-CDU.

Auf jeden neuen CDU-Generalsekretär würden aber nicht nur atmosphärische Störungen warten, sondern ebenso die schwierige Vermittlung einer neuen Regierungsagenda. CDU und FDP haben sich das Reformmotto „Privat vor Staat“ gegeben und wollen Nordrhein-Westfalen mit einer Reihe von Vorhaben auf Vordermann bringen. Diese erscheinen aber gerade im einwohnerstarken Ruhrgebiet mit seinen sozialen Herausforderungen als erklärungsbedürftig. Allein das arg ambitionierte Ziel eines schuldenfreien Landeshaushalts bis zum Jahr 2016 macht absehbar eine wahre Kürzungsorgie notwendig. Mit bildungspolitischen Neuerungen wie der Einschulung bereits von fünfjährigen Kindern, der Einführung des „Turbo-Abiturs“ oder der Einschränkung des Elternwillens bei der Schulwahl nach der vierten Klasse mutet Schwarz-Gelb auch Lehrern und Eltern einiges zu.

Wüst schreckt das aber alles nicht, als sich Anfang 2006 die Anzeichen mehren, dass Rüttgers ihn für den Posten des Generalsekretärs ausgeguckt hat. Vielmehr wähnt er sich stark genug für den Intrigantenstadl. Ein Landtagskollege von damals erinnert sich, wie selbstverständlich Wüst schon seinen Platz in der neuen Regierungsfraktion eingenommen hat: „Da kam auf einmal so ein langer, junger, freundlich vorlauter Mensch rein. Man spürte, dass da jemand kam, der mitgestalten wollten.“ Zu Beginn jeder Legislaturperiode beäugen normalerweise die alten Abgeordneten eifersüchtig wie Wölfe im Revierstreit die Jungen. Doch der bestens vernetzte Wüst weiß sie mit Charme für sich einzunehmen. Seit Monaten schmeichelt dem wortflinken Landeschef der Jungen Union außerdem, dass seine ersten Redeauftritte als jüngster Parlamentsneuling auf Resonanz stoßen. Wüst poltert etwa im Herbst 2005 nach den Banlieue-Unruhen in Frankreich über „Parallelgesellschaften bis hin zu rechtsfreien Räumen“ auch in Deutschland und die angebliche Realitätsverweigerung der Grünen. Er besetzt damit eine Leerstelle in der braven CDU-Landtagsfraktion, die vom loyalen, aber wenig bissigen Rüttgers-Freund Helmut Stahl geführt wird. Anfang 2006 darf Wüst gleich viermal ans Rednerpult, um „die Sozis zu verhauen“, wie es heißt. Rüttgers soll intern immer offensichtlicher für den jungen Parlamentarier werben: „Lass den Wüst mal öfter reden.“ Im Umfeld der frisch gewählten Bundeskanzlerin Angela Merkel, die nach der schweren Geburt der Großen Koalition in Berlin an einem auskömmlichen Verhältnis mit der SPD interessiert sein muss, wird die polarisierende Tonart weniger geschätzt. Die *FAZ* berichtet von Spekulationen über eine Intervention Merkels gegen Wüst, die aber umgehend dementiert werden. Die Kanzlerin sähe dem Geraune zufolge in dem für die Bundespartei so wichtigen NRW-Landesverband lieber eine erfahrene Persönlichkeit auf dem Posten des Generalsekretärs. Vom früheren CDU-Bundesgeschäftsführer Willi Hausmann ist die Rede oder vom früheren Rüttgers-Mitarbeiter aus Bonner Zeiten, Michael Thielen.

Das Rennen macht jedoch der 30-jährige Heißsporn Wüst. Rüttgers überbringt ihm die Nachricht am Telefon: „Herzlichen Glückwunsch, Herr Generalsekretär. Jetzt müssen wir das nur noch über den Parteitag bringen." Er hat Wüsts Weg schon intensiver seit dessen Wahl zum Landesvorsitzenden der Jungen Union im Jahr 2000 in Bad Honnef verfolgt. Rüttgers war selbst erst 1999 als ehemaliger Bundesminister des letzten Kohl-Kabinetts nach Düsseldorf gewechselt. „Ich hatte mir überlegt, dass man jungen Leuten eine Chance geben muss", erinnert sich Rüttgers heute. Politik bedeutet ja permanent Veränderung, sie bewegt sich immer auf einer Nahtstelle zwischen Neu und Alt. Thematisch und personell. Die Wechselfälle in Politik und Gesellschaft üben auf Rüttgers seit Jahrzehnten eine große Faszination aus. Der inzwischen 71-Jährige sitzt im Frühjahr 2023 in seinem Büro im rheinischen Frechen und schreibt mal wieder an einem Buch über die Transformationsgesellschaft. Schon 1999 hat er einen Band mit dem Titel „Zeitenwende – Wendezeiten" veröffentlicht und erlebt nun, wie „Zeitenwende" zum Wort des Jahres 2022 gekürt wird und zur Überschrift der Kanzlerschaft von Olaf Scholz gerät. Verrückte Zeiten. Wüst erscheint ihm damals als jemand, dem die Zukunft gehört. Vor der Landtagswahl 2005 fährt Rüttgers nach eigener Erinnerung extra noch einmal ins Münsterland und fragt beim dortigen Kreisgeschäftsführer nach, ob man etwas für Wüst tun könne. Etwa bei der Zusammenstellung der Landesreserveliste. „Diese junge Leute hatten ja gezeigt, dass sie schlau und auch fleißig sind", sagt Rüttgers rückblickend.

Wüst sieht sich 2006 ausreichend gewappnet für den Karrieresprung als Generalsekretär. Auf die Frage, was ihn zu dem neuen Amt befähige, sagt er bei seiner Pressevorstellung selbstbewusst: „Meine lange Erfahrung in allen Gliederungen der Partei." Andere sind von Beginn an skeptischer. Karl-Josef Laumann ist als Chef des CDU-Sozialflügels der Christlich-Demokratischen Arbeitnehmerschaft (CDA) und Vorsitzender des Parteibezirks Münsterland ein erster Ansprechpartner für Rüttgers bei der Wüst-Personalie. Rüttgers mag und vertraut Laumann. Er hat ihn 2005 zum Wechsel aus dem Bundestag ins Düsseldorfer Ministerium für Arbeit, Gesundheit und Soziales überredet. Der gelernte Maschinenschlosser aus dem Kreis Steinfurt wird in der CDU geradezu dafür verehrt, dass er die Sprache „normaler Leute" spricht und Dinge beim Namen nennt. Als Rüttgers ihn 2006 nach seiner Meinung zur bevorstehenden Wüst-Beförderung fragt, hält Laumann nicht hinter dem Berg. Auch mit dem Abstand von nunmehr 17 Jahren sagt er: „Der Posten des Generalsekretärs kam vielleicht zu früh. Ich weiß noch, wie ich 2006 dachte: Unser Landtagsneuling Wüst ist sicherlich ein fleißiger, guter, junger Mann – aber Generalsekretär der nordrhein-westfälischen CDU als erster Job? Das ist mal ne Nummer."

Die Kursbestimmung der Landespartei erscheint in dieser Phase alles andere als trivial. Den Landtagswahl-Triumph im Mai 2005 darf Rüttgers noch als Mandat für einen schwarz-gelben Politikwechsel in Düsseldorf lesen. Doch nur vier Monate später fällt die Union mit einem strammen Reformprogramm bei der Bundestagswahl fast durch. Merkel rettet sich nur knapp mit Hilfe der „GroKo" ins Kanzleramt. Viele Arbeitnehmer, die in Nordrhein-Westfalen noch bei der Landtagswahl der CDU ihre Stimme gegeben haben, sind schon wieder weg. Das Bundestagswahlergebnis in NRW erinnert die Christdemokraten schmerzlich daran, dass die Legislaturperiode kein Selbstläufer wird und die SPD-Vorherrschaft an Rhein und Ruhr noch keineswegs dauerhaft gebrochen ist. Rüttgers positioniert sich seither gegen angebliche „Lebenslügen" seiner Partei, wozu auch die Ansicht gehöre, Steuern und Löhne seien zu hoch. Dies wird als Angriff auf Merkels Wahlkampfstrategie und Abgrenzung zum Wirtschaftsflügel der Union gelesen. Wüst muss diese Sozialthesen seines Chefs öffentlich verteidigen, zugleich aber mit schneidigen Landtagsreden („Wir wollen Law and Order") und öffentlicher Schelte an „zu laschen" Jugendrichtern konservatives Profil zeigen. „Wirtschaftliche Vernunft und soziale Gerechtigkeit sind zwei Seiten derselben Medaille", lautet derweil eine Dialektik, die Rüttgers seinen jungen General bei jeder Kreisverbandsversammlung aufsagen lässt. Es klingt wie Sowohl-als-auch, was Wüsts politische Standortbestimmung von Beginn an erschwert.

Anfänglich steht Wüst immer auch im Schatten seines gewitzten Amtsbruders von der FDP: Ein gewisser Christian Lindner sorgt seit Herbst 2004 als neuer Parteimanager der Liberalen in Düsseldorf für Furore. Der damals erst 25-Jährige, später Bundesfinanzminister und FDP-Parteivorsitzender, gilt als früh Vollendeter der Landespolitik. Lindner bespielt mit rhetorischem Talent die Säle in Nordrhein-Westfalen, gibt erfrischend humorvolle Interviews und gilt bald als frecher Antreiber der schwarz-gelben Regierung. Die Berichterstatter gehen gern zu Terminen mit „Bambi", wie Lindner einst von Jürgen Möllemann getauft wurde. Den jungen Porsche-Fan mit eingestickten Initialen in der Hemdtasche umgibt die kreative Aura der New-Economy. Seine frei gehaltenen Reden zieren stets große Denker-Worte aus dem Zitate-Lexikon. Wüst hingegen fehlt diese Leichtigkeit. Der ordentliche Münsterländer verbreitet seinerzeit etwas provinziell Verspanntes, wenn er in altväterlicher Pose Killerspiele, Pornos und Skandal-Rapper „von unseren Kindern" fernhalten will. Wüst kündigt gegenüber dem erfahrenen *BILD*-Reporter Peter Poensgen damals sogar an, das Ordnungsamt zu Konzerten schicken zu wollen: „Die hören dann ganz genau hin." Als Wüst den FDP-Innenminister Ingo Wolf 2009 einmal zu einer härteren Gangart und mehr Videoüberwachung ermahnt, lässt ihn Lindner ironisch auflaufen. Man brauche „keine Nachhilfe von selbsternannten CDU-Hilfssheriffs", gibt er zu Protokoll und tut Wüsts Worte als „Stahlhelmparolen" ab. Wie tief der Neid bei Wüst sitzen muss, bemerken aufmerksame Landtagsabgeordnete noch Jahre später. Anfang 2015 kommt es im Düsseldorfer Parlament zur berühmten „Wutrede" von Lindner, die viel Beachtung findet. Der FDP-Politiker nimmt damals einen spöttischen Zwischenruf aus den SPD-Reihen über sein Scheitern als Jungunternehmer zum Anlass, in einer minutenlangen Philippika die Vollkaskomentalität der „sozialdemokratischen Umverteiler" zu geißeln, die jeden Gründungsmut in diesem Land ersticke. Lindner rüttelt mit Leidenschaft und rhetorischer Brillanz den

Landtag wach, als jemand vernehmbar „Ist ja gut jetzt ..." mault. Es ist kein Abgeordneter aus den angegriffenen Fraktionsreihen von SPD und Grünen, sondern der Redner der CDU, der später auch noch ans Pult muss: Hendrik Wüst.

Wüst selbst ist eben nie ein Mann der feinen rhetorischen Klinge gewesen. Politisch sucht er zunächst sein Heil mehr und mehr in der rüden Attacke. Vor allem auf die neue Oppositionsführerin Hannelore Kraft, die der NRW-SPD neues Leben einhauchen will, schießt sich der CDU-General ein. Beim Landesparteitag 2007 wettert Wüst so unflätig über „eine rot-grüne Pampe" und „die rot-grüne Multikulti-Ideologie", dass selbst manche CDU-Delegierte sich in ihrem bürgerlichen Anstandsgefühl verletzt fühlen. Anderen wiederum gefällt angesichts der zunehmend beklagten „Sozialdemokratisierung" der Merkel-Partei in der Berliner „GroKo", wie rustikal dieser junge Parteimanager über die Oppositionsführerin Kraft herzieht. „Das ist der Kraft-Effekt", ätzt Wüst unter Applaus, „für die SPD gilt: Kraft macht schlapp!"

Früh entwickelt er ein Sensorium für die aufkommenden Sozialen Netzwerke. „Wenn wir als CDU auf Dauer Mitglieder- und Volkspartei Nummer eins in Nordrhein-Westfalen bleiben wollen, müssen wir uns auf den Wandel der Verhaltensweisen unserer Mitglieder und der Bürgerinnen und Bürger einstellen", warnt Wüst schon 2006 in einem Gastbeitrag für das Debattenmagazin *Civis mit Sonde*. Der Einsatz moderner Kommunikationstechnologien sei zu beschleunigen. „Netzwerke sind Bestandteil von neuen Informations- und Kommunikationskanälen in der politischen Kultur und somit auch in unserer politischen Arbeit", schreibt Wüst, der in dieser Phase auch bei Kampagnenmachern im Ausland neuen Trends nachspürt. Er sieht Chancen und Gefahren einer Öffentlichkeit, die sich mehr und mehr von der Berichterstattung und Deutungshoheit etablierter Medien entkoppeln wird. Gleich sein erster eigener Gehversuch bei *Facebook* wird im Sommer 2009 jedoch zur Lachnummer. Wüst will im populärer werdenden Netzwerk erste Freundschaftsanfragen versenden, wundert sich jedoch über empörte Reaktionen. Durch „ein technisches Problem", wie die CDU-Geschäftsstelle später zerknirscht einräumen muss, sind ungewollt alle beruflichen und privaten Kontakte Wüsts bei *Facebook* gelandet – einschließlich die des Ministerpräsidenten Rüttgers. Mehrfach werden allerlei Menschen in Berlin und Düsseldorf mit Freundschaftsangeboten traktiert: „Die folgende Person hat Dich vor kurzem eingeladen", ihr „Freund auf *Facebook* zu werden: Hendrik Wüst." Die „Duz-Attacke" macht Schlagzeilen und den jungen General zum Gespött.

Dabei ist Wüst eigentlich immer vorsichtiger auf seine Außenwirkung bedacht, denn er versteht früher als andere, dass eine technische Revolution den politischen Betrieb erfasst hat. Imagebildend ist nicht mehr allein der morgendliche Medienspiegel des Landespresseamtes, den sich viele Minister noch per Fax zuschicken lassen. Seit einiger Zeit etablieren sich leidlich internetfähige Smartphones mit eingebauter Kamera in Deutschland. Wer etwas auf sich hält, versendet Nachrichten mit seinem „Blackberry". 2003 bringt der finnische Technologiekonzern „Nokia" das erste Mobiltelefon mit Videofunktion auf den Markt.

Welch ausgeprägten Sinn für die Bedeutung von Bildern in der Politik Wüst schon in jungen Jahren ausbildet, erlebt Norbert Neß im Sommer 2008. Der langjährige Weggefährte und frühere CDU-Sprecher, der heute die Strategische Kommunikation beim Essener Spezialchemie-Konzern Evonik leitet, ist beim Junggesellenabschied von Wüsts späterem Trauzeugen Daniel Hartmann eingeladen. Es ist eine heitere Runde aus alten Freunden. Einige kennen sich aus der Jungen Union. Hartmann, der ebenso wie Wüst mit ländlichen Traditionen aufgewachsen ist, soll an diesem Tag mit einer besonderen Aktion aus dem Leben als unverheirateter Mann geleitet werden. Beim Kleinkaliberschützenverein Brünen im Kreis Wesel wird gemeinsam zu den Waffen gegriffen. Als Wüst den Schießstand betritt, äußert er unerwartet eine Bitte: Alle Teilnehmer sollen vor der ersten Schussabgabe ihre Handys weglegen. Er könne sich keine Fotos erlauben, die den Generalsekretär der CDU Nordrhein-Westfalens mit einem Gewehr im Anschlag zeigen. Neß wirkt noch 15 Jahre später beeindruckt von der professionellen Vorsicht: „Es war ein ausgelassener Sommertag in einem rein privaten Kreis. Handy-Fotos und Soziale Netzwerke waren noch längst nicht so verbreitet wie heute. In einem solchen Moment die mögliche politische Verfänglichkeit von Bildern schon mitzudenken, zeigt eine disziplinierte Fokussierung, wie sie nur wenige Politiker aufbringen." Spricht man mit Gastgeber Hartmann, der heute als Abteilungsleiter im Düsseldorfer Landwirtschaftsministerium arbeitet, über den vorsichtigen Freund von einst, reagiert der einsilbig und kann sich nicht mehr genau erinnern. Auch Wüst kommt die Geschichte nicht gelegen. Ebenso unangenehm wie Wüst mit Waffe ist augenscheinlich Wüst, der Kontrollfreak.

In den Jahren als Generalsekretär merkt Wüst zu spät, dass ihm auf vielen anderen Feldern allmählich die Kontrolle entgleitet. Schleichend nimmt ein Desaster seinen Anfang, aus dem er für seine spätere Arbeitsweise bittere Lehren ziehen wird. Zunächst verliert er die Hoheit über seine eigene Hybris. Selbst daheim in Rhede, wo die Wüst-Verehrung bis heute enorm krisensicher erscheint, wird registriert, wie huldvoll der aufstrebende Politiker inzwischen morgens von der Rückbank seiner dunklen Dienstlimousine grüßt. Im Landtag genießt er erkennbar den Status als Jungstar der CDU. Er verfügt jetzt über ein Monatseinkommen von mehr als 18.000 Euro, gebietet über einen stattlichen Mitarbeiterstab plus Fahrer und ist unbestreitbar ein Faktor in der Kanzlerinnen-Partei. Zudem streichelt der Ruf des begehrtesten Junggesellen in der NRW-CDU sein Ego. Er gilt als „One for the ladies", wie die Altvorderen etwas klebrig-anerkennend bemerken. An langen Plenartagen trifft man sich zur geselligen Runde im sechsten Stock des Düsseldorfer Abgeordnetenhauses, wo der spätere NRW-Verkehrs- und Finanzminister Lutz Lienenkämper regelmäßig einen guten Wein offeriert. „Natürlich haben wir uns gefühlt wie King auf der Platte", sagt einer von den damals Jungen, die sich um Wüst scharen. Demut hat da keinen Platz. Man bestärkt sich vielmehr gegenseitig darin, zurecht an den Schalthebeln der Macht zu sitzen und brüstet sich mit Attacken gegen die Oppositionsführerin Hannelore Kraft.

Über Monate überziehen Wüst und seine Kampfgefährten aus der Wasserstraße die SPD-Politikerin mit der berüchtigten „Kraftilanti-Kampagne". Mit Postkarten, Plakaten und im Netz soll Kraft als NRW-Ausgabe der hessischen Möchtegern-Ministerpräsidentin Andrea Ypsilanti gebrandmarkt werden, die im Wiesbadener Landtag mit dem Plan eines Linksbündnisses krachend gescheitert ist. Kraft wehrt sich gegen

Wüsts Verunglimpfungen zwischenzeitlich sogar vor Gericht. Das stachelt den CDU-General nur noch mehr an. Immer schriller rückt Wüst die SPD-Politikerin in die Nähe von Linksextremisten und unterstellt ihr, Nordrhein-Westfalens Kinder in einer Art sozialistischer „Einheitsschule" ihrer Talente berauben zu wollen.

Parallel versucht Wüst, sein über viele Jahre in der Jungen Union aufgebautes Image als Grünen-Fresser erst einmal wieder abzustreifen, und umschmeichelt die Öko-Partei plötzlich als potenziellen Koalitionspartner für ein Jamaika-Bündnis. Das kommt nicht überraschend: Spätestens mit der sich anbahnenden schwarz-gelben „Wunsch-Koalition" im Bund, die 2009 rumpelnd starten wird und einen Abstraf-Effekt bei den folgenden Landtagswahlen erwarten lässt, braucht Rüttgers neue Optionen. Grünen-Fraktionsvize Reiner Priggen weist die Flirtversuche belustigt zurück: Wüst leide anscheinend „unter grünen Frühlingsgefühlen", spottet er. Da sich der 2005 als Reformer angetretene Rüttgers inzwischen nur noch als „Arbeiterführer" und Kämpfer für höhere Renten bundespolitisch profiliert, verwischt das Bild immer mehr. Auch Wüst, der später so viel Wert auf Eindeutigkeit in der politischen Kommunikation legen wird, mäandert verwirrend zwischen den unterschiedlichen Polen und Parolen. „Links profilieren, rechts kontern", titelt *die WAZ* ratlos.

Bei erfahrenen Christdemokraten wird das Befremden über den raubeinigen Stil der Parteizentrale immer größer. „Was soll die Scheiße mit diesem Kraftilanti-Mist?", flucht ein einflussreicher CDU-Mann in jenen Tagen, so dass es sogar Medienleute mitbekommen. Wüst, der heute viel auf seine Zuhörer-Qualitäten hält, lässt die Kritik da noch nicht an sich heran. In Interviews gibt er sich unbeirrt. Wüst reist sogar als Referent nach Salzburg, um den österreichischen Sozialdemokraten seine Doppelstrategie anzupreisen. Einerseits sei es wichtig, auch die Wähler des politischen Gegners anzusprechen. Anderseits dürfe man „nicht pingelig sein", wenn sich offene Flanken böten.

Trotz der forschen Töne: Immer deutlicher wird, dass Wüst die Befugnis über Kurs und Kampagne nie wirklich in den eigenen Händen hielt. Es ist in Düsseldorf ein offenes Geheimnis, dass der Generalsekretär nur Teil einer „Viererbande" im Umfeld von Rüttgers ist, wie es damals heißt. Auf den Fluren des Landtags ist bis heute von einer „schwarzen Schmutztruppe“ die Rede. Als Kopf gilt Regierungsplaner Boris Berger, ein ehemaliger Hauptmann der Bundeswehr, der 2005 mit Rüttgers in die Staatskanzlei eingezogen ist und dort als leitender Ministerialer sehr bald das uneingeschränkte Sagen zu haben scheint. Als dessen rechte Hand gilt der junge Leiter des Landespresseamtes, Thomas Breuer. In der Parteizentrale halten derweil Wüst und sein Pressesprecher Matthias Heidmeier die Stellung. Das Quartett nimmt es mit der Trennung von Partei- und Regierungsarbeit augenscheinlich nicht so genau und macht sich mit einer rüden Gangart binnen weniger Jahre in der eigenen Partei, beim politischen Gegner und in den Medien eine beachtliche Zahl von Feinden.

Das Image von Ministerpräsident Rüttgers bleibt davon zunächst unberührt. Er inszeniert sich lange gekonnt als Erbfolger der SPD-Ikone Rau und Gralshüter des „sozialen Gewissens der Republik“, das Nordrhein-Westfalen immer sein wollte. Schnell fasst er in dem über Jahrzehnte von der SPD beherrschten Bundesland Fuß. Die öffentliche und veröffentlichte Meinung ist ihm anfänglich gewogen. Die neue Landesregierung pflegt einen kurzen Draht zu vielen NRW-Medienhäusern und beackert den vorpolitischen Raum mit allerlei Festen, Ehrungen, Kommissionen und Konferenzen. Vor allem Berger und der damalige Geschäftsführer der mächtigen *WAZ-Mediengruppe*, Bodo Hombach, verstehen sich gut. Die NRW-SPD beobachtet mit wachsendem Befremden, wie eng die Bande zwischen ihrem ehemaligen Minister aus Mülheim an der Ruhr und dem Regierungsplaner von der CDU zu sein scheinen. Die einfachen Korrespondenten der *Düsseldorfer Landespressekonferenz (LPK)* werden Wüst & Co. hingegen lästig und als parteipolitisch voreingenommene „rote Hofpoeten“ abgetan. Schon in einem ersten Vermerk für Rüttgers, der später öffentlich wird, wälzt Berger 2005 Gedanken, wie man „etwas unabhängiger von der verwöhnten und zynischen *LPK* werden“ könne.

Wüst unterläuft derweil ein Missgeschick, das manches über seinen Blick auf Journalisten verraten könnte. Als der erfahrene Korrespondent Gerhard Voogt, der bereits für die *Rheinische Post,* den *Express* sowie den *Kölner Stadt-Anzeiger* aus Düsseldorf berichtete, dem Generalsekretär einmal per SMS eine Presseanfrage stellt, erhält er eine erstaunliche Rückantwort: „Voogt, der Idiot ...“, schreibt Wüst an den irritierten Journalisten. Es ist ein peinlicher Irrläufer. Die Mitteilung sollte eigentlich Pressesprecher Heidmeier erreichen. Gerade weil der spätere Hendrik Wüst oft den höflichen Eindruck vermitteln wird, für jeden Bürger allzeit ein nettes Wort zu haben, kann Voogt diese Anekdote bis heute nicht vergessen. Die Herablassung von einst gibt wohl eine Ahnung davon, dass Journalisten hinter verschlossenen Türen zuallererst als nützliche Idioten betrachtet werden. Denn zur bösen Ironie gehört, dass die „Viererbande“ ausgerechnet Voogt seinerzeit schamlos dafür einzuspannen versucht, bekennende Rüttgers-Kritiker wie etwa den Vorsitzenden der Senioren-Union in Nordrhein-Westfalen, Leonhard Kuckart, abzusägen. Als besonderes Zeitzeugnis gilt auch eine durchgestochene E-Mail aus jenen Tagen, in der Berger seine Kampfgefährten in Wüsts Parteizentrale auffordert, mit Oppositionsführerin Kraft bloß nicht zu zimperlich umzuspringen: „Das geschieht der Alten recht. Immer auf die Omme.“

Besuch bei Matthias Heidmeier, den Wüst nach seinem Wahlsieg 2022 überraschend zum Staatssekretär im Arbeits- und Sozialministerium macht. Dort hat sich kurz zuvor der intellektuelle und intern überaus beliebte Staatssekretär Edmund Heller bei Minister Laumann aus Altersgründen in den Ruhestand verabschiedet. Als die Nachbesetzung stockt, greift Wahlsieger Wüst beherzt zu und macht Laumann einen Personalvorschlag, den man nicht ablehnen kann. Heidmeier ist da eigentlich seit zwölf Jahren raus aus der Landespolitik und hat sich unterhalb des öffentlichen Radars in der Verbandsarbeit verdingt. Nur noch die Älteren in Düsseldorf kennen ihn und seine Geschichte mit Wüst. Heidmeier empfängt Anfang März 2023 in einem Konferenzraum des Düsseldorfer Arbeitsministeriums. Er blickt freundlich, irgendwie dankbar zurück. Dankbar für die zweite Chance auf dem politischen Parkett, die Wüst bekommen und auch ihm gegeben hat. Dankbar aber auch, dass er sich wie sein Chef neu erfinden durfte. Sie sind etwa gleich alt und ähnlich sozialisiert. Heidmeier war schon mit 18 Jahren im Gemeinderat von Bad Sassendorf und mischte in der Jungen Union mit. Wie Wüst gehört er in den 90er-Jahren zu den glühenden Helmut-Kohl-Fans. Über einen Job als Internet-Redakteur bei der Hessen-CDU wird er Kommunikationschef der Christdemokraten in Nordrhein-Westfalen. Wüst und er bleiben lange beim Sie, aber sie teilen einen Blick auf die Politik und ihre Machtmethoden. Im Nachhinein soll alles nach Reifeprozess und lehrreicher Zeit klingen. Heidmeier schaut durch recht blickdichtes Milchglas auf ihre gemeinsame Zeit im Parteiapparat: „Ich habe Hendrik Wüst von Anfang an intern als Teamplayer wahrgenommen, der sehr rücksichtsvoll und zugewandt mit seinem Umfeld umgangen ist. Die Rolle des Generalsekretärs brachte es mit sich, dass er zuspitzen und auch mal Kontroversen aushalten musste", erinnert er sich. Und: „Das öffentliche Bild des Scharfmachers, das damals von ihm gezeichnet wurde, ließ sich mit meinem Erleben überhaupt nicht übereinbringen. Persönlich habe ich ihn auch in dieser Zeit sensibel und voller Empathie wahrgenommen."

Das erleben Zeitgenossen zwischen 2005 und 2010 deutlich anders. Das wilde Treiben der jungen „Viererbande" wird neun Monate vor der Landtagswahl 2010 sogar zum handfesten Problem. Rüttgers absolviert im Kommunalwahlkampf im August 2009 einen Auftritt in Duisburg. Er will den allgemeinen Frust im Ruhrgebiet über eine Standortverlagerung des Handy-Herstellers Nokia nach Rumänien aufgreifen und sagt wenig landesväterlich: „Und im Unterschied zu den Arbeitnehmern im Ruhrgebiet kommen die in Rumänien nicht morgens um sieben zur ersten Schicht und bleiben bis zum Schluss da. Sondern sie kommen und gehen, wann sie wollen, und sie wissen nicht, was sie tun." Die Tiraden wären wohl versandet. Doch einige Jusos haben gefilmt und stellen das Video ins Netz. Die „Rumänen-Rede" sorgt schnell für bundesweiten Wirbel, zumal Erinnerungen an einen anderen Vorgang wach werden. Rüttgers hatte fast zehn Jahre zuvor in der Debatte über eine deutsche Greencard für IT-Spezialisten aus Indien mit der Formel „Kinder statt Inder" polarisiert. Wüst entscheidet sich zum brachialen Gegenangriff. Er kündigt an, künftig jeden öffentlichen Auftritt der SPD-Chefin Kraft von einer eigens engagierten Filmcrew begleiten zu lassen: „Natürlich ist uns der Videobeweis wichtig", erklärt Wüst breitbeinig in der *WAZ*. Später muss er zurückrudern, weil Rüttgers keine solche Schlammschlacht gebrauchen kann.

Es folgt ein mehrmonatiger Schleudergang, der für die Einordnung des heute vorsichtigen und kontrollierten Ministerpräsidenten Wüst bedeutsam ist. Plötzlich tauchen interne E-Mails in Zeitungen auf, die nahelegen, dass der Generalsekretär nur ein Befehlsempfänger der Staatskanzlei ist. Berger staucht darin etwa Wüst für seine Ankündigung der Videobeobachtung zusammen. Nichts bleibt in Düsseldorf mehr geheim, laufend kursieren vertrauliche Mails und Vermerke. Offenbar haben sich langjährige CDU-Mitarbeiter, die Wüst in der Parteizentrale gnadenlos versetzt oder gefeuert hat, gerächt und die IT-Technik der Partei angezapft. Immer neue Ungeheuerlichkeiten dringen so nach draußen. Selbst Rüttgers' gute Kontakte in die Chefetagen der Medien können unangenehme Enthüllungen bald nicht mehr stoppen. Abspielstation für die kopierten Dokumente wird nämlich ein neuer Blog namens „Wir in NRW". Unter den Pseudonymen von Kurt Tucholsky wie Theobald Tiger und Peter Panter veröffentlicht eine geheime Journalistengruppe auf einer Internetseite wenige Monate vor der Landtagswahl immer wieder Skandale, in deren Zentrum Wüst und Berger stehen. Es soll sich bei den Autoren um Düsseldorfer Korrespondenten handeln, die ihre kritischen Texte unter Klarnamen nicht mehr bei ihren regierungsfreundlichen Arbeitgebern unterbekommen. Nur der frühere *WAZ*-Vize Alfons Pieper steht als Gesicht des Blogs öffentlich für den ungewöhnlichen Kanal ein. So etwas hat es in der deutschen Politik noch nicht gegeben. Sämtliche Medien bis hin zum *heute-journal* beschäftigen sich über Wochen mit den immer neuen Indiskretionen, die bei „Wir in NRW" süffig ausgebreitet werden.

Die Interna haben es von Beginn an in sich. Vor allem Wüst steht bald auf verlorenem Posten. Zunächst findet eine Kopie seiner Personalakte den Weg in die Öffentlichkeit. Daraus geht hervor, dass Wüst über Jahre zu Unrecht vom Landtag monatlich 310 Euro an Zuschüssen für die private Kranken- und Pflegeversicherung kassiert hat. Sie hätten mit den Arbeitgeberzuschüssen der CDU, bei der er ja nebenher als Generalsekretär angestellt ist, verrechnet werden müssen. Wüst gibt sich ahnungslos und zahlt die zu Unrecht erhaltenen rund 6000 Euro zurück. Doch der Opposition bietet sich eine willkommene Gelegenheit, den nassforschen General endlich einmal vorzuführen. „Wenn für ihn die gleichen Maßstäbe gelten, die er an andere anlegt, dann ist Schicht", kommentiert die Grünen-Politikerin Sylvia Löhrmann mit Genugtuung. Was man da noch nicht ahnen kann: Wüst wird Löhrmann gut 13 Jahre später als Ministerpräsident feierlich den nordrhein-westfälischen Landesorden verleihen – warme Worte inklusive.

Wie unbeliebt Wüst in jenen Tagen ist, verdeutlicht ihm ein regelrechtes Mediengewitter. Die „Gehaltsaffäre" beschäftigt Landtag und Öffentlichkeit immer intensiver. „Hat Wüst gelogen oder war er zu dumm?", lautet eine Schlagzeile der *Rheinischen Post*. „General in der Defensive", titelt die *Welt am Sonntag*. Die *FAZ* formuliert es poetischer: „Die Versäumnisse des jungen W." Der *Kölner Stadt-Anzeiger* nennt das Drama: „Vom Hoffnungsträger zum Raffke vom Rhein." Und die *Bild* fragt nur noch: „Verliert Rüttgers mit diesem General die Wahl?" Plötzlich werden auch Versäumnisse aus Wüsts Heimatkommune vorgerechnet: Er habe von 2004 bis 2009 eine monatliche Ratspauschale in Rhede von 184 Euro kassiert, aber nur an 16 von 36 Sitzungen teilgenommen. Der endgültige K. o. kommt einige Wochen später, als der *Spiegel* unter Berufung auf Briefe des CDU-Landesverbandes von einer delikaten Sponsorenakquise berichtet. Wüsts Geschäftsstelle hatte demnach Firmen für Parteitage nicht nur die übliche Ausstellungsfläche angeboten, sondern für 20.000 Euro ein „Partnerpaket" offeriert, zu dem neben einem 15-Quadratmeter-Stand auch „Einzelgespräche mit dem Ministerpräsidenten und den Minister/innen" gehörten. Ohne Gespräch sei der Sponsorenplatz schon für 14.000 Euro zu haben.

Der Verdacht der Käuflichkeit wird bundesweit als Ungeheuerlichkeit thematisiert und verändert den Landtagswahlkampf schlagartig. Die „Rent a Rüttgers"-Affäre pulverisiert binnen Stunden den über Jahre angelegten Imageaufbau des Ministerpräsidenten. Professoren analysieren im Fernsehen einen möglichen Verstoß gegen das Parteiengesetz. Bundestagspräsident Norbert Lammert, eine Instanz in der NRW-CDU, nennt die Sponsorenbriefe „selten dämlich". In seiner Not versucht Wüst, die Gesprächsofferte als einsame Entscheidung seines Apparats zu verkleistern, von der niemand etwas gewusst habe. Vor allem Rüttgers soll von alldem keinerlei Kenntnis gehabt haben. Außerdem habe es die inkriminierten Sponsorentreffen nie gegeben, wird beteuert. „Ich bedauere ausdrücklich, dass hier ein falscher Eindruck entstanden ist und entschuldige mich dafür insbesondere bei dem Vorsitzenden der CDU Nordrhein-Westfalen, Ministerpräsident Jürgen Rüttgers“, sagt Wüst öffentlich. Heidmeier und Breuer rufen derweil Journalisten an und versuchen verzweifelt, eine zweite Front aufzumachen. Die SPD lade ebenfalls zu Spendendinnern mit Parteiprominenz ein und gehe mit ihren zweifelhaften Medienbeteiligungen wirtschaftlich ganz anders in die Vollen, wird souffliert. Es nützt alles nichts. Selbst der tiefe Bückling bei Rüttgers kann Wüst nicht mehr retten. Am 22. Februar 2010 gegen 12 Uhr muss er zum letzten Rapport beim Ministerpräsidenten. Um 14.10 Uhr läuft die Eilmeldung zum Wüst-Rücktritt über den Ticker. Der Geschasste ruft sofort Heidmeier an und teilt ihm gefasst mit, dass ihre gemeinsame Reise nun zu Ende gehe. Sie bereiten zwei umständliche und distanziert klingende Sätze vor: „Man kommt an einen Punkt, wo man fragt, ob man der Partei im Wahlkampf noch helfen kann“, sagt Wüst später in die Kameras, „wenn man das nicht klar mit Ja beantworten kann, dann muss ein anderer das machen.“

Wüst akzeptiert die Spielregeln der Politik. Er weiß, dass es in solchen Momenten nicht um individuelle Schuld geht, sondern um den Versuch, Schaden vom Chef und dem großen Ganzen abzuhalten. Wer Wüst und Rüttgers 13 Jahre später zusammen bei der Aachener Karnevalssitzung „Orden wider den tierischen Ernst“ an den langen Tischreihen im Publikum erlebt, berichtet von einem respektvollen, professionellen Verhältnis zwischen dem aktuellen und dem ehemaligen Ministerpräsidenten. Rüttgers Frau Angelika verpasse dem Miteinander der beiden nüchternen Politprofis sogar eine Prise Herzlichkeit. Sie hat Wüst immer gemocht und fast mütterlich drauf geachtet, dass er bei all dem Stress auch ordentlich isst. Wüst lernt in jenem Februar 2010 fürs weitere politische Leben, dass es immer darum geht, mit einem Rücktritt die Nachrichtendynamik zu brechen. Es muss ein Kopf rollen, und seiner bietet sich damals als unsympathische Projektionsfläche des Skandals geradezu an. Irgendwann sei man „gargekocht“ hat er Jahre später einmal über die Befindlichkeit jedes angeschlagenen Politikers in der Hitze des Gefechts gesagt. Wenn man sich selbst von morgens bis abends auf allen Kanälen erlebt und die Parteifreunde anfangen, betreten wegzuschauen. Dann ist halt Schluss. Es klingt cooler, als er es damals genommen hat. „Da habe ich auch die Ohnmacht erlebt, wenn so etwas rollt", erzählt ein älterer Parteifreund, mit dem er sich vor dem Rücktritt verzweifelt beratschlagt hat.

Wüst scheint die Lektion bis heute verinnerlicht zu haben: In guten Zeiten schafft man sich die Feinde, die einen in schlechten Zeiten stürzen. In Phasen der Stärke glaubt man Angriffsflächen bieten zu können, die im Moment der Schwäche tödlich werden. In der Politik hat alles seinen Preis, nur weiß man nie, wann er zu entrichten ist. Deshalb: Kontrolle, Vorsicht, Anschlussfähigkeit. Nach dem Absturz vom Jungstar zum Pannenvogel kann Wüst keine Hilfe aus der Partei erwarten. Zu negativ hat er sich über Jahre exponiert. Kein einziger namhafter Christdemokrat springt ihm öffentlich zur Seite. In den Kommentarspalten gibt es ohnehin nur eine Lesart: Gut, dass der weg ist. Wüst gilt als Ergebnis einer falschen Talentförderung in der Union. Die Journalistin Mariam Lau findet damals, „der 34-jährige ledige Jurist mit dem strengen Seitenscheitel, der auf seiner Webseite in einem Porträtfilm durch Düsseldorf läuft, als habe er die Stadt persönlich aus den Trümmern wieder aufgebaut, ist ein Gewächs der NRW-CDU".

In den Wochen nach dem Rücktritt finden sich nur wenige, die Wüst eine Zukunft in der Politik bescheinigen. Ausgerechnet Peter Hintze gehört dazu. Der frühere Generalsekretär der Kohl-CDU kann eigentlich mit der konservativen Rabulistik eines Hendrik Wüst nichts anfangen. Hintze, von Haus aus Pfarrer, wird damals als Ratgeber, Stratege und Freund vornehmlich in den liberalen Kreisen der rheinischen Christdemokraten geschätzt. Sein feinfühliger Humor ist eigentlich nichts für die Kampftruppe um Wüst. Hintze kommt nach dem Rücktritt aber zu einem überraschenden Urteil: „Ich glaube, der Hendrik steht wieder auf. Der ist so professionell, für den ist noch nicht Schluss", sagt er einem Vertrauten aus der CDU, der sich lebhaft erinnert, wie kühn ihm diese Prognose einst vorgekommen ist. Den Wiederaufstieg erlebt Hintze nicht mehr. Er stirbt im Spätherbst 2016, ein gutes halbes Jahr vor Wüsts überraschender Berufung zum nordrhein-westfälischen Verkehrsminister.

Der Gestürzte
Lektionen und Loyalitäten

Hendrik Wüsts beschwerlicher Wiederaufstieg beginnt irgendwann im Herbst 2010 im „Landhaus Schnitzler". Der Medienmanager Christian Nienhaus hat den tief gefallenen CDU-Hoffnungsträger überraschend zum Abendessen in das Traditionslokal über den Dächern der Ruhrhalbinsel in Essen-Byfang eingeladen. Sie haben sich 2006 bei der Hochzeit des Junge-Union-Vorsitzenden Philipp Mißfelder im Münsterland kennengelernt und seither lose Kontakt gehalten. Doch so richtig weiß Wüst nicht, was Nienhaus an diesem Abend von ihm will. Sie sind gerade in ziemlich unterschiedlichen Lebensphasen, außerdem trennen sie 15 Jahre Altersunterschied. Nienhaus hat zu Studentenzeiten mal im Bundesvorstand der Jungen Union mitgearbeitet und 1994 erfolglos für die CDU im Bundestagswahlkreis Hagen kandidiert. Inzwischen ist er jedoch in ganz anderen Sphären unterwegs als der gefallene Landtagshinterbänkler Wüst. Nienhaus hat als Geschäftsführer die größten Medienhäuser der Republik gelenkt und 2008 bei der *WAZ-Mediengruppe* in Essen angeheuert. Nebenher führt er den Zeitungsverlegerverband Nordrhein-Westfalen. Es liegt also eine gewisse Eröffnungsspannung über dem Dinner im Landhaus. Wohin wird das führen? Nienhaus will Wüsts Einschätzungen zur politischen Lage hören, interessiert sich dafür, wie er mit seinem persönlichen Scheitern in so jungen Jahren umgeht. Die beiden Westfalen, die normalerweise ohne Arabesken zum Punkt gelangen, können gut miteinander reden. Aber erst beim Dessert kommt der Medienmann auf den eigentlichen Grund des Treffens zu sprechen.

Ob sich Wüst vorstellen könne, als Geschäftsführer beim Zeitungsverlegerverband einzusteigen, will Nienhaus wissen. Der Umworbene wirkt zurückhaltend, auch wenn er seit der Landtagswahlniederlage der CDU im Mai nicht mehr mit solch schmeichelhaften Angeboten rechnen konnte. Wüst sieht sich im ersten Moment offenbar vor die Entscheidung gestellt, der Politik den Rücken zu kehren und eine Verbandskarriere zu starten. Das kommt für ihn selbst in dieser schwierigen Zeit nicht infrage. Er hat trotz des persönlichen Absturzes seinen Landtagswahlkreis erst vor wenigen Monaten zum zweiten Mal direkt gewinnen können. Die Menschen im Kreis Borken haben dem Generalsekretär a. D. die Treue gehalten. Außerdem ist die Politik ja nicht nur Wüsts Beruf, sondern seit Schülertagen sein wichtigster Sozialraum. Der Ort von Anerkennung, Aufstieg und unzähligen Kontakten. Der sichere Wahlkreis ist seit Jahren der goldene Schlüssel zu dieser Welt. Das alles mit 35 Jahren aufgeben? Gleich in der ersten großen Krise nach Jahren des unaufhaltsamen Aufstiegs? Er will nicht als Geschlagener vom Platz gehen. Das soll es mit der Politik noch nicht gewesen sein. Als Nienhaus nach einigen Minuten deutlich macht, dass ihm für die Verleger bloß ein Teilzeit-Geschäftsführer vorschwebt, der weiterhin im Parlament sitzen soll, entspannt sich Wüst. Das neue Betätigungsfeld gewinnt schlagartig an Attraktivität.

Knapp 13 Jahre später betritt Christian Nienhaus an einem kalten Januarnachmittag 2023 ziemlich durchgefroren das Café „Bar Celona" in der Innenstadt von Hagen. Er behält den Schal an und muss erst einmal einen Pfefferminztee bestellen. Vermutlich hat er sich am Vortag im Stadion von Borussia Dortmund verkühlt, obwohl er sich noch immer am spektakulären 4:3-Sieg seines BVB gegen Augsburg wärmt. Nienhaus hat sich vor einiger Zeit aus dem operativen Geschäft beim *Springer*-Konzern verabschiedet und steht dem Unternehmen nur noch beratend zur Seite. Außerdem tummelt der Manager sich weiterhin in diversen medienpolitischen Gremien. Sein zweiter Versuch, den Hagener Bundestagswahlkreis zu gewinnen, ist im Herbst 2021 wieder gescheitert. Bei dem bundesweit historischen Debakel für die Union war nichts zu machen. Obwohl „der Hendrik" – Nienhaus hat Wüst vor ein paar Jahren das Du angeboten – damals extra als Wahlkampfhelfer nach Hagen gekommen ist und in seinem dichten Ministerkalender Zeit für ihn freigeschlagen hat. Das wird er ihm nicht vergessen. Das Thema Berufspolitik ist für Nienhaus selbst aber durch. Jetzt hilft er nur noch der lokalen Hagener CDU ein bisschen bei der Kassenführung.

Als Resozialisierungshelfer für den 2010 politisch ziemlich erledigten Wüst hat sich Nienhaus nie gesehen. Er holt den gestrauchelten Jung-Politiker aus ganz rationalen Erwägungen an seine Seite. „Als ich das

Amt des Vorsitzenden des Zeitungsverlegerverbandes Nordrhein-Westfalen übernahm, war mir recht früh klar, dass wir einen Geschäftsführer brauchen, der in der Landespolitik gut vernetzt ist und der zugleich die medienpolitischen Interessen der privaten Unternehmen gegenüber der neuen rot-grünen Landesregierung vertreten kann", sagt Nienhaus. Ihm sei es dabei auch um ein Gegengewicht zum starken Einfluss des Öffentlich-Rechtlichen Rundfunks auf die Entscheidungsträger in Düsseldorf gegangen. „Wir bereiteten damals zum Beispiel die Klage gegen die *Tagesschau*-App vor und hatten gar keinen Grund, uns bei der Landesregierung lieb Kind zu machen. Ein Abgeordneter als Geschäftsführer, der zugleich der Opposition im Landtag angehört und dort Themen jenseits der Medienpolitik bearbeitete – das passte für mich gut zusammen." Nienhaus hat Wüsts Weg als aufstrebender Nachwuchspolitiker der nordrhein-westfälischen CDU schon eine ganze Weile verfolgt. „Er stach bereits als Landesvorsitzender der Jungen Union hervor und gehörte aus meiner Sicht zu denjenigen, die sich auch mal etwas trauten. Dass er als Generalsekretär bei Jürgen Rüttgers eher als ‚Aggressive Leader' aufgefallen war, wie man im Fußball sagt, war aus meiner Sicht allein seiner Rolle geschuldet."

Nach der Abwahl der NRW-CDU bei der Landtagswahl im Mai 2010 kann Nienhaus aus einer Vielzahl ehemaliger Minister, Staatssekretäre oder Regierungspräsidenten wählen, die wohl zu Fuß zum Verlegerverband nach Düsseldorf gekommen wären. Er will Wüst. Warum ausgerechnet jenen verschrienen Raufbold, den viele in Nordrhein-Westfalen als Gesicht der Niederlage in dieser Phase lieber meiden? „Ich fand es nicht in Ordnung, dass er ganz allein den Schwarzen Peter für die sogenannte Sponsoring-Affäre zugeschoben bekam und zurücktreten musste. Das hat mich eher für ihn eingenommen", erinnert sich Nienhaus. In der engen Zusammenarbeit beim Zeitungsverlegerverband sieht er in den folgenden Jahren, dass Wüst bereit ist, harte Arbeit für den eigenen Wiederaufstieg zu leisten. Er erlebt den gefallenen Jungpolitiker als jemanden, „der immer im Stoff ist, der Verbandsstrukturen versteht, der Themen politisch durchdringen kann und sehr professionell auf den Punkt kommt". Eine wichtige Weiterentwicklung bemerkt Nienhaus schnell: Wüst habe gewusst, dass man als Geschäftsführer eines vergleichsweise kleinen Verbandes „inhaltlich klare Kante zeigen und präsent sein muss, zugleich aber auch das nötige Fingerspitzengefühl braucht, um zwischen unterschiedlichsten Interessen und Persönlichkeiten zu integrieren".

Einer, der Wüst lange und gut kennt, ist bis heute davon überzeugt, dass der Job bei den Zeitungsverlegern genau das richtige Abklingbecken gewesen sei. „Der Posten hat ihn freier gemacht, lockerer, ein Stück unabhängiger von der Politik", sagt er. Die politische Leidenschaft und der Postenehrgeiz seien jedoch nie erloschen. Wüst sei nicht der Typ für die Hinterbank, der mit Kleinen Anfragen und dem Empfang von Besuchergruppen aus dem Wahlkreis glücklich werde, sagt ein anderer Weggefährte. Vor Jahren habe er mal mit ihm am Fenster eines Landtagsbüros gestanden, von dem aus man die Düsseldorfer Staatskanzlei gut im Blick habe. Dort, in die Machtzentrale, müsse man doch unbedingt rein wollen und dürfe sich nicht, wie so viele Kollegen, das gesamte Politiker-Leben lang als einfacher Abgeordneter einrichten, habe Wüst geraunt. In solchen Momenten schimmert Wüsts Selbstverständnis als Politiker durch: Er ist nicht in erster Linie Volksvertreter oder Anwalt eines Anliegens, sondern immer auch Athlet in einem niemals endenden Machtkampf. „Wenn er etwas macht", so sagen es Wegbegleiter, „dann macht er es richtig." Der Zeitungsverlegerverband hilft ihm einstweilen über die Tatsache hinweg, dass er noch einmal ganz klein anfangen muss. Die Verbandsarbeit bringt Wüst nicht nur Geld und in anderen Kreisen Anerkennung, sondern flankiert zudem seine Neuerfindung als wirtschaftspolitischer Sprecher der CDU-Landtagsfraktion in den bevorstehenden Oppositionsjahren. Nicht zu verachten ist bei ihm das sogenannte Modelllernen: Wüst schaut von nun an Verlagsmanagern bei der Gremienarbeit zu und versteht immer besser, wie Medien funktionieren und wie Journalisten in diesem Business ticken. Er, der zuletzt so viele schlechte Überschriften und gepfefferte Kommentare über sich lesen musste, wähnt sich plötzlich wieder auf Augenhöhe mit ihnen. „Wir Verlegerknechte", sagt er gern kumpelhaft, wenn er einen der landespolitischen Korrespondenten zufällig in der Düsseldorfer Landtagskantine trifft. Dabei schwingt vordergründig eine Verbrüderung mit. Die unterschwellige Botschaft lautet aber wohl auch: Ich kenne Eure Chefs.

Es dürfte Wüst im Herbst 2010 gleichwohl kaum überrascht haben, dass sein Nebenjob beim Zeitungsverlegerverband eine Debatte über die Pressefreiheit entfacht. Kann ein Landtagsabgeordneter parallel zum Mandat unabhängigen Verlagen zu Diensten sein, die ja eigentlich mit freiem Journalismus die Politik kontrollieren sollen? SPD-Generalsekretär Michael Groschek, von 2012 bis 2017 Wüsts Vorgänger im Amt des NRW-Verkehrsministers, bringt die Empörung im rot-grünen Regierungslager über diese Interessenverquickung auf den Punkt: „Es ist ein unglaublicher Vorgang und Ausdruck eines mehr als zweifelhaften Demokratieverständnisses, dass Hendrik Wüst als Geschäftsführer des Zeitungsverlegerverbandes sein Landtagsmandat trotzdem beibehalten und doppelt abkassieren will.“ Der Kritisierte ahnt aber wohl, dass sich die öffentliche Empörung schnell versenden wird: Wer sollte seine Doppelrolle schon mehr als pflichtschuldig hinterfragen, wenn nicht jene großen NRW-Medienhäuser, deren Interessen er künftig als Verbandsgeschäftsführer vertreten wird? Wüst sitzt die Kritik also einfach aus. Sein Ruf ist zudem ohnehin ruiniert. Auch in der NRW-CDU weiß man in jenen Tagen: Es werden nach den Rüpel-Jahren in der Parteizentrale keine allzu hohen moralischen Ansprüche mehr an seine Arbeit gestellt. „Schwierigkeiten, ein Mindestmaß an politischem Anstand zu wahren, hatte Wüst schon immer“, schimpft Groschek – und klingt ohnmächtig.

Es ist die Phase, in der Wüst endgültig abspeichert, dass man in der Politik am besten auf eigene Rechnung arbeitet. Dass man sich innerlich unabhängiger machen muss von Erfolg und Misserfolg. Wer sich nur auf sich selbst verlässt, kann seltener enttäuscht werden. Wer politische Beziehungen als rein funktional akzeptiert und darin unsentimental den eigenen Vorteil sucht, geht unbeirrter seien Weg. „Ich werde nie wieder der Mann von irgendjemandem sein“, sagt er den wenigen verbliebenen Vertrauten resigniert. Er fühlt sich ungerechnet behandelt, weil er als Ranghöchster für das „System Rüttgers“ in der CDU büßen soll. Hinter Wüst liegen da die schwersten Monate seiner politischen Laufbahn. Nach dem Rücktritt im Februar ist die Landtagswahl im Mai 2010 für die CDU krachend verloren gegangen – ein Absturz um mehr als zehn Prozentpunkte. Seinen Landtagswahlkreis Borken I kann er zwar mit 49,6 Prozent souverän verteidigen, doch in weiten Teilen des Landesverbandes gilt der abgestürzte Jungstar als Unperson. Die Einladungen reißen plötzlich ab. Wer sich immer treu gemeldet hat, ruft nicht mehr an. Beim Kollegentratsch am Rande von Sitzungen bleibt Wüst plötzlich außen vor. Wer eben noch seine Nähe suchte, geht jetzt auf Distanz. Bei der Ursachenforschung für die Wahlniederlage in den Krisensitzungen der Parteibezirke in Nordrhein-Westfalen wird zwar auch auf Berliner Koalitionsgezänk zwischen Union und FDP oder den kurvenreichen Weg der Bundesregierung zu Griechenlandhilfen in der Eurokrise verwiesen. Doch das eigentliche Problem wird von dem meisten als hausgemacht beschrieben. Die Affären in der CDU-Landesparteizentrale hätten der „Glaubwürdigkeit von Rüttgers geschadet", kritisiert etwa das Sauerländer Urgestein Eckhard Uhlenberg, der in den Gremien für seine Integrität hochgeschätzt wird. Dass man ausgerechnet in den schwarzen Hochburgen Nordrhein-Westfalens um teilweise über zwölf Prozent eingebrochen ist, machen Basisvertreter explizit an den Instinkt- und Stillosigkeiten der Truppe um Wüst fest.

In dieser Phase zeigt sich bei Wüst ein Muster, das man noch häufiger finden wird: Er, der einstweilen Verfemte, wendet sich anderen Gestrauchelten zu. Es ist eine Loyalitätsprobe, die Beziehungen in der Krise festigt. So trifft er sich privat mit seinem ebenfalls in Ungnade gefallenen Pressesprecher Heidmeier und bietet ihm nach Jahren einer eher förmlichen Chef-Mitarbeiter-Beziehung das Du an. Es entsteht ein Verhältnis, das sich über viele Jahre als außerordentlich belastbar erweisen wird. Wüst ruft auch den Iserlohner Landtagsabgeordneten Thorsten Schick an, der soeben seinen Parlamentssitz verloren hat und wieder als Hauptschullehrer außerhalb der Politik Fuß fassen muss. Er bietet ihm Hilfe an, obwohl er selbst nichts mehr zu verteilen hat. „Toto", wie der spätere CDU-Fraktionschef im nordrhein-westfälischen Landtag von seinen Freunden gerufen wird, hat ihm diese Unterstützungsgeste nie vergessen. Schick gilt seither in Düsseldorf als jemand, der Wüst ergeben ist. Auch den jungen Pressesprecher Thomas Breuer aus der „Viererbande", der sich ein neues Betätigungsfeld außerhalb der NRW-Landespolitik suchen muss, verliert Wüst nicht aus den Augen. Vor allem aber hält er vertraulich über Jahre Kontakt mit Rüttgers' Regierungsplaner Boris Berger, was in der NRW-CDU als eine Art Mutprobe gilt, seit der einflussreiche Chefredakteur der *WAZ*, der dem System Rüttgers lange gewogene Ulrich Reitz, ihn am 26. Juni 2010 in einem Leitartikel zu einer Art Gottseibeiuns der nordrhein-westfälischen Christdemokratie erklärt hat: „In den letzten Jahren wurde aus dem Umfeld von Rüttgers ein Angstklima verbreitet, das sich, wo immer man sich auch umhört, stets mit einem Namen verbunden wird, dem seines engsten Vertrauten Boris Berger", schreibt Reitz. Und: „Der ist intelligent, fleißig und reaktionsschnell. Aber eben auch machtversessen. Abgeordnete, Staatssekretäre und Minister mögen es zu Recht nicht, wenn sie von einem Angestellten geschurigelt werden, manchmal vor Zeugen. Der Platz dieses Leitartikels würde kaum reichen, um die lange Liste der Berger-Opfer in der CDU abzuarbeiten."

Obwohl Wüst dem Junge-Union-Alter bald entwachsen ist, kann er in dieser schwierigen Phase auch auf alte Vertraute aus der Nachwuchsorganisation und die Unterstützung seines Freundes Mißfelders zählen. Das bedeutet ihm etwas. Sein Leben steht schließlich gerade Kopf. Kurz nach dem Rücktritt als Generalsekretär ist seine langjährige Beziehung in die Brüche gegangen. Das schmerzt. Obwohl er sich beim Parteinachwuchs den zweifelhaften Ruf eines „Schürzenjägers" erarbeitet hat und ohnehin nie vor 22 Uhr zu Hause ist, schien er gerade ein wenig Solidität in sein Privatleben zu bekommen. Über Jahre waren die Tage randvoll, jetzt ist er auf einmal ziemlich allein.

Ausgerechnet in dieser belastenden Phase erreicht Wüst die Nachricht vom Tod seines Vaters. Franz-Josef Wüst war zwar schon länger auf einen Rollator angewiesen und wacklig auf den Beinen, hat Zucker und Leberprobleme, doch der Tod kommt vollkommen unerwartet. Der eigentlich für Pathos wenig empfängliche Wüst spricht später einmal öffentlich von einer „letzten Lektion", die sein Vater ihm erteilt habe: „Was wirklich wichtig ist im Leben." Der Rücktritt als Generalsekretär sorgt dafür, dass sie einander noch einmal nahekommen. Über Jahre bot sich durch den Politik-Stress zu selten Gelegenheit, sich um den alten Herrn zu kümmern. Das setzt Wüst zu. Denn anders als seine älteren Schwestern, die Rhede längst verlassen haben, ist er nach dem frühen Tod der Mutter erster Ansprechpartner für den Vater. Mit dem Scheitern in Düsseldorf hat er im Frühjahr 2010 plötzlich wieder Zeit, zu Hause nach dem

Rechten zu sehen. Zwei Tage vor dessen Tod erledigt er für den Vater in Rhede schweißtreibende Gartenarbeit. Das tut Wüst in seiner beruflich deprimierenden Lage sogar gut. Er gräbt Wurzeln aus und denkt über sein Politikerleben nach, das er nach eigener Aussage „über weite Strecken mit Puls 200“ geführt hat. Künftig will er häufiger wieder zur Jagd gehen, auch mal ausspannen und Kurt-Wallander- oder Tom-Clany-Thriller lesen. Es muss alles wieder in eine gesunde Balance kommen. Am nächsten Tag bringt er für den Vater das Auto zum TÜV und macht ein paar Botengänge. Abends sitzen sie beim Bier zusammen und reden. Obwohl Wüst nicht übermäßig gläubig ist, hält er das nachträglich für Schicksal: Ohne den Rücktritt wäre es mitten im Landtagswahlkampf niemals zu einer solchen Begegnung im Elternhaus gekommen. Der Vater wirkt glücklich und erzählt sofort einer seiner Töchter erleichtert am Telefon, dass der Junge seinen rasanten Absturz in der Politik augenscheinlich gut verkraftet. Am nächsten Morgen wacht er nicht mehr auf.

Für Wüst Junior verschmelzen in jener Phase mehrere Erfahrungen, die wohl seinen bis heute eher distanzierten Umgang mit Parteifreunden erklärbar machen. Er fühlt sich damals als geschasster Generalsekretär verlassen und erlebt seinen Vater am Lebensende auch ziemlich allein. Über viele Jahre hatten die Wüsts zahlreiche Übernachtungsgäste im Elternhaus in Rhede. Es sind Geschäftsfreunde des Vaters aus Großbritannien, Frankreich oder Belgien, die als Vertreter der Textilbranche durch Deutschland reisen. Man versteht sich, wirkt vertraut, spricht Gegeneinladungen aus. So lässt sich der Spesensatz des Arbeitgebers sparen. Für den jungen Hendrik Wüst ist es ein frühes Lehrstück in Sachen Freundschaft.

Gut 30 Jahre später denkt er im Bocholter Restaurant „Gusto“ an diese Zeit zurück. Wüst hat das Lokal als Treffpunkt womöglich mit Bedacht gewählt. Nebenan, in der Königstraße, lag einst die Textilmaschinen-Vertretung seines Vaters. Dessen internationale Kollegen erlebt er über Jahre als willkommene Hausgäste. „Die teilten sich mit uns Kindern das Badezimmer und brachten unserer Mutter immer einen großen Blumenstrauß mit. Essen gab es bei uns eh immer satt. Das waren Geschäftsfreunde. Nach dem Ausscheiden unseres Vaters aus dem Beruf gab es weiter Weihnachtskarten, man telefonierte ein-, zweimal im Jahr.“

Wüst spricht leise, stockt. „Aber die kamen dann nicht mehr. Vielleicht ist es mir deshalb nicht fremd, mit Menschen aus der Politik und Gesellschaft freundschaftlich umzugehen, aber trotzdem auch einen engen privaten Freundeskreis zu haben, der mit Politik nichts zu tun hat." In der Politik haben Kontakte selten eine zweckfreie Basis. Wüst scheint verinnerlicht zu haben, dass „Geschäftsfreund" ein Paradoxon ist. Der Beruf kann Freundschaften anbahnen, aber das Geschäft kennt keine Freunde. Auch nicht das politische. Sind Parteifreunde am Ende nicht auch nur interessengeleitete Weggefährten? Wer bleibt, wenn Macht und Ämter gehen? Wüst wirkt in solchen Fragen schon in jungen Jahren ziemlich desillusioniert und hält Abstand. Das ist wohl Selbstschutz.

Wenn er einen echten persönlichen Freund aus der Politik nennen soll, jemanden mit Amt und Mandat, denkt er länger nach. Er nennt schließlich Stefan Berger, den Europaabgeordneten aus dem Kreis Viersen. Der Wirtschaftswissenschaftler ist ein eigenwilliger Typ, der das Herz auf der Zunge trägt, wie man am Niederrhein so sagt. Sie kennen sich aus der Jungen Union, er hat Wüst 2005 das Einleben im Landtag erleichtert. Sie sind zusammen einen trinken gegangen und sich nie in die Quere gekommen. Stefan Berger wirkt im Frühjahr 2023 etwas verlegen, wenn man ihn auf Wüsts Freundschaftsbekenntnis anspricht. Er will das gar nicht an die große Glocke hängen, dass er einen engen Draht zum Ministerpräsidenten pflegt, und vor allem ihr Verhältnis nicht überhöhen. Der rheinisch-schnörkellos sprechende Berger mag nicht öffentlich zum Wüst-Deuter gemacht werden, der die Seele des womöglich kommenden Mannes in der Union auszuleuchten versteht. Ja, sie verstehen sich, die Familien kennen sich, man trifft sich auch ohne politischen Anlass. Und als es Wüst nach dem Rücktritt 2010 dreckig geht, fahren sie zusammen an die Nordsee und nehmen ein paar Bier. Stefan Berger ist in Schwalmtal ähnlich aufgewachsen wie Wüst in Rhede: Klinkerhäuser, Felder, Schützenverein, Karneval, Junge Union, Stadtrat, sicherer Wahlkreis. Das vertraute Milieu schafft Nähe. Wüst hat den Eindruck, dass es Berger, der 2019 ins Europaparlament wechselt, ohne Eigeninteresse gut mit ihm meint. Das ist in der Politik nicht wenig, wenn man sich die Freundschaftsdefinition des früheren bayerischen Ministerpräsidenten Günther Beckstein vergegenwärtigt: „Angenommen, ich stehe am Abgrund und bin im Begriff runterzufallen. Ein Freund würde mich auf eigene Gefahr retten. Ein politischer Freund wirft einen hinunter."

Wüst macht zwischen Freunden und politischen Freunden ebenfalls eine klare Unterscheidung, auch wenn Außenstehende den Unterschied nicht auf Anhieb wahrnehmen können. „Ich habe einige Politiker kennengelernt, die nach der aktiven Zeit nichts Anderes mehr hatten", sagt er im Bocholter Lokal und bügelt die Stoffserviette konzentriert mit der rechten Hand. „Diese Einsamkeit im vollen Galopp merken die Leute nicht, die wird kompensiert durch Geschäftigkeit, durch die Bedeutung des Amtes. Deswegen ist mir die Pflege meiner privaten Freunde wichtig." Eine Ahnung, wie sich die Zeit in der Politik ohne Ämter und Anerkennung anfühlt, bekommt er schon mit 35 Jahren.

„Er ist ein Politiker, der wirklich durch das Tal der Tränen gegangen ist", erinnert sich Wüsts Münsterländer CDU-Bezirkschef Karl-Josef Laumann: „Sich da wieder rauszuarbeiten, war nicht einfach. Das schaffst Du nur, wenn Du wirklich willst und den Rückhalt im Wahlkreis hast. Immer wenn ich mal Termine in Rhede hatte, habe ich gemerkt: Wüst ist dort sehr beliebt und wird von den Leuten getragen." Seine zweite Heimat bleibt die Junge Union, die den Gestürzten bereits im Herbst 2010 wieder behutsam aufbauen will. Wüst soll auf dem Ticket der Nachwuchsorganisation beim Bundesparteitag in Karlsruhe als Beisitzer für den Bundesvorstand gewählt werden. Auch der Wirtschaftsflügel der Mittelstands- und Wirtschaftsunion (MIT) Nordrhein-Westfalen unterstützt ihn erstmals. Wüst besetzt in der Merkel-CDU wieder die Marktlücke als junger Konservativer und gibt in seiner zweiminütigen Bewerbungsrede offensiv den Grünen-Fresser: „Ich will im neuen Bundesvorstand dazu beitragen, dass wir endlich anfangen, die Lebenslügen der Grünen zu entzaubern", sagt er ins Saalmikrofon. Wüst nimmt wie so oft schon den ehemaligen Grünen-Bundesumweltminister Jürgen Trittin und dessen Kritik an Castor-Transporten aufs Korn: „Indem Herr Trittin gewaltbereite Chaoten zum Schottern aufruft, spielt er in unverantwortlicher Art und Weise nicht nur mit der Sicherheit der Polizistinnen und Polizisten sowie der Bahnmitarbeiter, die am Transport beteiligt sind, sondern auch mit der Sicherheit von uns allen." Die Rechnung geht auf: Wüst wird mit 66 Prozent als Nummer 21 von 26 künftigen Mitgliedern in den Bundesvorstand wiedergewählt. Ein schwaches Ergebnis, aber mehr, als ein gutes halbes Jahr nach dem Rücktritt zu erwarten war. Zumal sich der Wind in der nordrhein-westfälischen CDU kräftig gedreht hat. Der neue Star ist nun Landeschef Norbert Röttgen, der als Bundesumweltminister zur Kanzlerreserve für die Zeit nach Merkel gerechnet wird und beim Bundesparteitag in Karlsruhe das beste Ergebnis aller stellvertretenden Parteivorsitzenden einfährt. Wüst kann mit dem Mann aus dem Rhein-Sieg-Kreis, seinem Vorvorgänger als Landeschef der Jungen Union, der „Muttis Klügster" genannt wird, seit Jahren nicht viel anfangen. Die einen sagen, Röttgens bisweilen elitäre Verkopftheit passe nicht zur bodenständigen Volkspartei CDU, die Wüst für erfolgversprechend hält. Andere meinen, er sei bloß neidisch, weil der weltgewandte Röttgen der bessere Jurist, mitreißendere Redner und konzeptstärkere Denker sei.

Im Landtag profitiert Wüst in jenen Monaten kurioserweise davon, dass nach der von ihm mitverantworteten Wahlniederlage in der dezimierten CDU-Landtagsfraktion nunmehr ein wirtschaftspolitischer Kopf fehlt. Einer, der die rot-grüne Minderheitsregierung attackieren kann. Schon bei seiner ersten Parlamentsrede der neuen Legislaturperiode geht Wüst im Juli 2010 ans Rednerpult und zeigt, dass er trotz aller Vorbehalte in den eigenen Reihen zu den raren Talenten gehört, die es mit der neuen Koalition von Ministerpräsidentin Kraft aufnehmen können. In einer Debatte über ein neues Gemeindewirtschaftsrecht führt er den SPD-Politiker Ralf Jäger vor, der sich gerade am Rollenwechsel vom Oppositions-Krawallo zum neuen Innenminister versucht. SPD und Grüne verfügen über keine eigene Landtagsmehrheit und müssen deshalb auch die CDU umgarnen. „Herr Jäger, Sie sind ja nicht wiederzuerkennen. Hier liegt alles voll Kreide", höhnt Wüst und wischt pantomimisch das Rednerpult sauber. „Offensichtlich haben Sie den Mund beim Kreidefressen ein bisschen zu voll genommen. Sie müssen sich Ihre Mehrheiten schon etwas überzeugender suchen als mit alten Schemata und Argumenten."

Schnell wird klar, dass die gerupfte CDU auf einen wie Wüst nicht einfach verzichten kann. Zumal der nach Wochen des Haderns und

Zweifelns entschlossen ist, mit zwei Kernkompetenzen aus dem Karriereloch zu kommen: Organisieren und Netzwerken. Die heutige niederrheinische CDU-Landtagsabgeordnete Charlotte Quik fängt damals als junge Mitarbeiterin in Wüsts Abgeordnetenbüro an. Sie teilen sich ein winziges Zimmer im Landtag. Wüst ist freundlich, korrekt, aber auch fordernd und eher distanziert. Obwohl ihre Schreibtische aneinander stehen und sie altersmäßig nur sieben Jahre trennen, lässt sich der Chef siezen. Quik wirkt auch mit dem Abstand von mehr als zehn Jahren erstaunt, mit welcher Präzision der Gestürzte seinen Wiederaufstieg angeht. Während sich andere in der Landtagsfraktion mit der Aussicht auf bleierne Oppositionsjahre damals hängen lassen, vertraut Wüst auf seine eingeübten Machttechniken. „Ich habe Hendrik Wüst als Abgeordneten erlebt, der extrem viel Wert auf klare Strukturen und gute Organisation legt", erinnert sich Quik. „Zu jedem Thema, zu jedem Telefonat und zu jedem Treffen wurde damals ein Aktenvorgang angelegt, der so lange auf Wiedervorlage kam, bis ein Ergebnis erzielt war." Gerade weil sich Wüst nie auf ein außergewöhnliches Charisma verlassen konnte, bleibt er als Machtmensch bei Sekundärtugenden. Politik ist für einen wie ihn wohl mehr Management als Passion, eher Organisation als Eingebung. „Er ist jemand, der nie unvorbereitet irgendwo hingeht. Er liest alles, verbringt viel Zeit am Schreibtisch und kann Informationen unglaublich schnell erfassen", sagt Quik. Wüst weiß in jenen Jahren, dass es für ihn nur eine Zukunft in der Politik geben wird, wenn er trotz des Nebenjobs beim Verlegerverband in der parlamentarischen Arbeit besser ist als andere. Er muss mehr wissen, mehr schaffen, mehr kennen. Er muss sein Netzwerk pflegen und Zugänge finden. „Beharrlichkeit und Genauigkeit sind ihm wichtig, schon um den Überblick zu behalten und Aufgaben besser priorisieren zu können", berichtet Quik. So wird er sogar zum Rollenmodel für jüngere Politiker. „Für meine eigene Abgeordnetentätigkeit heute habe ich viele Arbeitstechniken übernommen, die ich im Büro von Hendrik Wüst gelernt habe", sagt Quik.

Gerade als Wüst glaubt, politisch wieder Boden unter die Füße zu bekommen, muss er im Jahr 2012 neue Demütigungen verkraften. Dabei beginnt das Jahr eigentlich verheißungsvoll: Die rot-grüne Minderheitsregierung scheitert in den Haushaltsberatungen und findet für den Einzeletat des Innenressorts überraschend weder bei Linkspartei noch bei FDP und CDU die eine Abgeordnetenstimme, die sie für die Verabschiedung benötigt. Das Parlament löst sich folgerichtig selbst auf. Innerhalb von 60 Tagen muss in Nordrhein-Westfalen neu gewählt werden. Wüst zeigt sich intern zuversichtlich, dass der Ruf der „Schuldenkönigin", die in einer verkappten rot-rot-grünen Koalition gescheitert ist, der längst nicht etablierten Ministerpräsidentin Kraft im Wahlkampf zu schaffen machen wird. Bundesumweltminister Röttgen stellt noch am Tag der Landtagsauflösung klar, dass er als Landesvorsitzender die CDU in den Wahlkampf führen wird. Es ist eine Selbstverständlichkeit. Schließlich hat Röttgen 2010 den Mitgliederentscheid um den Vorsitz der NRW-CDU auch deshalb gegen Armin Laschet gewonnen, weil er der Basis einen Einsatz mit Haut und Haaren verspricht: „Es entspricht nicht meinem Politikverständnis, mir pausenlos den Kopf darüber zu zerbrechen, was taktisch für mich gerade von Vorteil sein könnte", sagt er damals der *WAZ* und begegnet damit Gerüchten, er wolle mit dem Landesvorsitz in Nordrhein-Westfalen bloß seine Hausmacht für Berliner Karrierepläne ausbauen. „Da ist es selbstverständlich, auch für die Spitzenkandidatur bei der nächsten Landtagswahl und als Ministerpräsident oder Oppositionsführer zur Verfügung zu stehen", versichert Röttgen in dem Interview. Er scheint damals davon auszugehen, dass die Regierung Kraft die volle Legislaturperiode durchhält und sich die Frage eines Wechsels nach Düsseldorf so bald nicht ernsthaft stellen wird. Die Spitzenkandidatur 2012 kommt für Röttgen zur Unzeit. Er verspürt wenig Lust, im Zweifel das Bundesumweltministerium gegen die harte Oppositionsbank in Nordrhein-Westfalen einzutauschen. Angesprochen auf den später redensartlichen „Wahlkampf mit Rückfahrkarte", eiert Röttgen wochenlang herum. „Ich trete nicht an, um Oppositionsführer zu werden", sagt er auf bohrende Fragen nach seiner persönlichen Zukunft. Oder: „Ich mache keinen Wahlkampf für Eventualitäten oder Hypothesen." Wüst spürt schnell, dass Röttgens fehlendes Bekenntnis zu Nordrhein-Westfalen die Basis demobilisiert. Die Vorbehalte gegen eine angeblich abgehobene „Berliner Blase" sind an Rhein und Ruhr ohnehin vorhanden. Ein smarter Überflieger wie Röttgen, der aus seiner Unlust auf Provinz keinen Hehl macht, verschafft den Vorurteilen nachträgliche Plausibilität. Mit der bodenständigen „Landesmutter“ Kraft und dem rhetorisch beschlagenen FDP-Rückkehrer Christian Lindner verfügt die Konkurrenz obendrein über zwei Kandidaten, die auch fürs erweiterte CDU-Wählerpotenzial attraktiv sind.

Am Ende beschert Röttgen der NRW-CDU bei der vorgezogenen Landtagswahl 2012 ein Desaster historischen Ausmaßes: Ein Absturz auf nicht für möglich gehaltene 26,3 Prozent. Das schlechteste Ergebnis der Nachkriegsgeschichte in Nordrhein-Westfalen. Rot-Grün gewinnt klar. Wüst hat die Niederlage kommen sehen, wirkt von der Heftigkeit aber dennoch überrascht. Er kann seinen Wahlkreis zwar mit 48,6 Prozent gegen den Landestrend verteidigen, doch die fehlende Machtperspektive lässt keine Feierstimmung aufkommen. Als er am Wahlabend gegen 20 Uhr im Hotel Deitmer nahe der Rheder St. Gudula-Kirche in V-Ausschnitt-Pullover und Bundfaltenhose eintrifft, empfangen ihn die Parteifreunde mit heftigem Applaus. Wüst winkt ab. Nach „so einer Klatsche“ komme er mit „gemischten Gefühlen“. Das Landesergebnis der NRW-CDU sei „niederschmetternd“. Wüst macht keinen Hehl daraus, wo er die Verantwortung für das Debakel verortet. Er habe am Samstag vor dem Urnengang an den Infoständen „ziemlich den Papp aufgehabt“, berichtet er fassungslos. Dort habe er mehrfach gehört: „Dich wähle ich, aber nicht den Röttgen.“

Einziger Trost: Wüst darf davon ausgehen, dass er bei der Neuordnung der NRW-CDU in den kommenden Oppositionsjahren nicht ganz außen vor bleibt. Zumal nun Röttgen die Rolle bekleidet, die er zwei Jahre zuvor zu tragen hatte: die des Buhmanns, der Tausende Wahlkämpfer und Kandidaten um die Früchte ihrer Arbeit gebracht hat. Wüsts Münsterländer CDU-Bezirkschef Laumann bleibt Landtagsfraktionschef, was eigentlich ein Vorteil sein sollte. Doch der eröffnet Wüst alsbald, dass seine bisherige Zuständigkeit als Sprecher für Energie und Wirtschaft verkleinert wird. Den Energiebereich soll der Essener Thomas Kufen übernehmen, der es über die Landesliste zurück in den Landtag geschafft hat. Die Ruhr-CDU ist zwar im über Jahrzehnte roten Ruhrgebiet lange ziemlich erfolglos, stellt aber den mitgliederstärksten Parteibezirk. Das Wahlrecht in Nordrhein-Westfalen sorgt überdies dafür, dass bei einem schlechten CDU-Ergebnis besonders viele Listenkandidaten aus dem

Revier ins Parlament einziehen. Laumann muss also Kufen berücksichtigen, auch wenn es Wüst zunächst nicht passt.

Die weitaus größere Schmach wartet jedoch beim Landesparteitag Ende Juni 2012 in Krefeld. Wüst glaubt damals vorschnell, dass er in den vergangenen zwei Jahren die Metamorphose vom Raufbold zum Wirtschaftsexperten der Landtagsfraktion erfolgreich geschafft hat. Die NRW-CDU leidet an der 26-Prozent-Klatsche und wütet noch immer über „Röttgens Egotrip", der den stolzen Landesverband der Kanzlerinnen-Partei in die größte Krise seiner Geschichte geführt hat. Von Rüttgers „Sponsoring-Affäre" und Wüsts Beitrag spricht niemand mehr. Der frühere Integrationsminister Armin Laschet soll in Krefeld zum neuen Landesvorsitzenden gewählt werden und mit Landtagsfraktionschef Laumann eine Doppelspitze in Düsseldorf bilden. Wüst, der sich im Vorfeld auch mit seinem Borkener Parteifreund und -konkurrent Spahn auf einen Ringtausch Land/Bund geeinigt hat, wittert sofort, dass sich für ihn eine Marktlücke auftun könnte. Der liberale, schwarz-grün gepolte Laschet, intern „Türken-Armin" genannt, repräsentiert die Merkel-CDU. Laumann als Chef des Arbeitnehmerflügels ist hingegen Repräsentant der katholischen Soziallehre. Heimatlos zu werden drohen wirtschaftsnahe Konservative, die es in der NRW-CDU ohnehin schwer haben.

In den Tagen vor dem Krefelder Landesparteitag bringt sich Wüst gekonnt in Stellung. In Interviews kritisiert er das mangelnde Wirtschaftsprofil des Landesverbandes. Mit den Schwerpunkten Soziales und Umweltschutz habe die Partei ihre wirtschaftliche Kernkompetenz vernachlässigt, klagt er im *Bonner General-Anzeiger*. „Die NRW-CDU ist nur glaubwürdig, wenn wir sagen, dass man auch neue Industriegebiete braucht", findet er. Im mittlerweile offen tobenden Streit um das Betreuungsgeld warnt Wüst erneut davor, Eltern zu diskriminieren, die ihr einjähriges Kind lieber daheim als in der Kita betreuen wollen. Wer zehn Jahre später miterlebt, wie Wüst sogar als Ministerpräsident persönlich und begeistert die knapp zweijährige Tochter in der Kita eingewöhnt, muss sich über seine Tonlage wundern. „Der U3-Ausbau ist ganz wichtig", sagt er im Sommer 2012, „es ist aber ein Skandal, wenn es die CDU zulässt, dass Eltern, die ihre Kleinkinder nicht so früh in Betreuungseinrichtungen geben wollen, diskriminiert werden." Worin diese Diskriminierung bestehen soll, lässt er offen. Entscheidend ist wohl eher, dass viele ältere und männliche Parteitagsdelegierte, die noch mit der „Versorgerehe" sozialisiert wurden und mit der Modernisierung des Familienbildes fremdeln, so etwas aus dem Mund eines 36-Jährigen besonders gern hören.

Wüst darf davon ausgehen, dass ihm in Krefeld eine Blitz-Rehabilitierung gelingt. Zwei Jahre nach dem Rücktritt als Generalsekretär schickt er sich sogar an, in die Riege der stellvertretenden Landesvorsitzenden aufzusteigen. Sein Münsterländer Bezirkschef Laumann stellt klar, dass er als Landtagsfraktionschef und Teil der Doppelspitze mit Laschet nicht auch noch für das Präsidium der NRW-CDU kandidieren wird. Der Weg für den Münsterländer Wüst scheint frei zu sein. Doch der Parteitag lehrt ihn, dass sein „Typ noch nicht gefragt" ist, wie er später bitter bilanziert. Wenige Tage vor der Abstimmung kündigt der weithin unbekannte Bürgermeister von Heiligenhaus, Jan Heinisch, eine Kampfkandidatur um den Partei-Vizeposten an. Heinisch ist ein Vertrauter der Landtagsabgeordneten und späteren NRW-Kommunalministerin Ina Scharrenbach aus Kamen, die Wüst noch mehrmals in die Quere kommen wird. Obwohl Heinisch kaum Zeit hat, Truppen zu sammeln, gewinnt er das Duell und wird neben Scharrenbach, Junge-Union-Landeschef Sven Volmering, dem Berliner Finanzstaatssekretär Steffen Kampeter und der Bundestagsabgeordneten Elisabeth Winkelmeier-Becker in die Riege der stellvertretenden Landesvorsitzenden gewählt. Wer damals durch die Delegiertenreihen des Krefelder „Königspalastes" streift, kann die Antipathie gegenüber Wüst fast mit Händen greifen. Die einen tragen ihm die rüde Gangart der Rüttgers-Jahre noch immer nach. Andere stört, wie gezielt er den latenten Parteifrust über die rumpelnde schwarzgelbe Bundesregierung und den Absturz in Nordrhein-Westfalen auf seine Mühlen lenken will.

Obwohl Wüst ein seismografisches Gespür für Schwingungen in der CDU besitzt, verkennt er die Ablehnung gegenüber seiner Person dramatisch. In weiteren Wahlgängen schafft er es noch nicht einmal, zu einem der 31 Beisitzer im Landesvorstand gewählt zu werden. Dabei hält er nach Einschätzung von Beobachtern die beste Vorstellungsrede. „Das tat weh. Das tat richtig weh", erinnert sich ein Vertrauter noch immer mit Schaudern, „das hat er nicht verdient. Das war von der Partei nicht ganz fair.“ Eine solche Demontage hat es in der NRW-CDU lange nicht gegeben. Nicht wenige, die zehn Jahre später den Ministerpräsidenten und strahlenden Wahlsieger Wüst bejubeln werden, versichern seinerzeit im Schutz der Vertraulichkeit: „Der ist weg, den will keiner mehr.“ Wüst fährt frustriert nach Rhede, setzt sich auf das Flachdach seines neu gebauten Hauses und lässt die Gedanken beim Panoramablick über seine Heimat schweifen. „Ich bin ein sperriger Typ und damals wohl manchem auf den Fuß getreten“, erzählt Wüst am Tag nach der Parteitagspleite dem landespolitischen Korrespondenten Detlev Hüwel von der *Rheinischen Post*, der ihn über Jahre in kritischer Distanz, aber durchaus empathisch begleitet. „Der Frust sucht sich ein Ventil“, analysiert Wüst das eigene Waterloo. Er sei sich des Risikos bewusst gewesen, was aber wohl nicht ganz stimmt. Die Heftigkeit, mit der ihn der Parteitag abstraft, überrascht selbst CDU-Insider in Düsseldorf.

Wie häufig in Krisenlagen gelingt Wüst eine nüchterne Standortanalyse. Er hat sich inzwischen als Geschäftsführer des Zeitungsverlegerverbandes etabliert und könnte problemlos seine Lobbyisten-Karriere forcieren. Über Jahre halten sich Gerüchte, der Bundesverband der Zeitungsverleger wolle ihn in Vollzeit nach Berlin holen. Wüst glaubt jedoch trotz der Schmach von Krefeld an eine Zukunft in der nordrhein-westfälischen Landespolitik. Er will sich als wirtschaftspolitischer Sprecher und Vorsitzender des Parlamentskreises Mittelstand in der CDU-Fraktion zum Gegenpol des neuen SPD-Wirtschaftsministers Garrelt Duin aufbauen. Zudem hat der Landesvorsitzende des Wirtschaftsflügels MIT, Hartmut Schauerte, ein Auge auf Wüst geworfen. Der ehemalige Bundestagsabgeordnete und Merkel-Kritiker aus dem Sauerland hat längst das Rentenalter erreicht: „Wüst in die Wüste zu schicken, ist nicht schlau“, warnt er intern, „der Junge ist ein unglaubliches Talent.“ Schauerte, der sich in fast 20 Jahren an der Spitze der Landesvereinigung den Titel „Mr. Mittelstand“ erworben hat, plant die Übergabe des MIT-Vorsitzes an Wüst im Sommer 2013. Hoffnungen macht sich aber auch der Paderborner Bundestagsabgeordnete Carsten Linnemann, für den sich jedoch sehr bald eine andere Option auftut: Er soll für den Bundesvorsitz der MIT kandidieren und im Kampf um die Nachfolge von Josef Schlarmann den früheren Grünen-Politiker Oswald Metzger aus dem Feld schlagen. Die Operation gelingt und zeigt, wie virtuos Wüst selbst das eigene Scheitern am Ende gewinnbringend für sich einzusetzen versteht.

Dennoch herrscht eine reservierte Stimmung, als die gut 200 Delegierten der MIT Nordrhein-Westfalen am 31. August 2013 im Kulturhaus Lüdenscheid zusammenkommen. Wüst hat am Präsidiumstisch auf der Bühne der düsteren Veranstaltungshalle aus den 80er-Jahren Platz genommen. Restlos überzeugt wirkt nicht jeder im Saal, dass ausgerechnet er die Nachfolge von Schauerte antreten soll. Wüst weiß, dass ihm die Herzen nicht zufliegen und wendet einen Kniff an, den er schon häufiger in brenzligen Lagen genutzt hat: Er vergegenwärtigt sich schonungslos alle Vorurteile, die man gegen ihn vorbringen kann, und überlegt sich eine rhetorische Figur, mit der man sie am besten elegant entkräftet. Die Vorbehalte gegen ihn liegen ja auf der Hand: Gestürzter Partei-Karrierist, der die MIT bloß als Sprungbrett für ein Comeback nutzen will; ausgerechnet einer, der nie richtig gearbeitet hat, soll für den Mittelstand sprechen; junger Rüpel passt nicht in die gediegene Welt der dunkelblauen Zweireiher mit Einstecktuch. Es ist keine leichte Operation, denn eigentlich steht er für den Typus Nur-Politiker, der die Berufswelt allenfalls aus dem Theoriebuch kennt. Er weiß das. Seine kurze Tätigkeit als Rechtsanwalt polstert Wüst schon seit Jahren zur elementaren Praxiserfahrung neben der Politik aus: „Ich habe die Mühen der Selbständigkeit erlebt, habe anfangs mehr Ausgaben als Einnahmen gehabt, mich aber riesig gefreut, als sich das Verhältnis umzukehren begann. Außerdem war ich zweieinhalb Jahre in der Unternehmensberatung tätig“, antwortet er 2006 auf eine Frage von Journalist Hüwel nach seinem Berufsleben.

Als Wüst bei der MIT im Kulturhaus Lüdenscheid zur Vorstellungsrede aufgerufen wird, startet er mit einer Demutsgeste und will unbedingt den Eindruck vermeiden, hier wolle einer im Vorbeigehen ein neues Amt erobern. „Entgegen so mancher Unart ist es auch eine wirkliche Vorstellungsrede“, kündigt er an. „Obwohl, nein, w e i l ich weiß, dass viele mich natürlich schon etwas länger kennen. Aber ich finde, Sie haben bei einer Vorstellung auch das Anrecht darauf, den Menschen kennenzulernen.“ Es folgt eine Passage, in der er seinen brennenden

Ehrgeiz hinter einer Fassade persönlicher Zufriedenheit verbergen will. Auch diese Ich-dränge-mich-nicht-auf-Attitüde wird er in späteren Jahren noch häufiger zur Schau stellen. Er sei seit mehr als sieben Jahren Landtagsabgeordneter und seit fast drei Jahren Geschäftsführer des Zeitungsverlegerverbandes. An den MIT-Vorsitz habe er gar nicht gedacht. „Mein Leben ist so nämlich auch so ganz schön", sagt Wüst und lächelt. Er gibt den Geläuterten und erzählt, dass ihn der Tod des Vaters gelehrt habe, etwas auf Abstand zur Politik zu gehen. Solche lebenssatten Ratschläge hört man im zumeist älteren Publikum gern, ebenso die Beteuerung Wüsts, wie wichtig ihm die neue berufliche Unabhängigkeit von der Politik sei. Der gut aussehende junge Mann im dunklen Anzug weiß, welche Knöpfe er hier drücken muss. „Ich habe im letzten Jahr gebaut. Ich hab' ne liebe Freundin – also insgesamt schönes Leben. Schönes Privatleben. Ab und an gehe ich zur Jagd. Ich hab' zwei Patenkinder, bald sind's drei. Alles war in Ordnung, dann kam Hartmut." Schauerte sitzt wenige Meter vom Rednerpult entfernt und strahlt in väterlichem Stolz. Seinen jähen Absturz als Generalsekretär in der Sponsoring-Affäre verbrämt Wüst ein wenig als Opfergang für die Regierung Rüttgers: „Es gab kein Wegducken, und ich habe dann die Verantwortung dafür getragen." Klar, Fehler seien auch von ihm gemacht worden. Kleinere. Aber ganz im Sinne von Markus Söder, der Narben mal als Orden der Politik bezeichnet haben soll, leuchtet Wüst seinen Karriereknick als Reifungsprozess aus: „Der Kopf ist oben und vor allem: er ist wieder klar."

Am Ende wird Wüst mit formidablen 92 Prozent gewählt. Schauerte eilt noch einmal ans Mikrofon und sagt: „Dir, lieber Hendrik, sage ich: Das ist ein wunderbares Startkapital. Da kennst Du mal den Unterschied zwischen der MIT speziell und dem einen oder anderen Landesparteitag." Befreiendes Lachen im Saal. „Hier kannst Du eine Heimat haben. Du hast sie jetzt." Der Gestürzte, der trotz bester Vernetzung persönlich immer etwas heimatlos in der CDU wirkt, ist plötzlich wieder da. Und der Zeitgeist meint es gut mit ihm. Als die FDP 2013 den Wiedereinzug in den Bundestag verpasst und das CDU-Profil in der „Groko" immer stärker zu verwässern droht, kann der Mittelstand einen politischen Anwalt wie Wüst gut gebrauchen. Er weiß um diese Chance und gibt in Interviews den Mahner mit wirtschaftspolitischem Kompass: „Nach dem Ausscheiden der FDP aus dem Bundestag muss die CDU-Führung höllisch aufpassen, dass wir als letzte Stimme der wirtschaftlichen Vernunft hoch erhobenen Hauptes unsere Glaubwürdigkeit bewahren."

In Düsseldorf verliert die rot-grüne Koalition derweil immer mehr an Schwung. Ministerpräsidentin Kraft wirkt häufiger gereizt und lustlos. In der CDU-Landtagsfraktion entwickelt der neue Geschäftsführer Nathanael Liminski die Strategie, die notorische Schwäche Nordrhein-Westfalens in Verkehrs-, Wirtschafts-, Sicherheits- und Bildungsdaten zu einer „Schlusslicht-Bilanz" zu verdichten. Die Botschaft: Nordrhein-Westfalen wird unter Wert regiert. Wüst gefällt es, dass der immer etwas unsortiert auftretende neue Oppositionsführer Laschet inzwischen ein stimmiges Konzept gegen Kraft zu haben scheint. Er ist als Wirtschaftsexperte immer dabei.

Auch privat läuft es augenscheinlich wieder besser. Anfang 2013 berichtet der Düsseldorfer *Express* von einer Beziehung Wüsts mit der Tochter des 2008 verstorbenen Oberbürgermeister der Landeshauptstadt, Joachim Erwin. Das Blatt zeigt Wüst und Angela Erwin in Abendgarderobe beim „Prinzenball" im Hilton-Hotel und dichtet dazu: „Sie strahlte verliebt über das ganze Gesicht, tauschte mit ihrem Tischnachbarn tiefe Blicke aus. Er legte seinen Arm zärtlich um ihre Schulter, flüsterte in ihr Ohr, hauchte hier und da ein Küsschen auf ihre rosa Wangen." Der *Focus* berichtet später, Wüst habe „die schöne Rechtsanwältin" (*Express*) beim Feiern in einem Düsseldorfer Club kennengelernt. Die boulevardesken Berichte über sein Privatleben schaden ihm nicht. Im Gegenteil: Mancher, der Wüst als unterkühlten Junge-Union-Apparatschik betrachtet hatte, erkennt durchaus an, dass er auf solchen Fotos abseits der Politik „bella figura" macht. Für seine später bildmächtige Karriere als jugendlich wirkender Landesvater sollte das wegweisend werden. Auch wenn die Beziehung mit Erwin nicht lange hält und beide später mit anderen Partnern Familien gründen, bleiben sie doch politisch verbunden. Erwin zieht später selbst in den Landtag ein, wird Vorsitzende des Innenausschusses und beerbt Wüst als MIT-Vorsitzende in Nordrhein-Westfalen.

Das gerade wiederentdeckte „schöne Leben“ endet für Wüst abrupt in der Nacht vom 12. auf den 13. Juli 2015, eine Woche vor seiner geplanten Party zum 40. Geburtstag. Ihn erreicht die Nachricht, dass sein Freund Philipp Mißfelder gestorben ist. Mit 35 Jahren! An einer Lungenembolie. Dessen Frau Ann-Christin, die Wüst länger kennt als Mißfelder selbst, ist Ärztin. Sie habe noch versucht, ihm das Leben zu retten. Wüst ist entsetzt und sucht auf allen möglichen Wegen Informationen zusammen. Wie kann das sein? Mißfelder war doch ein Fels in der Brandung. Man stirbt doch nicht einfach in diesem Alter. Wüst sitzt konsterniert in seinem Landtagsbüro und weint. Es ist ihm, der so viel Wert auf Contenance legt, in diesem Moment egal, dass ihn Mitarbeiter so fassungslos sehen. Bei der großen Trauerfeier in der Berliner St. Hedwigs-Kathedrale wird Prälat Karl Jüsten Details der letzten Stunden aus dem Leben Mißfelders schildern, die Wüst bis heute schwer ertragen kann. Der Außenpolitiker sei im Münsterland, der Heimat seiner Schwiegereltern, mit den beiden kleinen Töchtern bei dem heißen Wetter im Freibad gewesen. Abends habe er sich unwohl gefühlt. Hinter ihm lag eine Woche mit Reisen nach Helsinki und London. Die große Tochter habe sich zu Mißfelder ins Bett gelegt und gesagt: „Papa, jetzt erhol‘ Du Dich mal.“ Kurz darauf war er tot. Jemand, der Wüst in diesen Stunden außer Kontrolle erlebt hat, erinnert sich: Vor allem das Schicksal der Kinder Mißfelders habe ihn, der selbst noch keine hat, aber den frühen Verlust der Eltern aus eigenem Erleben kennt, sehr bewegt. Mißfelders Töchter verlieren ihren Vater, den sie kaum gesehen haben, weil die Politik immer wichtiger war. Das kann doch nicht der Sinn des Lebens sein, oder? Wüst habe in diesen Tagen vergegenwärtigt, dass jederzeit alles zu Ende sein kann, berichtet ein langjähriger Vertrauter. Man müsse ab sofort jeden Geburtstag so feiern, als wäre es der letzte, habe er verzweifelt gesagt. Das schafft er in den folgenden Jahren dann doch nicht.

Um Mißfelders Tod ranken sich in Berlin allerlei Geheimnisse. Offiziell galt die Lungenembolie als Langzeitfolge eines Treppensturzes zu Jahresbeginn. Im Anwesen seiner Schwiegereltern, einer umgebauten Mühle in Dülmen, sei er mehrere Stufen gefallen und habe sich komplizierte Brüche zugezogen. Seine Witwe, die damals selbst im Universitätsklinikum Münster beschäftigt ist, liefert sich einen öffentlichen Rechtsstreit mit Mißfelders Eltern um die Herausgabe der Krankenakten. Wüst wird immer wieder von Journalisten zu Hintergründen gefragt, doch er sagt nichts. Wildeste Gerüchte sind in Berlin im Umlauf, seit Mißfelder im Jahr zuvor in St. Petersburg auf der Schröder-Party mitgefeiert hat. Mißfelder ist ein Tausendsassa, der in vielen Töpfen rührt. Dass der Historiker außerhalb seines politischen Tätigkeitsbereichs beim Verlag *teNeues* laut Bundestagsangaben mehr als 100.000 Euro nebenher verdient, ohne dass man genau weiß, was er dafür eigentlich tut, heizt die Nachrede ohnedies seit Jahren an. Wüst, so macht es den Anschein, will all die Geschichten nicht hören und empfindet es wohl als eine Art Störung der Totenruhe, wie sich selbst Parteifreunde über das Angedenken des Kollegen hermachen und an den Spekulationen beteiligen. So dürfte es ein wohlgesetztes Zeichen sein, dass Wüst im Sommer 2022 zu seiner zweiten Vereidigung als Ministerpräsident einen überraschenden Ehrengast auf die Tribüne des Düsseldorfer Landtags eingeladen hat: Ann-Christin Mißfelder.

Eine weitere prägende Erfahrung, die Wüsts Grundskepsis gegenüber Parteifreundschaften vertieft haben dürfte, bietet sich am 18. Juli 2015 während der Beerdigung Mißfelders auf dem Friedhof in Dülmen-Buldern. Über 500 Trauergäste sind gekommen, darunter zahlreiche politische Weggefährten. Wüst hat seine neue Freundin Katharina Starting mitgebracht. Er wollte sie Mißfelder bei seinem Geburtstag einen Tag später vorstellen. Nun steht sie an seinem Sarg. Im Gottesdienst zeigt Pfarrer David Formella ein Bild, das Mißfelders Tochter gemalt hat. Das fünfjährige Mädchen erklärt, was es darstellen soll: Papa und Mama Hand in Hand, die beiden Töchter, Herzchen, ein Sternenhimmel. „Das war sehr ergreifend“, sagt einer, der mit Mißfelder aufgewachsen ist. Wenig später in der Warteschlange am offenen Grab ist zu hören, wie sich Parteifreunde bereits darüber unterhalten, wer denn bei der Bundestagswahl 2017 Mißfelders Listenplatz einnehmen könnte. „Da merkst Du die Brutalität des Geschäfts“, sagt ein Trauergast von damals, „das Grab ist noch nicht zu, da geht es schon um die Listenplätze. Aber so ist das.“ Hendrik Wüst wiederum, so scheint es, hat sich über die Spielregeln der Politik nie Illusionen gemacht.

Der Unvermeidliche

Zwischen Demut und Domino

Als Armin Laschet an einem ungewöhnlich warmen und sonnigen Nachmittag im Februar 2023 vor seiner ehemaligen Machtzentrale am Düsseldorfer Rheinufer steht, durchzuckt ihn kurz ein stechender Schmerz. Gerade als er sich einen neuen Zigarillo anstecken will, bläst ein Windstoß die Feuerzeugflamme an seinen Zeigefinger. Laschet verzieht das Gesicht, schüttelt kurz die angesengte Hand und unternimmt einen zweiten, erfolgreicheren Anlauf. Dass in der Staatskanzlei hinter ihm inzwischen Hendrik Wüst regiert, er selbst dagegen am helllichten Tag mit offenem Hemdkragen zwischen Ausflüglern und Radfahrern rauchend umherschlendert, scheint nicht mehr weh zu tun. Laschet vergräbt die linke Hand in der Hosentasche und erzählt begeistert von den „Abraham Accords", um die er sich als Mitglied des Auswärtigen Ausschusses des Bundestags jetzt kümmert. Diese diplomatische Erklärung, die Israel 2020 mit arabischen Staaten unterzeichnet hat, nährt Laschets Hoffnung auf Friedensfortschritte im Nahen Osten. Es ist ein Lebensthema. Seit er als Abiturient durchs Heilige Land gepilgert ist, beschäftigt ihn dieser politische Urkonflikt, der Nukleus vieler Weltprobleme. Wie klein ist dagegen sein persönlicher Karriereknick?

Laschet wirkt nicht wie einer, der es mit 62 Jahren in Berlin ausklingen lassen will. Wenn es Bitterkeit geben sollte, merkt man sie ihm nicht an. Da ist wohl sein rheinisches Gemüt vor. Schon nach wenigen Minuten des Wiedersehens ruft er einem in Erinnerung, warum es um diesen Mann selbst nach dem schlechtesten Bundestagswahlergebnis der Nachkriegsgeschichte, das er der Union im September 2021 als Kanzlerkandidat beschert hat, nie wirklich einsam geworden ist. Sogar Kritiker aus der Bundestagsfraktion, die den Wahlkämpfer Laschet schlimm fanden, lassen auf den Menschen Armin nichts kommen. Das Düsseldorfer Café, in dem man sich zum Gespräch über seinen Nachfolger Wüst verabredet hat, kann überraschend keinen Tisch mehr anbieten. Geschlossene Gesellschaft. Die Bar im nahegelegenen Landtag, eilig als Alternative erkoren, schließt gerade die Theke. Eine Etage tiefer in der Parlamentskantine, die außerhalb der Betriebszeiten immerhin einen Kaffeeautomaten vorhält, läuft dummerweise der Soundcheck für den „Närrischen Landtag". Die Altweiber-Feierlichkeiten als Startschuss in den rheinischen Straßenkarneval stehen vor der Tür. Spätestens jetzt wäre für die meisten Spitzenpolitiker, die es gewohnt sind, alle Unannehmlichkeiten aus dem Weg geräumt zu bekommen, dieser Termin beendet. Laschet aber stellt sich noch geduldig zum Selfie auf mit zwei Landtagspraktikantinnen, die begeistert herbeihetzen, weil sie kurz vor der sitzungsfreien Woche noch einen Promi abpassen. Er wechselt ein paar Worte mit einem neuen Honorarkonsul, der auf dem Weg in die Karnevalsferien ist. Schließlich kramt Laschet aus der Anzugtasche zwischen Büroklammern zwei Münzen für den Kaffeeautomaten hervor, nimmt einen Becher und setzt sich hin. Kann losgehen, schön, mal wieder in Düsseldorf zu sein. Laschet muss gegen „Test, Test"-Tonproben und die Gitarrenriffs von „Sultans of Swing" ansprechen, doch das schmunzelt der Ministerpräsident, Parteichef und Kanzlerkandidat a. D. souverän weg. „Hendrik Wüst ...", setzt Laschet an. „We are the Sultans", singen die „Dire Straits", „we are the Sultans of Swing."

Ohne Laschet wäre Wüst niemals Landesminister geworden und somit auch kein Ministerpräsident. Als Ziehvater oder Förderer kann man ihn dennoch schwerlich bezeichnen, obwohl Laschet heute zufrieden resümiert: „Schon zu Oppositionszeiten im Düsseldorfer Landtag habe ich Hendrik Wüst als eines der großen politischen Talente seiner Generation erlebt, der akribisch arbeitet und immer wusste, was er wollte. Wir haben vertrauensvoll miteinander gearbeitet und tauschen uns bis heute freundschaftlich aus." Das Verhältnis der beiden ist in Wahrheit vielschichtiger, Beziehungsstatus: kompliziert.

Als Laschet am 14. Mai 2017 überraschend die nordrhein-westfälische Landtagswahl gewinnt, eilt Wahlkreisgewinner Wüst abends nach seiner lokalen Party im Münsterland noch in die Düsseldorfer Landesparteizentrale. Es ist spät geworden und die Stimmauszählung weit vorangeschritten. Neue Hochrechnungen des *Westdeutschen Rundfunks* versprechen plötzlich, aus einem guten Abend für die CDU einen schier sensationellen zu machen. Die Linke wird den Einzug in den Landtag um wenige Tausend Stimmen verpassen. Damit reicht es für Wahlsieger Laschet sogar zu einem kompletten Machtwechsel. Mit der starken 12,6-Prozent-FDP kommt die Wunschkonstellation Schwarz-Gelb genau auf die absolute Mehrheit der Parlamentssitze. Laschet braucht die SPD in ihrer einstigen „Herzkammer" nicht einmal mehr als Juniorpartner einer Großen Koalition, die bislang als höchste der Gefühle galt. Manche Christdemokraten wundern sich zwar, dass FDP-Chef Christian Lindner in ersten TV-Interviews wenig euphorisch auftritt, fast abweisend reagiert und sich jeden Automatismus Richtung Schwarz-Gelb brüsk verbittet. Laschet lässt sich davon nicht irritieren. Er kennt und mag Lindner, kann ihn nach vielen gemeinsamen Jahren in der Landespolitik vor allem gut lesen. Laschet ahnt wohl, dass Lindner Nordrhein-Westfalen mit Schließung der Wahllokale längst abgehakt hat und nun sein größeres Ziel verfolgt: das Comeback der seit 2013 außerparlamentarischen Liberalen bei der Bundestagswahl im Herbst 2017. Lindner muss deshalb für die Galerie einen Kurs der Eigenständigkeit herausstellen, um die „neue" FDP nicht mehr als Anhängsel und Mehrheitsbeschafferin der Merkel-CDU erscheinen zu lassen. Dass aber in Nordrhein-Westfalen eine schwarz-gelbe Koalition gebildet wird, wenn sie rechnerisch möglich ist – daran zweifelt Laschet in diesen Stunden nie.

Ungewisser erscheint da die politische Zukunft von Hendrik Wüst. Während Laschet zu später Stunde seine glücklichen Getreuen im Vorstandszimmer der Parteizentrale um sich versammelt hat, streift Wüst mit seiner neuen Freundin und späteren Ehefrau Katharina durch das Festzelt im Garten. Zwischen übermütigen Lokalpolitikern, erschöpften Parteimitarbeitern und betrunkenen Jungunionisten wirkt er seltsam zurückgenommen. Die Musik plärrt aus den Lautsprechern, es wird mehr gebrüllt als gesprochen, überall entlädt sich die Anspannung der vorangegangenen Monate in dieser männerbündlerischen Körperlichkeit, die es außer in der Politik wohl nur im Fußball gibt. Überall berühren, knuffen, tätscheln, umarmen sich Menschen. Wüst dagegen wirkt freundlich, zufrieden, aber doch distanziert. Er analysiert im bunten Kegel der Lichtorgel bereits das Wahlergebnis und kann eine gewisse Genugtuung darüber, dass Rot-Grün und SPD-Ministerpräsidentin Hannelore Kraft nach sieben Jahren Geschichte sind, nicht verbergen. Triumphgefühle aber, Größenwahn oder gar Häme für die Unterlegenen lässt er nicht erkennen. Welche Rolle er in der künftigen Regierungskoalition spielen könnte, ist in diesem Moment nicht abzusehen.

Wenige Tage später überträgt ihm Laschet für die Koalitionsverhandlungen mit der FDP den Vorsitz der Arbeitsgruppe „Wirtschaft und Energie“. Als Fingerzeig für eine Berufung ins Kabinett kann Wüst das kaum werten. Zu Oppositionszeiten hat er den Themenbereich seit Jahren beackert, so dass seine Mitarbeit am Koalitionsvertrag als bare Selbstverständlichkeit erscheint. Sein FDP-Gegenüber ist der frühere NRW-Wissenschaftsminister Andreas Pinkwart, ein über Parteigrenzen anerkannter Ökonomie-Professor. Wüst weiß, dass die Liberalen später beim Ressortzugriff auf jeden Fall den Bereich Wirtschaft und Energie wählen werden. Ihm muss deshalb klar sein, dass er wochenlang Papiere schreiben wird, die ein anderer in Regierungshandeln übersetzt. Ob Laschet ihn überhaupt für befähigt hält wie er sich selbst, können bei den üblichen „Wer wird was?“-Gesprächen zwischen Politikern und Journalisten in jenen Wochen nicht einmal ausgewiesene Laschet-Deuter sagen.

Unruhig muss Wüst die Tatsache machen, dass es für das Kabinett ein Überangebot an Münsterländern gibt. Karl-Josef Laumann, der kernige Chef des CDU-Sozialflügels und einstige Laschet-Rivale, gilt als gesetzt. Er wird seinen Posten als Patientenbeauftragter der Bundesregierung in Berlin aufgeben und ins Ministerium für Arbeit, Gesundheit und Soziales (MAGS) zurückkehren, das er bereits von 2005 bis 2010 führte. „Kajo liebt das MAGS, und das MAGS liebt ihn“, heißt es in Düsseldorf über das Tecklenburger Original. Laschet weiß, dass gerade die nordrhein-westfälische SPD gerne einen urwüchsigen Typen wie Laumann hätte, der selbst noch als Maschinenschlosser „richtig gearbeitet“ hat und so spricht, dass er außerhalb der Politblase verstanden wird. Fest mit einer Beförderung zur Ministerin kann auch Christina Schulze Föcking rechnen. Die junge Landwirtin aus Steinfurt war schon zu Oppositionszeiten in der internen Hierarchie zur stellvertretenden Fraktionsvorsitzenden aufgestiegen und gilt als Versprechen für die CDU-Zukunft in Nordrhein-Westfalen. Wenn Laschet den üblichen Regionalproporz nur halbwegs ernst nimmt, dürfte also für Wüst kein Platz mehr in der Regierungsmannschaft sein. Wer Wüst in dieser kritischen Phase seiner Karriere erlebt, kann kaum übersehen, wie es in ihm arbeitet. Er fühlt sich einer Kollegin wie Schulze Föcking, die zwar Traktor fahren kann und die ländliche CDU-Basis begeistert, insgeheim überlegen – und ist es machttaktisch wohl auch. Wüst hat mehr Erfahrung, ein besseres Netzwerk, er ist härter und strategisch beschlagener. Aber zählt das?

In dieser Phase zeigt sich eine Eigenschaft, die ihm schon oft geholfen hat: Wüst zügelt nach außen seinen Ehrgeiz. Er stellt keine öffentlichen Forderungen an Laschet, baut keinen sichtbaren Druck auf, legt sich auf keine Position fest, hinter die er nicht mehr zurückkäme. Stattdessen telefoniert Wüst viel und lässt seine persönlichen Ambitionen als Dienst an der Partei erscheinen. Er weiß, wie man Thesen in den Parteikörper einsickern lässt. Sollte nicht der Wirtschaftsflügel im Kabinett vertreten sein? Braucht die CDU in der Regierungsmannschaft nicht mehr Jüngere? Mehr Westfalen? Mehr politische Erfahrung? Mehr Vertreter des ländlichen Raums? Wüst hat über Jahre gelernt, wie man beiläufig Botschaften an die richtigen Ohren bringt.

Laschet hält bei der Kabinettszusammenstellung das Blatt lange ganz eng an der Brust. Nur ein kleiner Kreis weiß Bescheid. Erst kurz vor der öffentlichen Präsentation erfährt Wüst, dass er ebenso wie Laumann und Schulze Föcking berufen werden soll. Als Verkehrsminister, obwohl er mit diesem Ressort nie etwas zu tun hatte. „Mir war immer wichtig, dass die gesamte Breite der nordrhein-westfälischen CDU auch in der Regierung sichtbar ist. Deshalb wollte ich die wichtigsten Vereinigungen am Kabinettstisch sitzen haben. Dazu gehörten damals der Vorsitzende der Sozialausschüsse, die Chefin der Frauen-Union und eben auch Hendrik Wüst als Landesvorsitzender der Mittelstands- und Wirtschaftsunion", erinnert sich Laschet sechs Jahre später. Er selbst war nie ein Mann der Seilschaften, die einander in bedingungsloser Loyalität auf allen Karrierestufen absichern. Vielleicht blieb Laschet deshalb auch die Junge Union mit ihren Netzwerken immer fremd. Er glaubt schon an so etwas wie Diversität im Arbeitsprozess, als es den Begriff noch gar nicht gab: „Ich war und bin davon überzeugt, dass eine Regierung nur erfolgreich sein kann, wenn sie sich als Team versteht. Unterschiedliche Persönlichkeiten mit unterschiedlichen Standpunkten und Herangehensweisen müssen um die beste Lösung ringen, damit etwas Gutes entsteht", sagt Laschet heute. Das kommt Wüst zugute, der anders tickt als Laschet, aber eben eine Parteifarbe abdeckt, die der neue Regierungschef im Gesamtbild vertreten sehen will.

Zur ehrlichen Betrachtung gehört gleichwohl, dass Laschet sich im Jahr 2017 bei der Regierungsmehrheit von nur einer einzigen Stimme einen frustrierten Hendrik Wüst in der Landtagsfraktion auch gar nicht leisten kann. Laschet ahnt wohl spätestens seit der Flüchtlingskrise 2015, dass Wüst in der Lage wäre, Unzufriedenheit in den eigenen Reihen zu bündeln. Die jungen Westfalen, obwohl untereinander keineswegs grün, sind ein Risiko, das Laschet einhegen muss. Wüst verfügt über einen guten Draht zu den jüngeren Abgeordneten und taugt als Projektionsfläche für all jene, die mit der Merkel-CDU hadern. Wüsts Kreisvorsitzender ist Jens Spahn, dem noch kurz vor der Landtagswahl nachgesagt wird, er wolle Laschet als CDU-Landeschef stürzen. Wüsts MIT-Bundesvorsitzender ist der Paderborner Carsten Linnemann, der im Kampf gegen Merkels Euro-Rettungspolitik Profil gewonnen hat. Wie man ein Thema medial befeuert, weiß der noch amtierende Verleger-Geschäftsführer und Generalsekretär a. D. ohnehin besser als die meisten anderen Landtagsabgeordneten. Wüst hat sich im Sommer 2017 also in eine Position manövriert, in der ihn Laschet lieber einbinden als vor den Kopf stoßen will.

Das schwierige Verkehrsressort, in dem sich kurzfristig kaum glänzen lässt, scheint ein angemessenes Betätigungsfeld zu sein. Laschet hat es in der Zuständigkeit ziemlich zusammengestutzt, so dass in der Partei von einer „besseren Abteilung" die Rede ist. In den ersten Wochen gibt es nicht einmal ein eigenes Dienstgebäude. Wüst ist zunächst Untermieter seiner speziellen Parteifreundin Ina Scharrenbach, die das größere Kommunalministerium bekommen hat. Doch, immerhin, am Türschild steht: Ministerium für Verkehr. Laschet stellt Wüst den parteilosen Ingenieur Hendrik Schulte als Staatssekretär zur Seite. Er kennt den

Infrastrukturmanager gut und behält so ein Ohr im Verkehrsressort. „Hendrik Wüst hat sich schnell als hervorragender Minister und wichtiges Teammitglied erwiesen. Ihm ist es im schwierigen Verkehrsressort gelungen, einen jahrelangen Planungs- und Investitionsstau aufzulösen. In der nordrhein-westfälischen Wirtschaft wurde der Bauhochlauf sogar als ‚Wüst-Effekt' bezeichnet, was mich sehr gefreut hat", bilanziert Laschet heute.

Wenige Wochen nach dem Start der neuen schwarz-gelben Landesregierung fühlen sich im Herbst 2017 jedoch zunächst all jene in der NRW-CDU bestätigt, die es für einen Fehler halten, Wüst wieder in die erste Reihe zu holen. Der neue Verkehrsminister verkündet, dass die Landesförderung von 40 Millionen Euro pro Jahr, mit der die Verkehrsverbünde rund 300.000 Geringverdienern ein „Sozialticket" anbieten können, schrittweise gestrichen werde. In der CDU-Landtagsfraktion wird vorgerechnet, dass man mit dem eingesparten Geld besser 3,5 Kilometer Straße asphaltieren könne. Laschet, der gerade als freundlicher neuer Landesvater allerorten Antrittsbesuche absolviert, ist beim Blick in den Pressespiegel entsetzt: Ein „sozialpolitisches Armutszeugnis" wird seiner Koalition vorgehalten, eine „unsinnige und zynische" Entscheidung, „Spott für die Schwächsten" gar. Gewaltig ist die Empörung, die sich über Wüst entlädt. „Es gibt nur wenige Momente im politischen Leben, in denen man wirklich fassungslos im Ausschuss sitzt", sagt der Grünen-Verkehrsexperte Arndt Klocke im Landtag. Er mag gar nicht glauben, dass eine neue Regierungskoalition kaltherzig auf dem Rücken der Schwächsten den Verkehrsetat sanieren will.

Der neue Minister muss schließlich zurückrudern: „Die Kritik, die das Thema ‚Sozialticket' in den letzten Tagen ausgelöst hat, kann ich gut verstehen. Sie ist nachvollziehbar", sagt Wüst im Landtag und stellt klar: „Das Sozialticket bleibt." Es gibt zwar durchaus Argumente, die staatliche Förderung von vergünstigten Fahrkarten neu zu organisieren. Preise und Ticketmodelle hängen nämlich stark vom Wohnort der Bedürftigen ab, weil die Verkehrsverbünde unterschiedlich mit dem Landesgeld umgehen. Doch damit dringt Wüst nicht durch. In der öffentlichen Wahrnehmung ist er jetzt der Mann, der lieber Straßen baut, als Armen zu helfen. Er spürt in diesem Moment, wie schnell sein mühevoll verscharrtes Image als konservativer Brutalo wieder freigelegt werden kann.

Diese Episode ist wichtig für das Verständnis des späteren Regierungspolitikers Wüst. Der Streit ums Sozialticket ruft ihm früh in Erinnerung, dass es immer um die große Botschaft geht und nie ums Kleingedruckte. In einem Staatsamt muss er überdies ausgleichend wirken und nicht so sehr entlang der Parteilinie agieren. Wenn er als Regierungsvertreter erfolgreich sein will, hat er das Bild des ewigen Jungunionisten schleunigst zu überpinseln.

Wer Wüst im Laufe seiner Verkehrsministerzeit im Büro im zehnten Stock des gläsernen Stadttores besucht, trifft ihn in einem seltsamen Korridor zwischen Vergangenheit, Gegenwart und Zukunft an. Hier oben in der Sitzgruppe hinter der raumhohen Glasfassade, mit diesem fantastischen Rheinblick, hat er vor mehr als zehn Jahren auch schon samstags sitzen müssen. Es war das Büro des damaligen Ministerpräsidenten Rüttgers, dem er so ergeben als Generalsekretär diente. Jetzt ist es sein eigenes Machtzentrum. An der Wand lehnen aufgereiht blank polierte Spaten – stolze Erinnerungen an die vielen Spatenstiche, die Wüst schon hinter sich gebracht hat. Er fühlt sich zunächst vor allem dem Straßenbau verpflichtet und soll einen „Investitionshochlauf" organisieren. Nordrhein-Westfalen hatte in rot-grüner Regierungszeit Bundesmillionen zurückgehen lassen, weil nicht ausreichend Bauplanungen in Düsseldorf vorlagen. Seit Wüst das Sagen hat, wird wieder mehr geplant. Die Auftragslage der Straßenbaubetriebe liegt über dem Bundesschnitt, weshalb sich der Präsident des nordrhein-westfälischen Handwerks, Andreas Ehlert, Anfang 2019 zu jener legendären Bemerkung versteigt, der Bauboom werde durch einen „Wüst-Effekt" ausgelöst: „Der gibt gerade im Straßenbau so viel Geld aus, dass unsere Betriebe aus dem letzten Loch pfeifen und schon Materialengpässe auftreten."

Ministerpräsident Laschet nimmt das Zitat dankbar als Arbeitsnachweis seines Verkehrsministers auf, denn an der prekären Staulage in Nordrhein-Westfalen hat sich seit dem Regierungswechsel nichts zum Besseren gewendet. Wüst, der beim Empfang seiner Ernennungsurkunde im Sommer 2017 noch steif und unbeholfen wirkt, scheint nach derartigem Zuspruch aus Kammern und Wirtschaftsverbänden immer mehr Sicherheit zu gewinnen. Selbst Besucher, die Wüst kaum kennen, wundern sich bald nach Treffen in seinem Ministerium über eine erstaunlich lockere Gesprächsatmosphäre. Wenn man über der Rückenlehne seines Schreibtischstuhls das Trikot des 1. FC Köln entdeckt, kommt es vor, dass er dem Besucherblick eine ironische Bemerkung hinterherschickt: „Tja, FC-Fan und Junge Union. Hatte halt ne schwere Kindheit."

Auch die Zusammenarbeit mit Laschet, dem er sich gewissermaßen als Minister aufgezwungen hat und nie wirklich nahestand, scheint Wüst unerwartet gut zu tun. Dessen Fähigkeit, Positionen und Menschen zusammenzuführen, ist ein anderer Führungsstil, als ihn der Gremienmensch Wüst kannte. Selbst dieser gut gelaunten christlich-europäischen Werteorientierung kann er plötzlich etwas abgewinnen. Wüst tut sich ein neuer Horizont der Führungskultur auf, den er zumindest interessant findet: Laschet denkt nicht so sehr in politischen Sicherheitsnetzen und persönlichen Allianzen. Nach oben buckeln, nach unten treten und Prinzipien nach Bedarf zur Seite schieben – das lehnt Laschet ab, auch wenn es in der Politik womöglich das erfolgreichere Konzept ist. Wüst guckt sich machttechnisch zwar wenig ab, aber es ist eine Art Forschungsreise in eine andere Welt. Zudem scheint sich ihm eine neue Kategorie Spitzenpolitiker zu erschließen: Der stets kontrollierte Wüst lernt Laschet als herzlichen, unterhaltsamen, vielseitig interessierten Menschen kennen, der in jede Abendrunde zu passen scheint. Als er 2019 Lebensgefährtin Katharina auf Schloss Raesfeld heiratet, lädt er Laschet kurzerhand ein. Als einzigen A-Promi neben Bundesgesundheitsminister Jens Spahn. Laschet fühlt sich bei der Feier wohl und weiß die Geste bis heute zu schätzen.

Irgendwann in dieser Phase erkennt Wüst, dass sich auch ein CDU-Verkehrsminister vom Wirtschaftsflügel nicht mehr allein über Spatenstiche und asphaltierte Kilometer definieren darf. Im Frühjahr 2019 gehen in Düsseldorf erstmals Tausende Jugendliche beim Schülerstreik von „Fridays for Future" auf die Straße. Während Teile der schwarz-gelben Landesregierung noch auf die Einhaltung der Schulpflicht pochen, die auch nicht durch das hehre Anliegen des Klimaschutzes ausgehebelt werden dürfe, scheint es in Wüst zu arbeiten. Ein Blick nach Bayern zu seinem alten Weggefährten Söder genügt, um zu erkennen, was die Stunde geschlagen hat. Droht die Union eine ganze Generation zu verlieren? Im Freistaat mobilisiert das Volksbegehren „Rettet die Bienen" Millionen aus allen gesellschaftlichen Schichten gegen das dortige Landesnaturschutzgesetz, so dass sich Söder schließlich an die Spitze der Öko-Bewegung setzt.

Wüst wirkt ebenfalls getrieben. Ihm sitzt seit einigen Monaten die Volksinitiative „Aufbruch Fahrrad" im Nacken. Die Initiatoren, ein Zusammenschluss von Fahrrad- und Umweltvereinen, wollen den Anteil des Radverkehrs in Nordrhein-Westfalen von acht auf 25 Prozent steigern. Sie sammeln erfolgreich Unterschriften, finden viel Gehör in den Medien und allerlei prominente Unterstützer von Günter Wallraff bis Eckhart von Hirschhausen. Bei den Düsseldorfer Regierungsparteien CDU und FDP, die sich immer noch als Anwältinnen der Autofahrer verstehen, gibt es zunächst Abwehrreaktionen. Wüst hingegen, der im Münsterland mit dem Fahrrad sozialisiert wurde, lässt sich dennoch auf die basisdemokratische Strömung ein. Er muss sich nur die stark steigenden Verkaufszahlen von E-Bikes ansehen, um zu erkennen, dass die Mobilitätswende längst auch ins ältere Stammklientel der Union ragt. Kopf der Volksinitiative ist Ute Symanski, eine erfahrene politische Aktivistin und promovierte Organisationssoziologin. Die 53-Jährige saß mal für die Wählergruppe „Klimafreunde" im Kölner Stadtrat und hat mit einem gelernten Konservativen wie Wüst auf den ersten Blick wenig zu schaffen. Sie wird den Verkehrsminister in kurzer Zeit knapp ein Dutzend Mal sprechen oder persönlich treffen. Am Ende mündet die Volksinitiative ins erste Fahrradgesetz für ein Flächenland in Deutschland, das Wüst in Nordrhein-Westfalen in der schwarz-gelben Koalition durchsetzt. Gedrängt vom Zeitgeist, getrieben von mehr als 200.000 Unterschriften.

Symanski erlebt jedoch einen anderen CDU-Verkehrsminister, als man ihn in ihrer Blase gemeinhin erwartet. Offen, ohne Allüren habe er sich auf die Volksinitiative eingelassen, erinnert sie sich. In einer internen Besprechung bekommen die Fahrrad-Lobbyisten einmal mit, wie Wüst sich von seinem Abteilungsleiter Dirk Günnewig, dem späteren Finanzstaatssekretär, für das Radgesetz briefen lässt. Er habe nur zugehört und irgendwann gesagt: „Ich habe es verstanden." Ob sich Wüst am Ende bloß an die Spitze einer Bewegung gesetzt hat, die er ohnehin nicht mehr aufhalten kann? Treibt ihn opportunistische Raffinesse oder inhaltliche Überzeugung? „Ich bin Coach und Konfliktbehandlerin und arbeite viel mit politischen Führungskräften", sagt Symanski, „ich habe ihn als sympathischen, nahbaren Menschen erlebt. Das war nicht aufgesetzt." Als sich Symanski und Wüst später, nachdem die Abgeordneten zum ersten Mal in der nordrhein-westfälischen Landesgeschichte einer Volksinitiative zugestimmt haben, vor dem Landtag treffen, umarmen sie sich spontan, in einem Moment gemeinsam geteilter Freude.

Wie sehr das Ministeramt Wüst die Chance bietet, vielleicht zum ersten Mal in seiner Karriere den parteipolitischen Schützengraben zu verlassen, lässt sich Anfang 2020 beobachten. Symanski hat ihn zum „Radkomm Quarterly" ins Bürgerzentrum im linksgrünen Szeneviertel Köln-Ehrenfeld eingeladen. Es ist ein Treffen der klimabewegten Radfahrfreunde, die weibliche Besucher gern als „Gästin" gendern. In der Community gibt es erhebliche Vorbehalte gegenüber Wüst. Doch die Neugierde ist größer. Über 200 Interessierte haben sich im Bürgerzentrum versammelt. Noch während Symanski die Begrüßungsworte ins Mikrofon spricht, müssen weitere Stühle herbeigeschafft werden. Wüst trägt einen dunklen Rollkragenpullover unter dem Sakko, seine Uniform für Treffen mit Jugendlichen, Künstlern oder überzeugten Linken. Er nimmt lächelnd auf einem Barhocker Platz und soll zunächst zum Themenblock „Der Minister als Mensch" sprechen. Wüst hat sich wie immer gut vorbereitet und weiß, dass dies hier kein Heimspiel werden dürfte. Die Eröffnungsfrage überrascht selbst ihn: „Sie haben letztes Jahr geheiratet. Wie hält es Ihre Frau mit der Mobilität?" Gelächter im Saal. Wüst winkt etwas schüchtern dem Publikum zu: „Zunächst vielen Dank, dass Sie alle gekommen sind. Beehrt mich sehr. Alles prima", sagt er. Dann kommt ein typischer Wüst: Er benennt ein Vorurteil gegen sich selbst, um es später als Klischee zu entlarven. „Meine Frau und ich fahren manchmal wirklich mit dem Fahrrad zur Arbeit. Das hätten Sie jetzt bei einem Minister wahrscheinlich nicht gedacht", sagt er mit einem Anflug von Triumph. Wüsts Frau arbeitet bei der NRW-Bank in Düsseldorf, unweit seines Ministeriums im Medienhafen. Sie haben in der Landeshauptstadt eine Zweitwohnung angemietet und sind nur noch am Wochenende in Rhede. Wüst spürt das anerkennende Raunen in den Zuschauerreihen und duckt sich rhetorisch noch etwas hinter seiner Frau weg, was immer sympathisch wirkt: „Meistens steht sie früher auf und geht früher zu Arbeit." Der erste Zwischenapplaus.

Als der Minister gefragt wird, ob er auf dem Rad immer Helm trage, sagt er zunächst nur: „Ja". Das Hüsteln im Saal nimmt er blitzschnell auf und räumt lachend ein: „Es ist so: Ich habe nie Helm getragen, bis ich Minister wurde. Sage ich total ehrlich." Kurze Pause, dann eine Wüst-typische Wiederholung von Satzteilen, die er betont wissen will: „Sage ich total ehrlich. Und dann habe ich gedacht: Ok, Du bist jetzt für Verkehrssicherheit zuständig, und irgendwann wird es irgendwelche Aktionen geben mit Kindern und Verkehrssicherheit. Entweder Du bist glaubwürdig oder Du bist es nicht. Und als Politiker ist man eh schon immer an der Grenze, unglaubwürdig zu werden. Also habe ich mir zwei Helme gekauft: Einen für zu Hause, einen für Düsseldorf. Und die werden jetzt aber auch immer getragen. Das heißt, ich habe jetzt ständig das Ding an der Aktentasche hängen." Applaus. Wüst zieht das Publikum immer mehr auf seine Seite. Es fällt gar nicht auf, dass er mit der Helm-Anekdote auch ein wenig Werkschau betreibt: Es geht ihm beim Tragen des Kopfschutzes weniger um seine körperliche Unversehrtheit als um seine politische Glaubwürdigkeit. Bild schlägt Inhalt.

Wüst spürt in den anderthalb Stunden beim „Radkomm Quarterly", dass seine selbstironische Lakonie bei einem eher CDU-fernen Publikum ankommt. Als er am Ende der Veranstaltung bei einem Fragespiel animiert wird, „super-spontan" zu antworten, sagt er: „Westfale und Jurist, und dann auch noch spontan. Abends um halb neun." Er grinst: „Attacke." Wieder Gelächter im Bürgerzentrum. Seine Fähigkeit, die Publikumserwartung zu antizipieren, funktioniert auch außerhalb des CDU-Milieus. Wüst lächelt Meinungsunterschiede einfach weg. Selbst seine glasklare Ablehnung eines Tempolimits, die er mehrfach zu Protokoll gegeben hat, verschwiemelt er in Köln-Ehrenfeld erfolgreich.

Es ist schwer zu sagen, welchen Anteil die Fahrradlobby an der politischen Neuerfindung Wüsts hat. Doch er merkt in jenen Ministerjahren, dass er über das angestammte Klientel hinaus Zugang finden kann. In guten Momenten gelingt ihm sogar eine bescheidene Lockerheit, die ihm außergewöhnlich gut steht. Der Rückhalt beim liberalen Laschet, die staatspolitische Verantwortung des Ministeramtes, aber auch die Ehe mit der zwölf Jahre jüngeren Katharina sowie das permanente Pendeln zwischen der Wohnung im Düsseldorfer Szeneviertel und dem Wahlkreis in Rhede helfen beim Blick über den Tellerrand. Der einst so akkurat gekämmte Jungunionist wird sogar Pate der Aktion „Helmfrisur“. In lustigen Videoclips ermahnt er die Radfahrer: „Egal, wie die Frisur sitzt, egal, ob es bescheuert aussieht. Köpfchen einschalten, den Kopf schützen, Helm aufsetzen.“

Wüst steht zwar weiterhin im Ruf, in seinem Ministerium Personalpolitik streng nach Parteibuch zu betreiben, bei Straßenneubauprojekten systematisch CDU-Wahlkreise zu bevorzugen und den wichtigen, aber wenig glamourösen Instandhaltungsmaßnahmen an Autobahnen zu wenig Beachtung zu schenken – doch man sieht es ihm nicht mehr so stark an. Die breite Öffentlichkeit bekommt vorwiegend einen auf Fotos jugendlich lächelnden Minister zu sehen, der Woche für Woche Förderbescheide persönlich vorbeibringt, irgendwo Streckenabschnitte eröffnet und Grußworte hält.

In Umfragen schlägt sich Wüsts Sinn für Öffentlichkeitsarbeit allerdings zunächst nicht nieder. Einige Landeserhebungen zeigen, dass ihn die meisten NRW-Wähler gar nicht kennen oder schlimmer noch: mit der Verkehrspolitik im Land nicht sonderlich zufrieden sind. Als Kabinettsstars haben sich vielmehr der rustikale Gesundheitsminister Karl-Josef Laumann und der knorrige Innenminister Herbert Reul etabliert, die beiden Kabinetts-Oldies, nicht der schnittige Mittvierziger Hendrik Wüst. Es gehört also Anfang 2020 einige Vorstellungskraft dazu, sich ausgerechnet ihn als künftigen Ministerpräsidenten von Nordrhein-Westfalen auszumalen.

Doch als Wüst kurz vor Ausbruch der Corona-Pandemie erfährt, dass Laschet um die Nachfolge der gescheiterten CDU-Bundesvorsitzenden Annegret Kramp-Karrenbauer konkurrieren will und dabei Spahn als eine Art „Running Mate“ gewonnen hat, dämmert ihm insgeheim: Da könnten sich in nächster Zeit auch für ihn einige Türen auftun. Wenn es dem Gespann Laschet/Spahn gelingen sollte, den Anti-Parteiestablishment-Kandidaten Friedrich Merz zu bezwingen, wird sich auch die Frage der Kanzlerkandidatur 2021 alsbald stellen. Der erfahrene Parteimensch Wüst weiß: Es gehört zur Stellenbeschreibung jedes CDU-Chefs, sich um das höchste Regierungsamt in Deutschland bewerben zu müssen. Der eben noch in Nordrhein-Westfalen äußerst zufrieden wirkende Laschet nimmt also Anlauf für die Merkel-Nachfolge und steht vor einem Wechsel nach Berlin. Wüst kann nicht wissen, ob und wann sich Laschet der Bundespolitik mit Haut und Haaren verschreiben wird, aber die Wahrscheinlichkeit, dass Nordrhein-Westfalen vor der nächsten regulären Landtagswahl im Mai 2022 einen neuen Ministerpräsidenten braucht, ist schlagartig gestiegen. Es ist der Ausgangspunkt für einen fast 20-monatigen Machtkampf in Düsseldorf, in dem Wüst eiserne Nerven und strategisches Geschick beweisen wird. Zugetraut haben ihm das nur wenige, denn der politische Betrieb orientiert sich auch im 21. Jahrhundert noch immer stark an den Silberrücken, denen man weithin Kraft und Ambitionen ansieht. Wüst agiert eher, um im zoologischen Bild zu bleiben, wie das gefährliche Leistenkrokodil in Australien: Man bemerkt es kaum in seiner Lethargie am Gewässerrand und unterschätzt leicht dessen explosionsartige Reaktionsschnelligkeit, wenn sich die Gelegenheit zum Beutezug bietet.

Der seit 2005 immer direkt gewählte Landtagsabgeordnete Hendrik Wüst sei „ein Glückskind der Verfassung“, sagt Christian Wernicke von der *Süddeutschen Zeitung* und bringt die außergewöhnlichen Umstände, die den Griff nach der Macht an Rhein und Ruhr für den Verkehrsminister überhaupt erst denkbar werden lassen, auf die wohl griffigste Formel. Es ist eine nordrhein-westfälische Spezialität, dass der Ministerpräsident nach der Landesverfassung Mitglied des Landtags sein muss. Wenn der Regierungschef ausnahmsweise mitten in einer Legislaturperiode abhandenkommt, beschränkt sich der Kreis potenzieller Nachfolger also immer auf die Mehrheitsfraktion im Düsseldorfer Parlament. Dass diese Besonderheit Karrieren befördern oder beenden kann und dass das nicht immer im Sinne der Regierungsparteien ist, weiß man in Nordrhein-Westfalen seit über 20 Jahren. Als SPD-Ministerpräsident Wolfgang Clement im Herbst 2002 überraschend als „Superminister" ins Bundeskabinett von Kanzler Gerhard Schröder wechselt, gilt Landesparteichef und NRW-Arbeitsminister Harald Schartau als sein Kronprinz. Doch der in der IG Metall groß gewordene SPD-Mann aus Duisburg verfügt über kein Landtagsmandat. So kommt nach zähen internen Debatten der aus Hamburg stammende Landesfinanzminister Peer Steinbrück zum Zug. Er darf die rot-grüne Koalition noch bis zur Abwahl 2005 aus der Staatskanzlei führen.

Seit Jahren gibt es in NRW immer mal wieder Überlegungen, sich von diesen Zwängen der Landesverfassung zu befreien. Den vorerst letzten ernsthaften Anlauf, den betreffenden Artikel 52 zu ändern, unternehmen Ende 2012 SPD und Grüne. Für künftige Regierungen könne es von Vorteil sein, wenn das Personalangebot breiter als bisher wäre, wirbt damals Grünen-Landtagsfraktionschef Reiner Priggen öffentlich. „Dann könnten zum Beispiel auch angesehene Bundestagspolitiker für den Posten des Ministerpräsidenten in NRW kandidieren", schlägt er vor. Der Bundeskanzler müsse in Deutschland ja auch nicht aus der Mitte des Bundestags gewählt werden. Rot-Grün hat zu jener Zeit ein vitales Interesse daran, die Staatskanzlei für potenzielle Quereinsteiger zu öffnen. Ministerpräsidentin Hannelore Kraft steht im Zenit ihres Ansehens. Sie hat die Wahl in Nordrhein-Westfalen mit 40 Prozent gewonnen und zählt zwischenzeitlich zu den beliebtesten deutschen Politikern. Nicht wenige Genossen sehen ihre Zukunft in Berlin. Die Spitze der NRW-SPD wirkt nach der gerade erst beendeten, schweren Geburt der Kanzlerkandidatur von Steinbrück für 2013 bestrebt, sich personalpolitisch nicht länger einzumauern. Doch die Landesverfassung kann nur mit Zweidrittelmehrheit geändert werden – und CDU-Landtagsfraktionschef Laumann winkt ab: Artikel 52 bleibt.

Wenn man Laumann elf Jahre später fragt, ob sein Veto einen Ministerpräsidenten Hendrik Wüst überhaupt erst möglich gemacht hat, wirft er sich im Stuhl zurück, verschränkt die Arme vor der Brust und schmunzelt. So hat er das noch gar nicht gesehen. Laumann sitzt am Tisch vor Kopf in einem Besprechungsraum des Düsseldorfer Arbeitsministeriums und schaut auf eine Glasvitrine, in der er seine Sammlung von Modelltraktoren aufbewahrt. An die CDU, an mögliche künftige Personalkonstellationen oder gar an Wüst denkt er in der Verfassungsdiskussion seinerzeit gar nicht. Laumann ist vielmehr überzeugter Parlamentarier, der fast körperlich leidet, wenn er mal eine Zeit neben seinen Regierungsämtern keinem Abgeordnetenhaus angehört. Auch nach Jahrzehnten in der Berufspolitik kann er sich für die demokratische Grundidee, dass alle Staatsgewalt vom Volke ausgeht, sehr begeistern. Dass ein jeder Bürger vom kleinsten Dorf geheim und frei in ein Parlament gewählt werden kann und damit die Geschicke des Gemeinwesens bestimmt und eine Regierung kontrolliert – Laumann findet das bis heute „eine sehr schöne Sache", wie er gern formuliert. Die Idee einer Verfassungsänderung, mit der sich ein Parlament ohne Not selbst schwächt, kommt ihm also geradezu absurd vor. „Ich war und bin der Auffassung, dass der Landtag von Nordrhein-Westfalen so selbstbewusst sein muss, zu sagen: Ein Mitglied aus unserer Mitte ist immer und unter allen Umständen geeignet, Ministerpräsidentin oder Ministerpräsident des bevölkerungsreichsten Bundeslandes zu werden", sagt er rückblickend. „Wir sind als Parlament stark genug, einen oder eine aus unseren Reihen zu wählen und brauchen da keine Nachhilfe aus Berlin oder sonst woher."

Wüst wird zum Profiteur dieser Prinzipienfestigkeit Laumanns. Als Laschet Anfang 2020 in Berlin seine Kandidatur für den CDU-Bundesvorsitz bekanntmacht, ist seine Nachfolge in Nordrhein-Westfalen offiziell „kein Thema". Schließlich müsste Laschet erst einmal Friedrich Merz, die Sehnsuchtsfigur der Konservativen in der Partei, aus dem Feld schlagen. Dann müsste er nach der Kanzlerkandidatur greifen und erklären, dass er seine politische Zukunft nach der Bundestagswahl im Herbst 2021 in jedem Fall im Bund sieht. Ziemlich viele Konjunktive. Doch Wüst hat die Lage früh erfasst. Sollte sich Laschet wirklich vorzeitig aus Düsseldorf verabschieden, kommen ernsthaft nur drei CDU-Landtagsabgeordnete für die Staatskanzlei in Frage: Fraktionschef Bodo Löttgen, Finanzminister Lutz Lienenkämper und er selbst. Laumann und der populäre Innenminister Reul, die an der Parteibasis besonders gut ankommen, haben kein Landtagsmandat. Die ehrgeizige Kommunalministerin und Chefin der Frauen-Union, Ina Scharrenbach, hat

2017 auf Laschets Bitten hin ihren Nachrücker-Listenplatz einer Parteifreundin überlassen und kommt deshalb als Regierungschefin ebenfalls nicht in Betracht.

Die unmittelbaren Konkurrenten können Wüst eigentlich nicht gefährlich werden: Löttgen und Lienenkämper sind in Nordrhein-Westfalen ebenso unbekannt wie er selbst, weshalb sie parteiintern niemand als Wahlkampf-Zugpferde sehen dürfte. Von Lienenkämper, der in Düsseldorf „Lucky Lutz" gerufen wird, weiß man, dass er nicht gerade vor Ehrgeiz brennt und auf öffentlichen Rummel gut verzichten kann. Er ist ein exzellenter Jurist und heiterer Zeitgenosse mit eigenem Humidor im Büro. Seit Jahren fliegen ihm Macht und Ämter eher zu. Die Anzahl der Interviews in seiner Zeit als Finanzminister lassen sich an einer Hand abzählen. Spötter sagen, er habe es geschafft, im Amt unbekannter zu werden als vorher. Sein Amtsvorgänger, der spätere SPD-Chef Norbert Walter-Borjans, überstrahlt ihn noch immer. Kaum vorstellbar, dass Lienenkämper sich mit Wüst ums Machterbe balgen möchte. Dem langjährigen Laschet-Vertrauten Löttgen, einem ehemaligen Kriminalhauptkommissar, werden dagegen größere Ambitionen zugetraut. Doch Löttgen ist über 60 Jahre alt und zweifelt intern, ob er einer für die erste Reihe wäre. Er hat eigentlich andere Pläne fürs Alter. „Wenn Löttgen will, dann muss er jetzt auch durchziehen", rät einer aus der Führungsriege der NRW-CDU ungeduldig. Würde der Fraktionschef, der über beste Kontakte zum Koalitionspartner FDP verfügt, Ansprüche anmelden, könnte die schwarz-gelbe Koalition kaum anders, als ihn zum neuen Ministerpräsidenten zu wählen. Wüst wäre raus und müsste froh sein, weiterhin dem Kabinett anzugehören. Doch Löttgen grübelt und zögert.

Wüst spürt früh, dass sich die Dinge in seine Richtung bewegen – und lässt sich nichts anmerken. Es gibt zwischen Anfang 2020 und Herbst 2021 praktisch keine öffentliche Äußerung von ihm, die man als Ambition aufs Ministerpräsidentenamt dechiffrieren könnte. Er reiht sich vielmehr still ein ins „Team Laschet". Nur wenn Laschet auf Bundesebene Erfolg hat, stellt sich in Düsseldorf überhaupt die Nachfolgefrage. In der Konkurrenz um den CDU-Vorsitz steht die Mittelstandsvereinigung MIT eigentlich Friedrich Merz nahe. In Nordrhein-

Westfalen hält Wüst den Wirtschaftsflügel jedoch auffallend in einer neutralen Position, obwohl es hier und da die Erwartung gibt, öffentlich stärker für den „Wirtschaftsmann" Merz zu trommeln. Wüst kann seine Zurückhaltung immer damit erklären, dass er selbst Mitglied im Kabinett Laschet sei und die Parteigliederungen in Nordrhein-Westfalen doch solidarisch hinter dem erfolgreichen Landesvorsitzenden zu stehen hätten. Die Rechnung geht auf: Laschet wird im Januar 2021 beim ersten digitalen Parteitag knapp zum neuen CDU-Chef gewählt.

Als härterer Brocken wird sich in den kommenden drei Monaten CSU-Chef Markus Söder erweisen. In der epischen Schlacht um die Kanzlerkandidatur in der Union wird Wüst häufig von Laschet zu Rate gezogen. Er kennt Söder am besten und verfügt aus den Jahren bei der Jungen Union über vielfältige belastbare Kontakte nach Bayern. Wüst telefoniert praktisch pausenlos für Laschet und macht sich über Söders Machthärte keine Illusionen. Er scheint jedoch lange davon auszugehen, dass es „dem Markus" in der brutalen Auseinandersetzung mit dem neuen CDU-Vorsitzenden in Wahrheit nur den eigenen Marktwert in Bayern gehe. In Düsseldorf gibt es in jenen Tagen die Deutung: Söder wolle Laschet als Schwächling und künftigen Kanzler von seinen Gnaden dastehen lassen, so wie es Franz Josef Strauß einst auch mit Helmut Kohl versucht hat. Dass Söder aber am Ende tatsächlich das „Angebot" unterbreitet, die Union in die Bundestagswahl zu führen, überrascht viele im Team Laschet. Wüst weiß über sein weitverzweigtes Netzwerk, dass etliche in der CDU mit dem eigenen Vorsitzenden fremdeln und kein Problem damit hätten, die Kanzlerkandidatur diesmal dem cleveren Umfragekönig von der Schwesterpartei zu überlassen. Zumal Söder im Corona-Management die Nähe zur Kanzlerin Merkel gesucht und ungemein an bundesweiter Popularität zugelegt hat. Zwischenzeitlich ist der bayerische Ministerpräsident in Landesumfragen an Rhein und Ruhr beliebter als der nordrhein-westfälische – das gab es noch nie.

Im Frühjahr 2021 ist die Gefahr real, dass der neue CDU-Chef Laschet doch kein Kanzlerkandidat wird und damit NRW-Ministerpräsident bleibt. Wüsts einmalige Chance, in die Staatskanzlei einzuziehen, wäre unwiederbringlich vorbei. Mit einer Portion Realismus weiß man:

Niemand in der NRW-CDU käme in einem gewöhnlichen Auswahlverfahren auf die Idee, ausgerechnet den ziemlich unbeliebten Münsterländer für die Landtagswahl als Spitzenkandidaten aufzustellen. Die Tür kann für ihn nur aufgehen, wenn sich Laschet mitten in der Legislaturperiode Berlin verschreibt und ein Ministerpräsident aus den vorhandenen Landtagsabgeordneten gesucht werden muss. Die Beförderung zum Kanzlerkandidaten darf also nicht schiefgehen.

Wüst gehört zu den ersten im Team Laschet, die auf die Idee verfallen, dass „einer der alten Herren" im scheinbar unauflösbaren Streit mit Söder ein Machtwort sprechen müsste: Hessens Ministerpräsident Volker Bouffier, der auch bei den Konservativen in der CDU hohes Ansehen genießt, oder besser noch die graue Eminenz Wolfgang Schäuble. Der Bundestagspräsident gilt zwar beileibe nicht als Laschet-Fan, steht aber für den Selbstbehauptungswillen der CDU. So wie Laschet seit Wochen aus München sturmreif geschossen wird, darf man mit einem CDU-Vorsitzenden nicht umgehen. Da ist Schäuble konservativ und stur, glaubt man in Düsseldorf. Das Kalkül geht auf, es kommt zum Schwur in Schäubles Bundestagsbüro und Laschet schleppt sich anschließend in einer legendären nächtlichen Bundesvorstandssitzung vom 19. auf den 20. April 2021 zur Kanzlerkandidatur.

In Nordrhein-Westfalen werden derweil erste Stimmen laut, Wüst zum Nachfolger Laschets aufzubauen. In diese Richtung äußert sich etwa Unternehmerpräsident Arndt Kirchhoff, der den Verkehrsminister auffallend offensiv als „tüchtigen jungen Mann" lobt. Kirchhoffs Hauptgeschäftsführer Johannes Pöttering ist ein langjähriger Vertrauter Wüsts aus der Jungen Union.

Auch beim Koalitionspartner FDP gibt es Sympathien für den gelernten Wirtschaftsflügelmann Wüst, in dem man eine Art natürlichen Verbündeten sieht. Wüst lädt in der heißen Phase der Nachfolgedebatte immer wieder den liberalen Landtagsfraktionschef Christof Rasche zum Essen ein, um die Lage auszuloten. Der hemdsärmelige Ostwestfale Rasche weiß viel, genießt hohes Ansehen auch bei den potenziellen Konkurrenten Löttgen und Lienenkämper. Wüst und Rasche kennen sich seit Jahren aus der Verkehrspolitik, haben sich immer mal wieder im kleinen Fitnessstudio im Landtagskeller zum Sport verabredet. Beide sind ehemalige Handballer, wenngleich Rasche deutlich erfolgreicher war als Wüst. Es ist über Jahre ein Verhältnis gewachsen, das man außerhalb der Politik als Freundschaft deuten würde. „Die beiden können echt miteinander", heißt es in Düsseldorf. Rasche fährt mit seiner Frau zu Wüsts Polterabend nach Rhede, umgekehrt lädt er den CDU-Mann zu seinem 55. Geburtstag nach Hause ein. Zu Beginn der Corona-Pandemie gibt Wüst in vertraulichen Gesprächen mit den Liberalen sogar zu verstehen, dass er die strengen Infektionsschutzmaßnahmen ebenfalls überaus kritisch sehe. „Auf welcher Faktenbasis wir gerade das ganze Land zusperren, ist schon beispiellos", beschwert sich Wüst vor Ohrenzeugen im Frühjahr 2020. Auch die FDP-Spitze in Berlin um Wüsts ehemaligen Generalsekretärs-Kollegen Christian Lindner wird sich später für einen geräuschlosen Übergang in Nordrhein-Westfalen aussprechen. Die Liberalen laufen sich nach der Bundestagswahl 2021 für eine Ampel-Koalition warm und wollen jeden Anschein vermeiden, dies sei der Beginn eines liberalen Lagerwechsels zu SPD und Grünen. Warum also nicht den Übergang von Laschet zu Wüst mitmachen?

Wüst erweist sich in jenen Tagen als Meister des politischen „Nudging", wie Verhaltensökonomen den subtilen Anstoß zu einer gewünschten Entscheidung nennen. Ebenso wie im Supermarkt Obst auf Augenhöhe in einer verspiegelten Auslage angeboten wird oder „Quengelware" kurz vor der Kasse, drängt sich Wüst seiner Partei, der Öffentlichkeit und dem Koalitionspartner so geschickt auf, dass sie es fast gar nicht mitbekommen. Man wählt ihn, ohne genau zu wissen, warum eigentlich.

Formal lässt er sich keine weitergehenden Ambitionen anmerken. Selbst als sich die Anzeichen mehren, dass Laschets Kanzlerkandidatur zum Fiasko werden könnte. Nach dem grotesken Vorstoß mit einem „Brücken-Lockdown" zu Ostern 2021 reihen sich kurz darauf auch im Flutsommer Pannen und Peinlichkeiten aneinander. Laschet wirkt zerrieben zwischen den Anforderungen als Kanzlerkandidat und als Ministerpräsident, sein Umfeld der Größe der Aufgabe nicht gewachsen. Es gibt erste Überlegungen, ihm den Rückweg nach Düsseldorf offen zu halten. Für Wüst wäre ein solches Szenario das Ende aller Aufstiegsträume. Vor allem der NRW-Innenminister und treue Laschet-Freund

Herbert Reul hält es für falsch, den Ministerpräsidenten auf eine ungewisse Zukunft in Berlin festzulegen. Im Juni 2021 gibt er das bei einer Leser-Veranstaltung mit der *WAZ* sogar öffentlich zu: „Wenn der jetzt nicht Bundeskanzler würde, wäre es doch toll, wenn wir ihn als Ministerpräsidenten behalten könnten. Der Mann ist gut, es wäre doch verrückt, wenn der dann nichts mehr macht. Die künstliche Debatte über Rückkehr oder nicht Rückkehr hat uns in eine Sackgasse manövriert."

Da ist Laschet aber längst weichgekocht. Über Wochen tauchen in den Medien anonym befeuerte Spekulationen auf, der Kanzlerkandidat laufe geradewegs in die „Röttgen-Falle". Das ist seit dem nordrhein-westfälischen Landtagswahlkampf 2012 eine Chiffre für fehlenden Bekennermut bei einer Kandidatur. Wenn Laschet mit „Rückfahrticket" nach Düsseldorf ums Kanzleramt kämpfe, könne das nichts werden, heißt es. Mehr noch: Er gefährde die Aufstellung der NRW-CDU für die nahende Landtagswahl im Mai 2022. Es sei schlicht nicht vorstellbar, mit einem geschlagenen Kanzlerkandidaten Laschet in die Schlacht zu ziehen, wird in internen Debatten soufflíert. Es gibt keinen einzigen Beleg, dass Wüst persönlich zu den Stichwortgebern solcher Berichte gehört. Aber sie helfen ihm in dieser Phase enorm.

Für Aufsehen sorgt am 1. Mai 2021 schließlich eine im Magazin *Focus* publizierte Forsa-Umfrage, die von der „Bonner Akademie für Forschung und Lehre praktischer Politik" (BAPP) in Auftrag gegeben wurde. Mit Blick auf die Landtagswahl 2022 äußern in dieser Erhebung 51 Prozent der Befragten, nur mit einem neuen Ministerpräsidenten könne für die CDU verloren gegangenes Vertrauen zurückgewonnen werden. Forsa-Chef Manfred Güllner wird mit dem Satz zitiert: „Ein Neuanfang für die CDU ist mit Laschet schwer vorstellbar." Präsident der BAPP ist der frühere SPD-Politiker Bodo Hombach, der zugleich als Vorstandsvorsitzender der Essener Brost-Stiftung vorsteht. Auch der kommt als politischer Analyst in dem Bericht zu Wort. Im Stiftungsvorstand sitzt Wüsts alter Mitstreiter aus der „Viererbande", Boris Berger. Wüst selbst ist Mitglied des Stiftungskuratoriums. Womöglich ist das alles Zufall. In Teilen der NRW-CDU weckt die personelle Konstellation jedoch sofort Unbehagen. Während einer Klausurtagung der

Landtagsfraktion schimpft Löttgen vor Abgeordneten zu späterer Stunde, mit Wüst hole man sich die alte Berger-Truppe zurück ins Haus. Es nützt nichts. Ein Verbleib Laschets in der Düsseldorfer Staatskanzlei über die Bundestagswahl hinaus ist am 7. Mai 2021 unvorstellbar geworden. Am Nachmittag jenes Tages kommt die *FAZ* mit der Exklusivmeldung auf den Markt: „Laschet stellt klar: Mein Platz ist in Berlin.“ Zu einem Rückfahrticket nach Düsseldorf sagt er unabhängig vom Ausgang der Bundestagswahl: „Klares Nein.“ Das lässt keinen Interpretationsspielraum. Der Druck, als Kanzlerkandidat Siegeszuversicht auszustrahlen und kein Hintertürchen offen zu lassen, ist für Laschet zu groß geworden.

Damit ist der Weg in Nordrhein-Westfalen für Wüst frei. Verzweifelt suchen seine parteiinternen Gegner nach neuen Optionen. Es wird in vertraulichen Strategiedebatten erwogen, dass der populäre Reul den CDU-Landesvorsitz übernehmen könnte. Löttgen oder Lienenkämper müssten dann als Ministerpräsident nach der Bundestagswahl die letzten sieben Monate der Legislaturperiode ordnungsgemäß zu Ende führen. Verfassungsrechtlich wird sogar geprüft, ob nicht auch Vize-Ministerpräsident Joachim Stamp von der FDP die Geschäfte einfach weiterführen könnte. Zur Spitzenkandidatin der Landtagswahl könnte man dann Kommunalministerin Scharrenbach küren, endlich mal eine von den jüngeren Frauen. Beim liberalen Koalitionspartner fragt man sich in dieser Phase entsetzt, was bloß in die CDU gefahren sei? Wie groß muss die Wüst-Ablehnung in Teilen der Partei sein, wenn man solch abenteuerliche Szenarien durchspielt? Wie wolle die NRW-CDU denn der Öffentlichkeit erklären, dass sie die Führung der Regierung einige Monate lang dem kleineren Koalitionspartner FDP überlässt?

Wüst bekommt die hektischen Verhinderungspläne der Gruppe um Scharrenbach über seine Zuträger mit, bleibt aber konzentriert bei einem Fahrplan. Er sammelt seit Monaten seine Truppen und arbeitet – wie so oft in wichtigen Momenten – stur entlang der Entscheidungsstrukturen der NRW-CDU. Pausenlos telefoniert er, schickt SMS, arrangiert persönliche Treffen. Wüst gewinnt wichtige Fürsprecher unter den acht Bezirksvorsitzenden der NRW-CDU, die eine Art Aufsichtsrat der Partei sind. Sein eigener Münsterländer Bezirkschef Laumann ist ihm ohnehin zu landsmannschaftlicher Loyalität verpflichtet. Im konservativen Südwestfalen, wo der Parlamentarische Staatssekretär Klaus Kaiser nicht mehr allzu fest im Sattel sitzt, findet er schnell Rückhalt. Am Niederrhein hilft ihm Günter Krings, der NRW-Landesgruppenvorsitzende im Bundestag und alte Vertraute aus der MIT. Im größten Parteibezirk, dem Ruhrgebiet, zieht er den Essener Oberbürgermeister Thomas Kufen auf seine Seite.

Obwohl Kufen immer für eine Liberalisierung der CDU kämpfte und die konservativen Parolen des jungen Wüst ablehnte, schätzt er dessen hohe Professionalität und Lernfähigkeit. „Hendrik Wüst hat sich weiterentwickelt und aus Fehlern gelernt. Er hat verstanden, dass sich die CDU als Volkspartei thematisch breit aufstellen muss. Ich war von Anfang an der Auffassung, dass wir bei der schwierigen Landtagswahl 2022 nur dann erfolgreich sein können, wenn wir den Amtsbonus des Ministerpräsidenten nutzen und den Wählerinnen und Wählern ein überzeugendes Personalangebot machen. Mit Wüst bot sich die Möglichkeit, in der NRW-CDU klare Verhältnisse zu schaffen und den Generationswechsel einzuleiten. Er hat diese Chance auch eindrucksvoll genutzt und sehr schnell seinen eigenen Stil gefunden", sagt Kufen rückblickend. Wüst gewinnt auch den Landeschef des Arbeitnehmerflügels CDA, den Bochumer Europaabgeordneten Dennis Radtke, für sich. Sie kennen und mögen sich seit vielen Jahren. Radtke wirbt unermüdlich für Wüst und versucht, im Arbeitnehmerlager Ängste vor dem konservativen Wirtschaftsflügel-Mann abzubauen. Auch Laschets CDU-Generalsekretär Josef Hovenjürgen geht immer mehr auf Distanz zu Spekulationen über Doppel- und Dreifachspitzen. Öffentlich muss er als General zwar eine neutrale Position einnehmen, doch in Düsseldorf weiß bald jeder, dass auch Hovenjürgen ins Team Wüst gewechselt ist. Bei dem Parteimanager aus Haltern meint man nach den strapaziösen Coronajahren und den oft erratischen Entscheidungen Laschets eine Sehnsucht nach Berechenbarkeit zu spüren. Die Zeit rennt Hovenjürgen bei der Vorbereitung der Landtagswahlkampagne gerade davon. Der smarte Wüst, den „man hervorragend auf jedes Wahlplakat drucken kann", wie er in Ruhrgebiets-Direktheit gern sagt, erscheint ihm eine naheliegende Lösung.

Auch in der Landtagsfraktion, wo die schlechten Umfragen im Herbst 2021 inzwischen als ernsthafte Bedrohung für den Wiedereinzug ins Parlament sorgenvoll betrachtet werden, ist man die Hängepartie leid. Wüst hat ein gutes Gespür für die Abgeordneten-Seele. Er weiß, dass ein Spitzenkandidat in allererster Linie ein Erfolgsversprechen sein muss. Als nach monatelangen Debatten eine entscheidende Aussprache über die Laschet-Nachfolge in der CDU-Landtagsfraktion ansteht, entgleisen Löttgen und den wenigen verbliebenen Mitstreitern der Anti-Wüst-Koalition die Gesichtszüge. Ein Abgeordneter nach dem anderen spricht sich für Wüst aus. Der sitzt dabei und genießt. Er hat ganze Arbeit geleistet. Laschet geht es nach der schlimmen Bundestagswahlniederlage längst nur noch darum, in Nordrhein-Westfalen geordnete Verhältnisse zu hinterlassen. Tapfer versammelt er die Partei in den kommenden Tagen hinter dem Personalvorschlag Hendrik Wüst.

Anfang Oktober 2022 kommt es zu einer sonderbaren Familienaufstellung: Vor den Türen des Plenarsaals im Düsseldorfer Landtag haben sich die CDU-Fraktion und der schwarze Teil der Landesregierung hinter Laschet und Wüst im Halbkreis gruppiert. Es herrscht eine feierliche, aber keineswegs gelöste Stimmung. Der scheidende Ministerpräsident rühmt den kommenden als „Macher". Es sei ein „großer Konsens" gelungen. In der ersten Reihe applaudieren Scharrenbach und Reul, die Corona-Schutzmasken verdecken den Blick auf ihr Mienenspiel. Wüst gelobt, die gemeinsame Arbeit „in diesem guten Geist" fortzusetzen. Er verneigt sich mehrfach vor den Abgeordneten, die ihn tragen sollen. Wüst presst dabei die Handflächen wie ein Geistlicher gegeneinander. Die „Bettelmönch-Pose" wird man bei ihm noch häufiger sehen. Mit stockender Stimme und unnatürlichen Pausen zwischen den einzelnen Wörtern sagt er im Stile eines Gelöbnisses: „Ich verspreche, mit ganzer Kraft in den Dienst am Land und an den Menschen zu gehen. Ich werbe um Ihr Vertrauen." Alle versichern, dass die Ein-Stimmen-Mehrheit für die Wahl im Parlament stehen werde. Wüst wird zunächst am 23. Oktober 2021 fast einstimmig zum neuen Landesvorsitzenden der CDU gekürt. Vier Tage später erhält er im Landtag in der geheimen Wahl zum Ministerpräsidenten drei Stimmen mehr, als die schwarz-gelbe Koalition Abgeordnete hat. Der Unvermeidliche ist am Ziel.

Der Netzwerker

Vertrauen ist gut, Vertraute sind besser

An einem sonnigen Montagmorgen im Oktober 2022 wird im Domforum vorsichtshalber ein Fass Kölsch angeschlagen. Das ist nie verkehrt, wenn man nicht genau weiß, was die Feier so bringen wird. In der katholischen Begegnungsstätte im Schatten der mächtigen Kölner Kathedrale haben sich Ministerpräsident Hendrik Wüst und der französische Botschafter François Delattre angekündigt. Gerade besuchen sie noch gemeinsam mit ihrer Entourage die Dombauhütte nebenan, in der vier Pariser Kirchenfenster restauriert werden, die 2019 beim Brand von Notre-Dame schwer beschädigt wurden. Wüst hat das Projekt sowie das Amt des „deutsch-französischen Kulturbevollmächtigten" vom Herzenseuropäer Armin Laschet geerbt, dem solche Symbole immer wichtig waren. Das Domforum füllt sich erst allmählich. Im hinteren Teil des Saals steht bereits ein Mann mit Brille und hoher Stirn im dunklen Mantel ganz allein an einem Stehtisch. Man könnte ihn für einen Kirchenfunktionär halten, der das Feld für den wenige Augenblicke später eintreffenden Kardinal Woelki sondiert. Es ist aber Hans-Peter Bröhl, der sich seit Jugendtagen „HP" nennt. Bröhl arbeitet länger für Hendrik Wüst als jeder andere in dessen engstem Umfeld. Dieses Alleinstellungsmerkmal spürt man nicht auf Anhieb, wenn man ihn erlebt. Überhaupt lehrt die Erfahrung im Umgang mit Wüst-Leuten: Je weniger öffentliches Aufheben sie um sich machen, desto einflussreicher sind sie; während die Windmaschinen intern eher wenig zu sagen haben. Bröhl grüßt freundlich und versucht schnell den Eindruck der eigenen absoluten Überflüssigkeit zu vermitteln. Er erklärt seinen Auftritt hier im Domforum zum puren Zufall. Alles völlig unspektakulär. Er brauche bloß „eine Mitfahrgelegenheit". Der Wüst-Tross hat einen langen Tag vor sich. Es geht noch weiter nach Bonn und Brüssel. „Außerdem bin ich ja der einzige echte Kölner", sagt Bröhl und lacht. Eine kleine, freundlich gemeinte Spitze des heimatstolzen Mannes aus Köln-Wahn gegen seinen Kollegen Marcel Grathwohl, der aus Pulheim stammt, gelegen im provinziellen Speckgürtel der Millionenstadt.

Grathwohl wird erst in einigen Augenblicken da sein. Er versieht meist den Dienst im unmittelbaren Schatten des „Em-Pe“, wie sie ihren Vorgesetzten Hendrik nennen, seit er zum Ministerpräsidenten aufgestiegen ist. Grathwohl ist noch mit ihm bei den Notre-Dame-Fernstern.

In der Hierarchie der nordrhein-westfälischen Staatskanzlei bekleiden Bröhl und Grathwohl formal nur zwei der insgesamt sechs Abteilungsleiterposten. Sie sind aber weit mehr: engste Vertraute des Ministerpräsidenten, wichtigste Schlaufen eines weitverzweigten Machtnetzwerks, vielleicht sogar ein treffliches Erklärungsmuster für das schwer durchschaubare System Wüst. Sie bilden ein verschwiegenes Duo, das man als Journalist schon lange kennen muss, damit man überhaupt ins Gespräch kommt. Der in Loyalitätsfragen sehr konsequente Bröhl hat schon Berichterstatter, die Kontakt zu ihm suchten, mit gezückter Visitenkarte stehen lassen und brüsk klargestellt: „Ich sage Ihnen eh nichts.“ Wo Wüst ist, sind die beiden selten weit entfernt. Sie ziehen jedoch strikt die höfliche Unauffälligkeit vor, drängen sich nie ins Bild und nehmen sich keinesfalls ungefragt das Wort. Sie müssen ihren Chef auch gar nicht wispernd deuten und erklären. Sie arbeiten vielmehr rund um die Uhr dafür, dass dessen öffentliches Bild für sich selbst spricht.

Bröhl dient Wüst erstmals als Beisitzer in dessen Landesvorstand der Jungen Union. Beinahe ein Vierteljahrhundert ist das her. Damals studiert er noch. Nach dem ersten Jura-Staatsexamen fängt Bröhl zunächst bei einer Versicherung an, kehrt aber als Referent des neuen CDU-Generalsekretärs Wüst schnell zurück in den Politikbetrieb. Über Jahre wird er ihm treu zuarbeiten, selbst als einfacher Mitarbeiter der Landtagsfraktion in tristen Oppositionszeiten. Nach der Regierungsübernahme 2017 folgt er Wüst zunächst ins Verkehrsministerium als Leiter des Ministerbüros und als Gruppenleiter, dann geht es gemeinsam in die Staatskanzlei. Bröhl ist der einzige Wasserträger, der den mühsamen Wiederaufstiegs Wüst nach dem Absturz als Generalsekretär von Anfang an mitgemacht hat. Er bleibt klaglos an seiner Seite, als alle nur noch wegwollen vom scheinbar verbrannten General. „HP ist Hendriks loyalster Mann, das ist absolute Nibelungentreue“, urteilt einer, der die beiden über Jahre erlebt hat. Bröhl gilt nicht als Mastermind mit genialen Beschlussvorlagen oder intellektuellen Themenskizzen, er verrichtet seinen Job vielmehr mit pragmatischer Hemdsärmeligkeit. Er hat sich mit Anfang 20 bei der Jungen Union in Köln um die Neumitglieder-Betreuung verdient gemacht. Dabei geht es immer auch um den Abbau von Schwellenängsten. So etwas liegt ihm. Der kumpelig auftretende Bröhl kämpft in dieser Funktion damals gegen das Vorurteil, dass Jungunionisten Langweiler mit Aktenkoffer und ohne Freundin seien. „Mit Religion hab' ich nichts am Hut", sagt HP im Jahr 2002 beschwichtigend in einem solchen Neumitgliedergespräch, das die Zeitschrift *Fluter* der Bundeszentrale für politische Bildung begleiten darf. „Zusammen mit netten Leuten etwas zu bewegen, auch wenn es nur eine Kleinigkeit ist – das ist der Grund, warum ich bei der Jungen Union bin", wird Bröhl damals zitiert. Er ist ein fleißiger Plakate-Kleber und Flyer-Verteiler. Neumitglieder bekommen von ihm eine Kondom-Packung geschenkt mit der Aufschrift: „Junge Union. Viel Spaß ...". Anders als die meisten seiner Mitstreiter ist Bröhl seinerzeit kein Fan des Kanzlerkandidaten Edmund Stoiber von der CSU: „Ich habe immer gesagt, wenn Stoiber Kanzlerkandidat wird, dann krümme ich keinen Finger." Er beugt sich schließlich doch der Mehrheitsmeinung und macht Wahlkampf, bleibt aber in seinem großstädtischen, eher gesellig-unideologischen Zugang ein Exot der Jungen Union. Der Kölner wird eine jener Figuren, die einem in der Wolle gefärbten schwarzen Münsterländer wie Wüst andere Blickwinkel eröffnen können. Bröhl lässt sich bereits vor 20 Jahren mit einer Jubelarie auf die neue Parteivorsitzende Angela Merkel in der Junge-Union-Zeitung *Entscheidung* zitieren, als dies gerade unter den Nachwuchskräften der Union keineswegs selbstverständlich ist: „Wer sich als Frau aus dem Osten, evangelisch und ohne Kinder, in der CDU durchsetzt, der setzt sich überall durch. Daher ist Frau Merkel das Beste, was Deutschland passieren kann."

Wüst bindet Bröhl über Jahre und verschiedene politische Stationen immer enger an sich. Wer mit Menschen spricht, die bei der Deutschen Bahn beschäftigt sind und in Wüsts Verkehrsminister-Zeit mit dem Duo zu tun haben, hört anerkennende Worte: „Denen ging es um die Sache, das waren harte, aber faire Verhandler." Wüst macht Bröhl nach dem Wechsel in die Staatskanzlei aber für manche überraschend nicht zum prestigeträchtigen Leiter seines Ministerpräsidenten-Büros. Stattdessen vertraut er ihm die Ressortkoordination an, eine Gelenkstelle im Miteinander von Ministerien und Regierungschef. Das Büro des Ministerpräsidenten und die gesamte Abteilung für Grundsatzfragen und Repräsentation leitet hingegen Grathwohl. Den gelernten Banker und Diplom-Kaufmann holt Wüst aus der Finanzwirtschaft zunächst ins Verkehrsministerium und stattet ihn später in der Staatskanzlei mit allen Insignien der Macht aus. „Büroleiter de luxe", wird er genannt. Der Pulheimer, Jahrgang 1984, ist in der Regierungszentrale eine Art „Stabschef", der jeden Auftritt Wüsts vor- und nachbereitet, jeden Vorgang kennt und Wüst alles Administrative vom Hals hält. Grathwohl klebt schon als Kind für Jürgen Rüttgers Wahlplakate, wird früh Vorsitzender der Jungen Union Pulheim und reist erstmals mit 16 Jahren als Delegierter zu einem „Deutschlandtag", der Bundeskonferenz der CDU/CSU-Nachwuchsorganisation. Grathwohl wird in der Jungen Union als „Legende" und „Urgestein" verehrt, weil er sich über die Rekordspanne von 16 Jahren in deren Bundesvorstand hält. Er hat in dieser langen Zeit ein enormes Netzwerk an persönlichen Kontakten und Loyalitäten ausgebildet, verinnerlicht das politische Geschäft von der Pike auf und lernt in unterschiedlichen Konstellationen das stille Dienen.

Besonders wertvoll macht Grathwohl für Wüst noch eine andere Eigenschaft: Der gewitzte Rheinländer mit Dreitagebart gilt als einer der nettesten Typen in der jüngeren CDU-Garde. Wo man sich auch umhört: Grathwohl ist fast beängstigend beliebt, er kann Menschen in unterschiedlichsten Zusammenhängen für sich gewinnen und scheinbar unvereinbare Standpunkte klug zu einem fairen Ausgleich bringen. Jemand, der alle Beteiligten in Düsseldorf erlebt, vermutet: Gerade, weil es Wüst selbst an Charisma und emotionaler Bindekraft fehle, habe er sich Grathwohl als „Meister des Socializing" an seine Seite geholt. Überraschen würde diese Motivation nicht, denn Wüst verfügt über eine ziemlich realistische Selbsteinschätzung und achtet bei seiner Personalpolitik eisern auf zwei Prinzipien: politischer Nutzwert und persönliche Loyalität. Nach diesem Schema ist Bröhl ein treuer Kampfgefährte, der für Wüst den täglichen Kleinkrieg des Apparats ausfechtet und stets vorausahnt, was der Chef will. Grathwohl hingegen versteht es, Wüst nach innen und außen charmant in Szene zu setzen und ihm den Schreibtisch so leer zu halten, dass der Ministerpräsident mehr Präsident als Minister sein kann. Anderswo halten Büroleiter mehr als 70 Stunden die Woche im Haus die Stellung und verschwinden hinter Aktenbergen. Grathwohl hingegen begleitet Wüst nahezu täglich zu Auswärtsterminen, er nimmt auf, schreibt mit, leitet ab, analysiert, schlussfolgert. Wenn Wüst eine Zahl oder ein Begriff entfallen ist, dreht Grathwohl diskret seinen Tablet-Screen zum Chef und tippt stumm auf die entsprechende Zeile. Nach Konferenzen, Firmenbesuchen oder Verhandlungen braucht Wüst außerdem ein Gegenüber, mit dem er Thesen schärfen oder Fragestellungen entwickeln kann. Es muss hinterher immer etwas veranlasst oder zumindest gespiegelt werden. Genauso wie Wüst nie in einen Termin geht, ohne zu wissen, was ihn erwartet und was von ihm erwartet wird, darf kein Kalendereintrag ohne politische Rendite im Sinne von Problemlösung oder Popularitätssteigerung bleiben. Während Laschet im Ruf stand, irgendwie immer das zur Chefsache zu machen, was den Chef gerade interessiert oder persönlich berührt, folgt Wüsts Wochenpensum einer nüchternen Matrix: Alles, was der Machtsicherung in der Union dient und die Breitenwirkung in Nordrhein-Westfalen als pragmatisch regierender modern-konservativer Landesvater erhöht, wird gemacht. Alles, was diese Ziele gefährden könnte, wird weit umfahren.

Grathwohl ist dabei für Wüst zum idealen Sparringspartner geworden, weil er einen entspannteren Blick auf den Regierungsbetrieb hat und selbstbewusst genug ist, es dem Chef im Zweifel auch ins Gesicht zu sagen. Grathwohl kennt sämtliche in der Jungen Union sozialisierten Politiker der vergangenen zwei Jahrzehnte und weiß, welche Knöpfe man in der konservativen Nachwuchsorganisation drücken muss. So zettelt er vor über zehn Jahren mal eine Debatte über die Abschaffung von Studentenvertretungen an. In einem Interview mit dem *Deutschlandfunk* formuliert Grathwohl kernig: Der Allgemeine Studierendenausschuss (Asta) sei bloß „eine Selbstbeschäftigung für Leute im 35. Semester, die sich irgendwie ihre Freizeit da vertreiben wollen". Es ist kalkulierte Empörung. Auch als Sitzungsleiter eines durch und durch männlich dominierten „Deutschlandtages" 2018 hat er die Lacher auf seiner Seite, als er eine enge Abstimmung als „knappes Höschen" bezeichnet. Doch eigentlich ist Grathwohl gar kein typischer Vertreter des breitbeinigen Konservatismus. Er hat sich 2013 beim Christopher Street Day auf einer großen Bühne in Sichtweite des Doms in einer Rede beiläufig zu seiner Homosexualität bekannt. Innerhalb der Union macht er sich bereits in einer Zeit für die Anerkennung queerer Lebensformen stark, als das in großen Teilen des Partei-Establishments noch auf Ablehnung stößt. Wenn Wüst also jemand die Gegenwelt zum Klinkerhaus-Rhede aufzeigen kann, dann ein Vertrauter wie Grathwohl.

Anders als andere Machtmenschen achtet Wüst aber sehr genau darauf, sich niemals von einzelnen Mitarbeitern vollständig abhängig zu machen. Das hat ab einer bestimmten politischen Flughöhe Seltenheitswert. Bundespräsident Frank-Walter Steinmeier war einst der wichtigste Mann des SPD-Kanzlers Gerhard Schröder und trug den Beinamen „Mein Machmal". Beate Baumann war die Büroleiterin von CDU-Kanzlerin Angela Merkel und galt als Herrin über den Zugang von Personen und Themen. Nathanael Liminski war Alter Ego und Staatskanzleichef von Armin Laschet, bei dem alle Fäden zusammenliefen. Olaf Scholz ist ohne seinen Kanzleramtsminister Wolfgang Schmidt schwer vorstellbar. Eine solch symbiotische Beziehung in der Machtzentrale ist Wüst wesensfremd. Teile und herrsche – der nicht sonderlich belesene Wüst kennt zumindest in Grundzügen Niccolò di Bernardo dei Machiavelli und dessen Werk „Der Fürst". Obwohl Prätorianer wie Grathwohl und Bröhl so eng mit dem Ministerpräsidenten zusammenarbeiten wie sonst niemand und über die Jahre gewiss eine persönliche Sympathie füreinander entstanden ist, bleibt ein wohlkalkulierter Sicherheitsabstand. Lähmende Eifersüchteleien um den Zugang zum Chef, wie sie in politischen Hierarchien häufig vorkommen, sind im System Wüst ausgeschlossen, weil emotionale Nähe keine Währung ist. „Hendrik Wüst denkt in Strukturen, nicht in menschlichen Beziehungen", sagt einer, der den Apparat gut kennt. Es klingt wohl negativer, als es gemeint ist: Gerade weil der Ministerpräsident unabhängig vom Dienstrang die politische Effizienz immer der persönlichen Empfindung vorzieht, entsteht ein für alle kalkulierbar kühles, aber korrektes Arbeitsklima. Es wirkt wohl die Erfahrung aus der Regierungszeit mit Rüttgers nach, als selbstzerstörerisch um die Berichtslinie gerangelt und die Gunst des Chefs gefochten wurde. Wüst erlebt dort auch, wie unproduktiv es ist, wenn Nähe und Distanz als Herrschaftsinstrument eingesetzt werden. Daraus zieht er seine Lehren, ohne Handbücher über Führungskultur lesen zu müssen: Der Chef darf sich nie mit einem Kühlraum der Stille umgeben, in den nur noch wenige Gefolgsleute vordringen. Erst versandet die Kreativität in den Referaten, dann die Loyalität.

Wüst verlässt sich am liebsten auf sich selbst. Eine „Nadelöhr-Organisation“, in der wenige entscheiden, was nach oben durchdringt, lehnt er ab. „Wir haben viele kluge Köpfe, die sollen sich schon alle einbringen“, sagt er. „Vier-Augen-Politik mache ich nicht mehr“, gibt er einmal intern die Parole aus. Dahinter steckt die simple Rechnung eines effizienten Westfalen: Wer einen großen Apparat hat, muss ihn auch nutzen. Arbeitsteilung, Schwarmintelligenz, Gruppendynamik – wer Hunderte Bedienstete im Organigramm vorfindet, wäre schön blöd, alles an sich zu ziehen. Der Chef verfügt dabei offenbar über ein bemerkenswertes Rollenbewusstsein. Wüst hat eine klare Vorstellung davon, wann ein Regierungschef selbst Präsenz zeigen muss, was er wissen und sagen sollte. Er ist keiner dieser Vorgesetzten, denen die Büroquadratmeterzahl, die Länge der Fensterfront oder die Befehlsgewalt über möglichst viele Untergebene einen wohligen Schauer der Macht verschaffen. Hierarchien haben für Wüst eher einen ordnenden Wert: Es gibt Themen, die von der sogenannten Arbeitsebene erledigt werden müssen, und Themen, die von der sogenannten Hausleitung entschieden werden müssen. Jeder an seinem Ort, alles zu seiner Zeit. Wüst teilt mit seinen wichtigsten Mitarbeitern To-do-Listen im Word-Textverarbeitungsprogramm, damit immer klar ist, wer was bis wann zu erledigen hat. Obwohl man ihn häufig in der Düsseldorfer Landtagskantine beim Mittagessen mit Leuten aus seinem Stab sieht, ist er kein Typ für spontane Anregungen bei einem Teller Eintopf. Wüst verabredet sich gezielt zu Gesprächen und Telefonaten und erwartet, dass dann ausschließlich zum aufgerufenen Punkt geredet wird. Dann greift er auch selbst zu Papier und Stift. In der Abiturzeitung wurde einst zwar gespottet, sein Schriftbild erinnere „an ägyptische Hieroglyphen“. Doch Wüst muss in solchen Fällen seine „Klaue“ nur selbst lesen können, denn anhand der eigenen Notizen durchdringt er einen politischen Sachverhalt besser. Arbeiten entlang einer klaren Agenda ist ihm wichtig. Alles andere birgt die Gefahr, dass man sich verzettelt und am Ende aus der Rolle fällt.

Auf diese tägliche Rolle bereitet Wüst sich akribisch vor, weil er seinen gedeckten Anzug – wie ein Installateur – als Blaumann empfindet und das politische Amt als Job, den es professionell zu erledigen gilt. Wenn keine Auswärtstermine anstehen, sitzt er strampelnd am Schreibtisch auf dem Fitness-Stuhl, seinem Deskbike, und geht stapelweise Mappen durch. Selbst vor Routineterminen checkt er die Sprechzettel und liest sie später in der Regel wortgetreu ab. Es sind meist wenig originelle Textbausteine, an die sich schon kurz nach Veranstaltungsende niemand mehr erinnert. Aber negativ fällt man damit auch nicht auf, was für jemanden unter Dauerbeobachtung nicht zu verachten ist. Ein Fehler ist schlimmer als zehn vergebene Chancen. „Hendrik ist bei öffentlichen Auftritten immer top-professionell vorbereitet. Er weiß genau, was er sagen will und lässt sich nicht locken. Er ist kontrolliert und macht nie Freestyle, was für die Medien vielleicht manchmal nicht so spannend wirkt, aber das ist politisch ziemlich klug", urteilt der CDU-Europaabgeordnete Dennis Radtke, „er ist einfach Profi und versteht, wie es heute funktioniert."

Wüst gehört augenscheinlich nicht zu den Politikern, die an die Kraft des gesprochenen Wortes glauben. Ohnehin überdauern nur ganz selten Politiker-Sentenzen, wie sie die Medien lieben, das Tagesgeschäft: „Wir wollen mehr Demokratie wagen" (Willy Brandt); „Wer Visionen hat, sollte zum Arzt gehen" (Helmut Schmidt); „Durch eine gemeinsame Anstrengung wird es uns gelingen, Mecklenburg-Vorpommern, Sachsen-Anhalt, Brandenburg, Sachsen und Thüringen schon bald wieder in blühende Landschaften zu verwandeln" (Helmut Kohl); „Wir haben so vieles geschafft, wir schaffen das" (Angela Merkel). Oft werden geflügelte Worte sogar zur Hypothek. Eine Baukasten-Sprache, wie Wüst sie öffentlich pflegt, ist dagegen ein Einwegartikel, der seinen Zweck erfüllt. Fehlervermeidung ist für ihn nachhaltiger, die Sucht nach Glanz im öffentlichen Auftritt meist gefährlich. Da ist er Pragmatiker, schon weil große Rhetoriker selten sind und nicht jeder mit dem Talent des einstigen US-Präsidenten Barack Obama gesegnet ist. Spätestens als Wüst Ministerpräsident wird, erlegt er sich öffentliches „Flapsigkeits-Verbot" auf, wie er einmal sagt. Er glaubt rollengerecht sprechen und auftreten zu müssen. Authentizität in der Politik scheint für einen wie ihn kein Wert an sich zu sein, vielmehr muss man als politische Figur Fremderwartungen gerecht werden. Das bedeutet Disziplin. Wüst liest alle Vorlagen und kann selbst in schlimmsten Beamtendeutsch-Entwürfen den Nachrichtenkern so schnell erfassen wie ein routinierter Newsdesk-Redakteur. Auf diese Gabe bildet er sich etwas ein. Er streicht und ergänzt immer wieder handschriftlich in den Aktenseiten, die ihm abends in Pilotenkoffern in die Dienstlimousine gestellt werden. Wüst verfügt über kein fotografisches Gedächtnis wie früher manche Kommilitonen im Jura-Studium in Münster, die in Klausuren nur gedankliche Schubfächer aufziehen mussten und wussten, wo etwas auf welchem Gesetzesblatt steht. Er hat das immer ein wenig beneidet und quält sich eher zu seinem Examen. Doch Wüst kann das politische Kondensat von Problemkonstellationen schneller erfassen als andere: Wie ist die Interessenlage, wer profitiert, wer verliert? Vor allem: Wie ist die öffentliche Wirkung?

Schon als junger Abgeordneter macht sich Wüst einen Sport daraus, Fehler oder Ungenauigkeiten in Texten von Untergebenen zu entlarven. „Es gibt keinen Mitarbeiter, dessen Schriftstücke ich nicht zurückgeben muss", prahlt er vor Jahren mal gegenüber Referenten. Er vergisst fast nichts. „Meine Stärke liegt in meiner Hartnäckigkeit. Nicht lockerlassen", verkündet er schon im Jahr 2005. Die kleinen Besserwissereien, die er gern mit einem tiefgefrorenen Grinsen und diesem starren Blick zu Protokoll gibt, genießt Wüst bis heute offenbar innerlich sehr. Man findet jedoch selbst unter Dutzenden Mitarbeitern aus vielen Jahren keinen, der ihn einen tyrannischen Vorgesetzten nennen würde. Nie hat ihn je einer schreien hören. Wenn Zusagen nicht eingehalten würden, „kann ich mich schon aufregen", erzählt er mal in einem Interview. Wirklich mitbekommen hat es augenscheinlich aber niemand. Selbstkontrolle gehe ihm doch über alles, allein, weil Ärger nur Energie fresse, wird berichtet. Wüst sei heute immer gleich temperiert und lege selbst unter Stress Wert auf Höflichkeitsformen im Arbeitsalltag. Auch einfache Referenten bekommen einen Handschlag oder ein freundliches Wort. „Der Ministerpräsident grüßt sogar", staunen Beamte im Düsseldorfer Landeshaus schon kurz nach Wüsts Einzug. Zu Beginn seiner Chef-Karriere lässt er sich von Mitarbeitern siezen, doch mit all den alten Kampfgefährten aus der Jungen Union, die ihn heute umgeben, ist er ohnehin schon immer per Du. Außerdem soll er mit den Jahren den Wert des „strategischen

Du" entdeckt haben, mit dem man wichtigen Menschen oder Politikern anderer Parteien ein Gefühl der Verbundenheit suggerieren kann. Die Anrede hat für seinen Arbeitsstil aber ohnehin keine Bedeutung. Er könne zuhören, stelle Fragen und halte einen herrschaftsfreien Dialog für zielführender als Top-down-Ansagen, heißt es.

Die Methode Wüst lässt sich kurz vor dem Jahreswechsel 2021/2022 in Mülheim an der Ruhr beobachten. Der neue Ministerpräsident will in der „Grundschule am Dichterviertel" seine erste Neujahrsansprache aufzeichnen. Es geht für ihn um viel. Die Menschen in Nordrhein-Westfalen kennen ihn nach wenigen Wochen im Amt noch gar nicht richtig. Jetzt wird er bei ihnen im Wohnzimmer zu Gast sein. Viele solcher Chancen zur Imagebildung werden sich bis zur Landtagswahl im Mai 2022 nicht mehr bieten. Nach fast zwei Jahren des chaotischen Corona-Managements, das viele Eltern und Lehrer gegen die Landesregierung aufgebracht hat, will Wüst ein Signal des Neuanfangs in die Bildungslandschaft senden und sich vorsichtig von seiner schwer angeschlagenen FDP-Bildungsministerin Yvonne Gebauer abgrenzen. Die Staatskanzlei lässt den *Westdeutschen Rundfunk* wissen, dass man die Neujahrsansprache nicht wie gewohnt in den Düsseldorfer Amtsräumen aufzeichnen wolle, sondern eben in einem Klassenzimmer in Mülheim. Es ist eine sorgsam gewählte Kulisse. Die „Grundschule am Dichterviertel" hat einige Monate zuvor den Deutschen Schulpreis gewonnen, weil dort ein kreatives und engagiertes Lehrerteam die Kinder aus zum Teil schwierigen Verhältnissen vorbildlich durch die Pandemie gebracht hat.

Als Wüst in Mülheim eintrifft, lässt er sich zunächst von der stolzen Rektorin die Schule zeigen. Seine Anspannung überspielt er mit Freundlichkeit, obwohl jeder in seinem Team um die Größe der Herausforderung weiß. Wüst gilt vor der Kamera nicht als Naturtalent. Er ist zwar telegen, aber das natürliche Sprechen und der souveräne Flirt mit dem imaginären Zuschauer liegen anderen Politikern deutlich stärker im Blut. Einem Landtagskollegen, der ihn einmal auf seinen sonderbar stockenden Sprechstil anspricht, soll Wüst geantwortet haben: „Jeder falsche Satz wird gnadenlos wiederholt." Er ist stolz darauf, dass er, der in seinen politischen Anfangstagen ein Schnellsprecher war, inzwischen Bestwerte bei der Verständlichkeit erzielt. Bloß charismatische Präsenz lässt sich nur schwer erlernen. Wenn Wüst feierlich, staatstragend oder entschlossen auftreten will, kommt es meist hölzern und automatenhaft rüber. Bis zuletzt wird über die Hintergrundszenerie der Neujahrsansprache diskutiert. Die Staatskanzlei-Mitarbeiter haben vergoldete Standarten mit Deutschland-, Europa- und NRW-Fahnen dabei. Die Requisiten landen am Ende in einer Ecke des Klassenraums. Wüst soll seine Rede in halbwegs lebensnaher Schulatmosphäre vor einer blank geputzten Tafel halten.

Noch nervöser als Wüst ist an diesem Tag nur die studentische Hilfskraft des *WDR*, die zwischen zwei Scheinwerfern an einem kleinen Tisch Platz genommen hat. Die junge Frau mit schwarzer Corona-Schutzmaske im Gesicht schaut konzentriert in ihren aufgeklappten Laptop. Sie hat die Aufgabe, den Teleprompter zu bedienen. Sie muss für Wüst den Text im richtigen Sprechtempo ablaufen lassen. Es gibt herrische Politiker, die Fehler bei solchen Aufzeichnungen grundsätzlich beim Technikpersonal suchen. Es gibt arrogante Politiker, die Kameraleute und Beleuchter ignorieren wie reines Equipment. Es gibt eitle Politiker, die das gesamte Set mit ihrer Genialität beeindrucken wollen. Wüst begrüßt alle im Raum per Handschlag und wendet sich vor dem Start an die studentische Hilfskraft: „Sie bringen mich heute durch diese Rede?", fragt er und schiebt hinterher: „Okay, zusammen schaffen wir das."

Es ist ein Kniff, den man bei ihm noch häufig beobachten wird, wenn es darum geht, die eigene Anspannung in produktive Bahnen zu lenken. Der Ministerpräsident, der abliefern muss, macht sich klein und zum Teil eines Teams, das gemeinsam die Nervosität besiegt. Der Aufzeichnungsstart wird angezählt: „Herr Ministerpräsident, dann sind wir so weit, Sie können loslegen." Die Studentin nickt Wüst zu. Er beginnt zu lesen: „Am ersten Tag des neuen Jahres grüße ich Sie alle sehr herzlich. Ich stehe hier in einem Klassenraum der Grundschule am Dichterviertel in Mülheim an der Ruhr." Die Aufnahme ist beim ersten Versuch im Kasten, das Team von der freundlichen Professionalität des Ministerpräsidenten nachhaltig beeindruckt.

Wüst gilt als risikoscheuer und vorsichtiger Chef, der ungern Entscheidungen unter Unsicherheitsbedingungen trifft. Als Rückversicherer möchte er trotzdem nicht dastehen, weshalb er gelegentlich seinen Mut zur Führung betont. „Wir kennen uns nicht, sonst würden sie wissen: Ich bin grundsätzlich furchtlos", lässt er Anfang 2023 nach einem Auftritt bei einer CSU-Klausurtagung im Kloster Banz einen Journalisten abtropfen. Doch eigentlich verlasse sich Wüst lieber auf ein gesichertes öffentliches Stimmungsbild als auf die eigene Intuition, heißt es. Wenn die Konsequenzen einer Maßnahme nicht abzusehen und die Reaktionen der Bürgerinnen und Bürger unkalkulierbar sind, stößt diese Methode an Grenzen. Man merkt Wüst die Zögerlichkeit meist nicht an, weil er sich binnen weniger Stunden bei einer Vielzahl an Vertrauenspersonen absichern kann. „Hendrik Wüst ist der am besten vernetzte Politiker der Union", legt sich ein Abgeordneter fest, der schon in mehreren Parlamenten gesessen hat. Es gibt kaum eine Behörde, Institution oder Organisation in Deutschland, in der er nicht jemanden kennt, bei dem sich per WhatsApp eine kurze Einschätzung einholen ließe. Wüst hat seit seinen ersten Gehversuchen in der Jungen Union systematisch sein Telefonbuch erweitert und gepflegt. Über alle beruflichen und politischen Stationen kommen so in über 30 Jahren unzählige Weggefährten zusammen, die heute an vielen entscheidenden Stellen sitzen.

Wüst führt nicht wie einst Helmut Kohl ein berühmtes kleines schwarzes Notizbuch, in dem Namen und Telefonnummern von Leuten festgehalten werden, die ihm irgendwann einmal positiv aufgefallen sind. Er versteht sich nicht als Talentscout, das ist nicht seine Kategorie. Kohl war ein begnadeter Personalpolitiker, der kluge Köpfe förderte, um zum Wohle der CDU und seines eigenen Erfolgs sehr unterschiedliche Perspektiven und Erfahrungen einzubinden: Richard von Weizsäcker, Heiner Geißler, Rita Süssmuth, Kurt Biedenkopf, Wolfgang Schäuble, Bernhard Vogel. Wüst dagegen pflegt seit Jahrzehnten systematisch den Kontakt zu Leuten, deren Einfluss, Einschätzung oder Expertise für ihn persönlich noch einmal wichtig werden könnten. Um eine intellektuelle Verbreiterung der Partei oder gar Reibung durch unterschiedliche Standpunkte geht es ihm dabei wohl kaum, eher um Machtabsicherung und Arbeitseffizienz. Selbst mit alten Weggefährten aus der Jungen Union, die schon lange der Politik den Rücken gekehrt haben und in anderen Berufsfeldern Karriere gemacht haben, bleibt Wüst in Kontakt. Sein gewaltiges Netzwerk nutzt er jedoch so gut wie nie mehr für einen rein intellektuellen Diskurs zum Wohle der CDU. Selbst bei der von Parteichef Merz angestoßenen Debatte über das neue Grundsatzprogramm im Frühjahr 2023 steht Wüst lange abseits. Weggefährten vermittelt sich der Eindruck, dass ihn demokratietheoretische Fragen, Ideenwettstreit oder ideologische Leitbilder schlicht nicht interessieren.

Wüst achtet eher formalistisch darauf, die Partei, deren Granden sowie die Geschichte zu pflegen. Im Mai 2022 spricht er etwa bei der feierlichen Verabschiedung des hessischen Ministerpräsidenten Bouffier. Wüst nutzt solche Termine gerne, um sich mit unterschwelligen Botschaften zu positionieren. Bouffier stehe für einen guten politischen Umgang miteinander, sagt Wüst und rühmt den scheidenden Kollegen als „Architekten des ersten schwarz-grünen Bündnisses in einem Flächenland, das bis heute erfolgreich ist". Die schwarz-grünen Sondierungen in Nordrhein-Westfalen laufen da gerade an. Dass Wüst-Termine immer auch Signalwirkung haben, zeigt sich ebenfalls Ende September 2022 in Berlin. Nach Jahren des Streits – und noch immer im Konflikt mit Maike Kohl-Richter, der zweiten Ehefrau des Altkanzlers – wird in Berlin die „Bundeskanzler-Helmut-Kohl-Stiftung" feierlich eröffnet. Ex-Kanzlerin Merkel ist gekommen, der Parteivorsitzende Merz – und Wüst. Als einziger amtierender Unions-Ministerpräsident. Solche Zeichen setzt Wüst bewusst, nicht zuletzt, um sich später glaubwürdiger auf Kohl beziehen zu können.

Das wichtigste Handwerk des Netzwerkers Wüst bleibt gleichwohl die Parteiarbeit im Verborgenen. Am Wochenende telefoniert er sich gern durch die CDU-Hierarchien, um die Atmosphäre an der Basis mitzubekommen. Vor Weihnachten kann es vorkommen, dass er sich eine Telefonliste vornimmt mit Menschen, bei denen er sich im Jahresverlauf zu selten gemeldet hat. Geburtstagsgrüße, Weihnachtswünsche und Kondolenzkarten versieht er mit einigen handschriftlichen Bemerkungen, damit die Adressaten sehen, dass nicht nur der Autogrammcomputer des Ministerpräsidenten am Werk war. Schon als einfacher Abgeordneter hat er damit begonnen, für Jung-Politiker, die gerade Mutter oder Vater geworden sind, kleine Geschenke besorgen zu lassen. So eine Geste vergisst man nicht. Pausenlos versendet er WhatsApp-Nachrichten oder SMS, gern unterschrieben mit der Formel: „Wüst grüßt". Die generalstabsmäßige Kontaktpflege kostet viel Zeit und Disziplin, aber sie zahlt sich aus. „Hendrik hat eine gut geölte Machtmaschine ans Laufen gebracht, die sich schnell und präzise durch den Regierungsalltag arbeitet“, lobt Essens Oberbürgermeister Thomas Kufen, „alles wirkt sehr fokussiert und sehr gut organisiert. Wenn man ihn antextet, bekommt man sofort einen Rückruf. Man kann sich bei ihm darauf verlassen, dass die Dinge funktionieren.“

Wer Wüst einmal in seinem Leben getroffen hat, wundert sich gelegentlich, dass er noch nach Jahren weiß, wann, wo und in welchem Zusammenhang man sich gesehen hat. Der frühere Landtagsabgeordnete und Präsident des Zentralkomitees deutscher Katholiken, Thomas Sternberg, erinnert sich, dass ihm dieses Talent Wüsts früh aufgefallen ist. Sie treffen sich zum ersten Mal im Jahr 2004 im Café „Einstein“ in Berlin. Sternberg kandidiert in Münster für den nordrhein-westfälischen Landtag, Wüst im benachbarten Borken. Sie trennen mehr als 20 Jahre und ein völlig anderer Zugang zur Politik. Sternberg hat sich vom Bäckerlehrling zum Professor für Kunst und Liturgie hochgearbeitet, bevor er seinen ersten Parlamentssitz anstrebt. Der Vater von fünf Kindern ist ein wissensdurstiger, kunstsinniger Mensch, den die großen ethischen Fragen der Gesellschaft mehr interessieren als die kleinen Machtspielchen im CDU-Hinterzimmer. Das Treffen mit Wüst wird für Sternberg eine interessante Erfahrung: „Was mich sehr beeindruckt hat, war sein ausgeprägtes Personengedächtnis. Er wusste genau, wer was wo war und wer was werden wollte. Das war bemerkenswert, vor allem, weil ich das nicht habe“, erzählt er rückblickend im Frühjahr 2023. „Bei mir war klar, dass ich den Landtag wollte, weil ich Kultur- und Wissenschaftspolitik gestalten wollte.“ Wüst sei da nicht so festgelegt gewesen, er habe sich eher als Generalist verstanden. Sternbergs einstige Landtagsmitarbeiterin Britta Rottbeck aus Borken, die später etliche Jahre in der CDU-Bundesgeschäftsstelle als promovierte Expertin für Demoskopie und Digital-Wahlkampf arbeitet, macht Wüst im Herbst 2022 in seiner Staatskanzlei zur Abteilungsleiterin für Politische Planung.

Als „Unterschied wie Tag und Nacht“ nehmen viele den Arbeitsstil in der Düsseldorfer Staatskanzlei nach dem Wechsel von Laschet zu Wüst wahr. Laschet führt die Regierungszentrale als kreativer Kopf mit Herzblut für bestimmte Themen, der aber Mitarbeiter schon mal mit Initiativen überfällt und den Tagesablauf in Rutschen bringt, wenn er sich irgendwo im Überschwang festgeredet hat. Für seinen oft etwas strubbeligen Ideenreichtum und seine emotionale Spontanität lieben ihn die einen im Apparat, während andere an den Organisationsschwächen verzweifeln. Laschet schätzt kluge Quereinsteiger und hegt Argwohn gegen Partei-Apparatschiks, die seit den Anfangstagen in der Jungen Union ein gefestigtes Weltbild mit sich herumtragen. Spötter meinen, bei Wüst verhalte es sich exakt umgekehrt. Vor allem legt Laschet Wert auf Zwischenmenschliches in der Politik. Der gescheiterte Kanzlerkandidat der Union sei „ein Ehrenmann", schwärmt der einstige Koalitionspartner FDP noch heute. Niemals habe er Zusagen gebrochen, Themen mit Blick auf Umfragen verraten oder sich auf Kosten der Liberalen profiliert, schwört man dort. Bei Wüst hingegen wirkt persönliche Zuwendung meist wie das Ergebnis penibler Planung. So findet sich in seiner morgendlichen Informationsmappe, dem „Early Bird", immer auch eine Geburtstagsliste bekannterer Landeskinder des jeweiligen Tages. Wüst scheint die Jubilare auswendig zu lernen. Als er im Laufe des 22. Juni 2023 zufällig am Flughafen Campino trifft, den Frontmann der Toten Hosen, geht er auf ihn zu und entbietet dem verdutzten „Herrn Frege" die herzlichen Geburtstagsgrüße des Landes.

Wüsts Apparat schnurrt eben. Er setze vornehmlich auf seine „schwarze Boygroup", wie es in Düsseldorf heißt. Schon als Verkehrsminister beginnt er, systematisch Getreue zu befördern. Ein beliebter Einstieg ins System Wüst ist die Position des Persönlichen Referenten, den man am Personalrat vorbei einstellen kann. In kürzester Zeit hat Wüst zahlreiche Schlüsselstellen in Düsseldorf mit Leuten besetzt, zu denen er den kurzen Draht pflegen kann. Seine beiden Partner aus der alten „Viererbande" bei Rüttgers sind wieder an Bord: Matthias Heidmeier als Staatssekretär im Arbeitsministerium, Thomas Breuer als Landesgeschäftsführer der NRW-CDU. Mit dem Vierten im Bunde, Boris Berger, bleibt Wüst bis heute als Kuratoriumsmitglied der „Brost-Stiftung" ebenfalls vernetzt. Er redet diese Verbindungslinie gern zum reinen Freundschaftsdienst ohne jede politische Relevanz klein, was sie unter Umständen auch ist. Nur glaubt das in der NRW-CDU kaum einer. Der Kuratoriumssitz sei „das einzige

Hobby, das ich mir noch leiste", sagt Wüst im Februar 2023 als Gastredner bei einer Veranstaltung der Stiftung auf Zeche Zollverein in Essen. In der ersten Reihe sitzt Berger.

Im Düsseldorfer Regierungsalltag hat Wüst dafür gesorgt, dass praktisch überall seine Leute die Stellung halten. Das wichtige Finanzministerium hat er dem Nettetaler Marcus Optendrenk anvertraut, der schon vor 20 Jahren in der Jungen Union sein Stellvertreter war. Optendrenks Staatssekretär ist Wüsts alter Ministerbüro-Leiter aus dem Verkehrsministerium, Dirk Günnewig. Seinen späteren Ministerbüro-Leiter Thomas Dautzenberg macht er Anfang 2023 zum Direktor des nordrhein-westfälischen Landtags. Die stille Verwaltungsjuristin und Regierungspräsidentin aus Münster, Dorothee Feller, die Wüst aus dem Bezirksvorstand der Münsterland-CDU kennt, wird Schulministerin. Das Wissenschaftsministerium führt die Infrastrukturmanagerin Ina Brandes. Mit deren Ehemann, dem 2022 plötzlich verstorbenen Bürgermeister der Gemeinde Lilienthal, Kristian Tangermann, war Wüst seit der Jungen-Union-Zeit befreundet. Seinen alten Kumpel Thorsten Schick aus Iserlohn wiederum, bis dahin ein weitgehend unbekannter Medienpolitiker, schlägt er zur Verblüffung vieler Abgeordneten als Vorsitzenden der CDU-Landtagsfraktion vor. Selbst in Partei-Vereinigungen sitzen nun Wüst-Getreue wie der CDA-Mann Dennis Radtke oder die MIT-Vorsitzende Angela Erwin und deren Geschäftsführer Stefan Simmnacher, der Wüst schon in verschiedenen Funktionen gedient hat. Ein vollständiges Organigramm der Wüst-Vertrauten ließe sich nicht einmal in Schriftgröße vier auf eine DIN A3-Seite bannen.

Wüst kann die NRW-Agenda inzwischen beinahe nach Belieben diktieren und muss keinen Widerspruch mehr fürchten. Er regiert nach der Devise: Vertrauen ist gut, Kontrolle ist besser. „Noch nie wurde Nordrhein-Westfalen so straff aus der Staatskanzlei geführt wie heute", sagt jemand aus einer der fünf Bezirksregierungen des Landes. Die Mittelbehörden seien praktisch entpolitisiert worden und exekutierten nur noch Verwaltungsakte. Wüst weiß offenbar, dass sein aktuell großer Rückhalt in Partei und Regierung nur geliehene Macht ist, die gewissenhaft abgesichert sein will. Die NRW-CDU hat Wüst nicht gewollt und nie geliebt, aber bei den Schwarzen galt schon immer: „The Winner takes it all." Nichts ist erfolgreicher als der Erfolg. Und den hat Wüst 2022 eingefahren und verheißt ihn auch in Zukunft. Allenfalls das Innenministerium von Altmeister Herbert Reul bleibt eine Art Wüst-freie Zone. Der kauzige „Mister Null Toleranz", auf den die CDU auf Sicht nicht verzichten kann, verbittet sich jede Einflussnahme der Wüst-Truppe und besetzt bis zur letzten Referentenstelle seine Mannschaft so, wie er es für richtig hält. Typen mit eigenem Kopf und eigener Strahlkraft wie Reul oder auch Arbeitsminister Laumann sind ein Relikt der Laschet-Jahre in Düsseldorf.

Dass Wüst Personalpolitik streng nach dem Nützlichkeitsprinzip betreibt, zeigt eine andere Verbindung: Der Ministerpräsident hat Staatskanzleichef Nathanael Liminski übernommen. Mehr noch: Der Laschet-Vertraute wird nach der Landtagswahl 2022 von ihm zum Minister für Europa, Medien und Bundesangelegenheiten aufgewertet und bleibt zugleich Chef der Staatskanzlei. Mehr Einfluss hat in Düsseldorf niemand. Als Wüst im Herbst 2021 Ministerpräsident wird, ist diese Entwicklung keineswegs vorherzusagen. Etliche CDU-Kenner prophezeien, dass Wüst das System Laschet in der Staatskanzlei spätestens nach einem eigenen Landtagswahlsieg abwickeln wird. Sie irren sich. Liminski, zehn Jahre jünger als Wüst, gilt als Wunderkind der deutschen Politik. Einser-Abitur, Historiker mit Studium an der Pariser Sorbonne, junger Redenschreiber beim früheren hessischen Ministerpräsidenten Roland Koch, gefördert vom Langzeit-Minister Thomas de Maiziere, thesenstarker Chefredakteur der Mitgliederzeitung der Jungen Union *Die Entscheidung*. Seit 2014 arbeitet Liminski als Chefstratege und Mann für alle Fälle bei Laschet. Wüst hat ihn schon vor fast 20 Jahren als Beisitzer im Landesvorstand der Jungen Union kennengelernt. Doch Liminski ist kein typischer Wüst-Zögling, sondern er verfügt über ein eigenes Netzwerk und hat seinen Aufstieg einem außergewöhnlichen politischen Talent zu verdanken. Liminski braucht keine abgeleitete Autorität, er macht sich über seinen Fleiß und die Fähigkeit, politische Prozesse zu organisieren, unentbehrlich. Das merkt auch Wüst in den ersten Monaten der unmittelbaren Zusammenarbeit. Die zum Teil chaotischen Zustände, die in der Regierungszentrale von Armin Laschet geherrscht haben sollen, macht niemand an Liminski fest. Wüst lässt ihn gewähren, zumal sich der Staatskanzleichef in den parteiinternen Grabenkämpfen um die Laschet-Nachfolge spürbar auf keine Seite geschlagen hat.

Es ist wohl eine Allianz auf Zeit. Liminski gilt als der inhaltlich Stärkere und Intellektuellere, der Politik ganzheitlich denken kann und mit seiner gewinnenden rheinischen Art hinter den Kulissen leichter Brücken zu schlagen vermag. Dafür ist der drahtige Wüst bühnentauglicher und argumentativ beweglicher, erfahrener im politischen Nahkampf, mit dem besseren Riecher für Gefahren und Mehrheiten. Liminski wirkt lange im Verborgenen, während Wüst schon mit 19 Jahren seinen ersten Wahlkampf bestritten hat. Als Staatssekretär bei Laschet ist der Ministerialbeamte Liminski ein Maschinist der Macht, der so gut wie nie Interviews gibt und die Landesregierung mit stiller Arbeitswut von hinten führt. Nur mühsam fasst er in der ersten Reihe Tritt. Vor der Landtagswahl 2022 verliert er die Vorauswahl um einen freien und „sicheren" Wahlkreis seiner Heimatregion in Sankt Augustin gegen einen Lokalmatador von der Freiwilligen Feuerwehr. Bei der daraufhin eilig eingefädelten Kandidatur im hippen Köln-Ehrenfeld sieht er gegen Grüne und SPD kein Land. Doch auch das ist kalkuliert: Liminski steht nun auf der Landesliste, könnte jederzeit in den Landtag nachrutschen. Ohnehin steigt er auch parteiintern weiter auf, wird Chef des wichtigen CDU-Bezirks Mittelrhein. Anders als Wüst, der immer schon die behagliche bundesrepublikanische Durchschnittlichkeit verkörpert, bleibt ein Überflieger wie Liminski außerhalb des CDU-Kosmos vielen suspekt. Er wächst in einer Familie mit neun Geschwistern auf, sein Vater ist der verstorbene konservative Publizist Jürgen Liminski, für den er schon im Kindesalter als eine Art Privatsekretär fungiert. Der Vater war Mitglied im erzkatholischen Bund „Opus Dei". Liminski Junior tingelt im Jahr 2005 als Mitbegründer der papsttreuen „Generation Benedikt" durch die Talkshows und streitet für die katholische Sexualmoral. Ein SPD-Spot diffamiert ihn deshalb im Bundestagswahlkampf 2021 als „erzkatholischen Laschet-Vertrauten", der gegen Sex vor der Ehe sei. Obwohl zu diesem Zeitpunkt längst bekannt ist, dass Liminski das erste seiner inzwischen vier Kinder vor der Hochzeit gezeugt hat. Auch eine abschätzige Äußerung zu Homosexuellen hängt ihm bis heute nach: „Ich kenne viele Homosexuelle, und einige tun mir leid", hat er vor Jahren einmal gesagt. Solche Worte und Bilder lassen sich im ewigen Gedächtnis des Internets schwer überschreiben. Wüst hat es da besser: Seine ersten politischen Schritte fanden im Vor-Internet- und Social-Media-Zeitalter statt. Und die Archive in Borken und Bocholt sind nur mühsam zu durchsuchen.

Als Minister versucht Liminski trotzdem entschlossen, sein Image zu korrigieren: Er lässt sich auf Schritt und Tritt von einem Fotografen begleiten und veröffentlicht scheinbar zufällige Szenen in den sozialen Medien. Kostümiert beim Karneval, vor der Regenbogenfahne, als Macher im Bundesrat, beim Papstbesuch im Vatikan. Beobachter hegen keinen Zweifel, dass der Schattenmann Liminski ans Licht drängt. Ihm gelingt es, den erfahrenen Pressechef Axel Bäumer, der bis dahin die externe Kommunikation bei der Targobank verantwortet, an seine Seite zu holen. Wer wie Bäumer mit Mitte 40 für weniger Geld und mehr Arbeit einen solchen Jobwechsel vollzieht, muss schon daran glauben, dass der Chef noch etwas vorhat.

Sogar über eine stille Konkurrenz Liminskis mit Wüst wird inzwischen spekuliert. Es bleibt dem Ministerpräsidenten wohl kaum verborgen, wie sein Staatskanzleichef sich in den sozialen Netzwerken als der eigentliche Macher inszeniert. Vorläufiger Höhepunkt wird ein scheinbar zufälliger Schnappschuss während der Bund-Länder-Beratungen über die Flüchtlingspolitik im Mai 2023. Das von Liminski bei *Twitter* veröffentlichte Foto zeigt ihn im Zentrum einer illustren Runde beim Studium eines Beschlusspapiers auf den Fluren des Kanzleramts: umringt von Kanzler Scholz und Niedersachsens Ministerpräsident Stephan Weil in Oberhemden. Regierungssprecher Wolfgang Schmidt kauert mit einem Laptop auf dem Boden wie ein Sekretär. Wüst steht dabei, als wäre er Liminskis Referent. Solche Fotos sind kein Zufall, sondern immer auch Selbstbild. Das Foto findet später sogar seinen Weg in die gedruckte *BILD*-Zeitung.

Es gehört zu Wüsts großen Stärken im politischen Selbstbespiegelungsbetrieb, dass ihn solche Eitelkeiten nicht interessieren, solange sie nicht seine Kreise stören. Die Verhältnisse sind geklärt: Er ist der Chef, Liminski arbeitet rund um die Uhr auch für seinen Erfolg, nur das zählt. Wüst hat gewissermaßen das Team Liminski zum Teil seines Teams gemacht. Im Moment profitiert er davon. Es gab auch keine kluge Alternative. Die Aufstellung einer komplett neuen Mannschaft in der Machtzentrale führt immer zu Reibungsverlusten, die am Ende dem Chef zur Last gelegt werden. Liminskis Truppe funktioniert. Dazu gehört auch dessen Vertrauter Bernd Schulte, der als Staatssekretär Amtschef der Staatskanzlei wird. Der Jurist aus dem Sauerland, dem Wahlkreis von Friedrich Merz, ist ebenfalls ein Junge-Union-Gewächs. Bleiben darf auch Mark Speich, ein Laschet-Vertrauter und Liminskis Mann in der nordrhein-westfälischen Landesvertretung in Berlin. Der erfahrene Ministerialbeamte Urban Mauer, den Liminski aus gemeinsamer Zeit in der hessischen Staatskanzlei kennt und 2017 in die Regierungszentrale nach Düsseldorf holt, wird als Staatssekretär ins schwierige Schulressort entsandt. Wüst und Liminski sind sich einig, dass im wahlentscheidenden Schulministerium bis zum Jahr 2027 nichts anbrennen darf. Liminskis alter Studienfreund Christoph Weckenbrock zieht weiter im Landespresseamt die Strippen.

Sogar Laschets Regierungssprecher Christian Wiermer belässt Wüst im Amt. Obwohl er über seine zahlreichen Zuträger weiß, dass dem früheren Journalisten vom Kölner *Express* Teile der Medien und der eigenen Partei eine Mitverantwortung für etliche Kommunikationspannen der vergangenen Jahre geben. Nicht wenige in Regierung und Landtagsfraktion gehen zunächst fest davon aus, dass Wüst die Vertrauensstellung des Sprechers neu besetzen wird. Vor allem Laschets ramponiertes Image im Flutsommer 2021 gilt nicht als Prunkstück der bisherigen Kommunikationsabteilung. Das berühmte Fotomotiv von Laschet mit Landeswappen-Rednerpult vor einem riesigen Müllhaufen oder sein Lachen beim Besuch des Bundespräsidenten im Katastrophengebiet werden intern und extern bis heute auch als Ausweis fehlender Professionalität im Stab bewertet. Schmerzhaft ruft das im Mai 2023 noch einmal die angesehene Korrespondentin Helene Bubrowski von der *FAZ* in einem längeren Gespräch mit dem *WDR*-Hörfunk in Erinnerung. Bubrowski hat da gerade ein Buch über die Fehlerkultur in der Politik veröffentlicht und fragt sich in der Sendung mit Blick auf Laschets Lach-Szene in Erftstadt wie so viele: „Warum warnt ihn keiner? Sein Sprecher steht auf dem Foto und andere. Warum merkt keiner, was da los ist?“ Wüst hält dennoch an Wiermer fest. Es ist vermutlich eine simple Kosten-Nutzen-Rechnung:

Der Regierungssprecher, Jahrgang 1982, kennt nach einigen Jahren im Amt die Laufwege, unterhält Kontakte nach Berlin, wo seine Familie bis heute lebt, und entstammt ebenfalls dem Junge-Union-Kosmos in Niedersachsen. Das Risiko scheint für Wüst, der selbst viel von Außendarstellung versteht und sich ohnehin nie komplett in die Hand eines Sprechers begeben hat, beherrschbar. Anders als die meisten Regierungssprecher in anderen Bundesländern arbeitet Wiermer auch nicht im Range eines Staatssekretärs, sondern eine Ebene darunter. An seiner Morgenlage lässt Wüst meist neben Grathwohl und Bröhl noch Liminski, Bäumer und eben Wiermer teilnehmen. In solchen Runden duldet der in der Regel konzentrierte Wüst kein testosterongesteuertes Gebaren oder Standesdünkel, kann selbst aber schneidend werden. Gefällt ihm ein Vorschlag nicht, sagt er schon mal knapp: „Scheiße. Mache ich nicht."

Wüsts kühle Rationalität in der Personalpolitik offenbart sich auch im Herbst 2022, als der seit Monaten vakante Posten des Generalsekretärs der nordrhein-westfälischen CDU besetzt wird. Die Partei geht davon aus, dass Wüst eine jüngere Frau berufen wird. Es gibt inzwischen ein vernehmbares Rumoren darüber, dass der Ministerpräsident sich zwar neuerdings in Sonntagsreden als Quoten-Befürworter, moderner Vater und Frauenförderer profiliert. Nahezu alle Stellen mit Einfluss gehen jedoch an mittelalte, männliche Weggefährten aus der Jungen Union. Das schwarz-grüne Landeskabinett wurde zwar paritätisch besetzt, doch ist es in Düsseldorf kein Geheimnis, dass restlos alle Entscheidungen von Belang in Partei und Fraktion von Wüsts „CVJM" getroffen werden: dem christdemokratischen Verein junger Männer. Wüst setzt sich über das Genörgel hinweg und beruft Paul Ziemiak, den vom neuen CDU-Chef Merz geschassten Generalsekretär der Bundespartei. Der Karriereschritt in gleicher Funktion von Berlin nach Düsseldorf gilt als mindestens ungewöhnlich. Die Berufung wird umgehend als Signal für Wüsts bundespolitische Ambitionen gedeutet.

Ziemiak ist zu diesem Zeitpunkt nur noch einfacher Bundestagsabgeordneter aus dem Sauerland und steht mit gerade einmal 37 Jahren vor einer ungewissen Zukunft. Der von ihm verantwortete Bundestagswahlkampf 2021 gilt bei erfahrenen Kampagnenmachern als mittlere Katastrophe. Andererseits wird Ziemiak zugutegehalten, dass er bei der Organisation des ersten rein digitalen Bundesparteitags in der Corona-Pandemie professionelle Pionierarbeit geleistet habe. Für Wüst scheint ohnehin etwas ganz Anderes zu zählen: Ziemiak ist als ehemaliger Bundesvorsitzender der Jungen Union und nach gut drei Jahren im Konrad-Adenauer-Haus in der gesamten Partei gut vernetzt und hat als Bundestagsabgeordneter immer ein Bein in Berlin. Er ist durch das Stahlbad eines Bundestagswahlkampfes gegangen und weiß, wie ein Apparat funktioniert. Wenn Wüst dereinst seine Kreise über Nordrhein-Westfalen erweitern will, kann jemand wie Ziemiak behilflich sein. Zudem verkörpert der gebürtige Pole aus Iserlohn eine Art Brückenschlag zum Team Liminski. Ziemiak ist enger Freund und Patenonkel eines der Kinder des Staatskanzleichefs. Ziemiak hat auch seit Jahren einen guten Draht zum Landtagsfraktionschef Schick und weiß als neuer Bezirkschef der Südwestfalen-CDU den Parteivorsitzenden Merz zu nehmen, mit dem er sich sogar ein Wahlkreisbüro teilt. Zu den Wüst-Buddies gehört der neue General dagegen lange ausdrücklich nicht. Als Ziemiak 2014 Bundesvorsitzender der Jungen Union werden will, steht er gewissermaßen auf der anderen Seite. Der scheidende Philipp Mißfelder will ihn brutalstmöglich verhindern und den Niedersachsen Benedict Pöttering durchsetzen. Mißfelder ist Wüsts engster Freund in der CDU und Benedict Pöttering der Bruder seines Vertrauten Johannes Pöttering.

Wie so oft nutzt Wüst einen schwachen Moment, um neue Loyalitäten zu erzeugen. 2018 fällt die halbe CDU über Ziemiak her. Im Machtkampf um den Parteivorsitz hat er die Junge Union über Wochen für Friedrich Merz und Jens Spahn in Stellung gebracht, die anstelle der Merkel-Wunschnachfolgerin Annegret Kramp-Karrenbauer, allerorts nur AKK genannt, die CDU führen sollen. Der Partei-Nachwuchs wünscht sich wie so oft eine konservative Kurskorrektur. Noch beim Delegiertenabend vor der Abstimmung beim Parteitag in Hamburg bezieht Ziemiak Stellung gegen Kramp-Karrenbauer. Als AKK sich dennoch in einer Stichwahl knapp gegen Merz durchsetzt, kommt es zur großen Überraschung: Sie schlägt ihren Widersacher Ziemiak als Generalsekretär vor. „Verräter“ und „Wendehals“ sind noch die freundlichsten Bezeichnungen, die Ziemiak danach entgegenschlagen. Schnell wird öffentlich ausgebreitet, dass er über keine Berufsausbildung verfüge und ein typisches

Parteigewächs sei, das außer Junge-Union-Mauscheleien nichts könne. Ziemiak ist tatsächlich zweimal durchs erste Jura-Examen gefallen, später hat er auch ein Studium der Unternehmenskommunikation an einer privaten Hochschule abgebrochen. Bei seiner Wahl zum Generalsekretär erhält er ohne Gegenkandidaten nur 62,8 Prozent der Stimmen. Jeder im Saal weiß, dass das hart am Rande der Beschädigung der neuen Parteivorsitzenden Kramp-Karrenbauer ist. Der Applaus für Ziemiak ist soeben noch höflich zu nennen.

Als er vom Parteitag in Hamburg nach Hause fährt, gerät Ziemiak ins Grübeln. Vor wenigen Wochen noch ist er mit einem Rekordergebnis von über 90 Prozent als Bundesvorsitzender der Jungen Union bestätigt worden, jetzt scheint er überall unten durch zu sein. In dem Moment surrt sein Handy. Hendrik Wüst ruft an und spricht ihm Mut zu. Der bis an die Schmerzgrenze rationale Wüst betrachtet die Sache vom Ergebnis her: Schlechtes Ergebnis hin, üble Nachrede her – Ziemiak sei jetzt nun mal für zwei Jahre zum Generalsekretär gewählt und könne aus dieser Position doch etwas machen. Gerade weil Wüst nie zu seinem engsten Kreis zählt, bedeutet Ziemiak diese Solidaritätsgeste etwas.

Das gemeinsame Projekt in Düsseldorf nimmt auch schnell Konturen an. Das Alltagsgeschäft in der Düsseldorfer Parteizentrale überlässt Ziemiak weitgehend Wüsts altem Gefährten Thomas Breuer. Man sieht ihn allenfalls mal dienstags im Rheinland, wenn Landtagsfraktion und Landeskabinett in Nordrhein-Westfalen tagen und Gesichtspflege angezeigt scheint. Ansonsten besteht Ziemiaks Aufgabe darin, den Kontakt zu anderen Landesverbänden zu pflegen, die Basis bei Laune zu halten und vor allem: Wüst auf bundespolitische Flughöhe zu bringen. Ein Gefühl dafür bekommt man Anfang 2023, als Ziemiak beim Neujahrsempfang der NRW-CDU im Düsseldorfer Museum Kunstpalast seinen ersten großen Auftritt hat. Wie ein Motivationstrainer tänzelt er vor über 1000 Gästen mit einem Headset über die Bühne. Er begrüßt als Stargast mitten in Kriegszeiten die auf der ganzen Welt geforderte EU-Kommissionspräsidentin Ursula von der Leyen, die an diesem Samstagvormittag vermutlich auch eine alternative Beschäftigung gefunden hätte. „Wir freuen uns gleich auf Deine Festrede und es ist für uns eine große Ehre, dass Du heute bei uns bist", sagt Ziemiak, „herzlich willkommen bei Deiner

CDU." Auf Du und Du mit der mächtigen Kommissionspräsidentin. Es stellt sich ein Gefühl von Augenhöhe ein.

Wichtig ist für Wüst auch Ziemiaks Kontaktpflege in andere Landesverbände, zumal er selbst in der Bundes-CDU auf Abstand bleibt und kein Parteiamt in Berlin übernimmt. Es bildet sich an der CDU-Basis gerade eine neue Führungsgeneration heraus, die Wüst gezielt unterstützt. Die Niedersachsen-CDU etwa führt Sebastian Lechner, den der NRW-Ministerpräsident extra in Liethe nahe dem Steinhuder Meer besucht. Beide sind smart, ungefähr gleich alt, Jäger. Auch zu Manuel Hagel, dem Landtagsfraktionschef in Stuttgart und kommenden Mann der CDU in Baden-Württemberg, werden feine Drähte gesponnen. Mit dem neuen CDU-Landeschef in Brandenburg, Jan Redmann, hat Wüst mal in Brüssel eine Weile zusammengewohnt und nennt ihn einen „sehr wertvollen Freund". Redmann habe in ihrer Wohngemeinschaft immer gekocht: „Er hat Bratkartoffeln gemacht, die waren fast so gut wie die von unserer Mutter", sagt Wüst auf dem Landesparteitag, auf dem Redmann gewählt wird. Er ist – an einem Samstagnachmittag – extra nach Potsdam gefahren. Viel Zeit investiert Wüst 2023 auch in die Landtagswahlkämpfe. Er wird als schwarz-grüner Botschafter der neuen CDU-Führungsriege offenbar gern eingeladen. In Bremen opfert er etliche Arbeitsstunden, auch in Berlin. Dabei zeigen sich erneut Verbindungen aus der Vergangenheit: Mit Kai Wegner, der Regierender Bürgermeister von Berlin wird, war Wüst parallel Landeschef in der Jungen Union.

Auch Markus Söder gehört zu diesem „JU-Jahrgang". Während viele in der CDU seit den Querschüssen aus München im Bundestagswahlkampf 2021 ein gestörtes Verhältnis zu Söder zu haben scheinen, reist Wüst regelmäßig als Gast zu Veranstaltungen in den Freistaat. Er lässt sich sogar auf eine Disziplin ein, die wohl nicht mehr die seine wird und in der er gegenüber Söder nur schlecht aussehen kann: Beim politischen Frühshoppen auf dem Gillamoos-Volksfest tritt der nüchterne Westfale 2022 mit einer Maß Bier in der Hand neben seinem bayerischen Amtsbruder auf. Auch im bayerischen Landtagswahlkampf 2023 ist Wüst eingeladen.

Schon nach wenigen Monaten hat sich das Duo Wüst/Ziemiak gefunden. So richtig weiß der Generalsekretär bei seiner Zusage nicht, worauf er sich einlässt. Ziemiak hat seit 2018 in Berlin den Arbeitsstil von Kanzlerin Merkel aus der Nähe studiert, er hat für Kramp-Karrenbauer die Bundesgeschäftsstelle organisiert und an Laschets Seite eine Kanzlerkandidatur unter Pandemie-Bedingungen durchgestanden. Bei seinem neuen Chef in Düsseldorf fällt ihm schnell auf, dass man ziemlich überraschungsfrei arbeiten kann, wenn man an der zugedachten Position einfach liefert: „Ich erlebe Hendrik Wüst als ausgesprochen strukturierten Chef, der klar kommuniziert und von seinem Umfeld hohe Professionalität erwartet, aber immer einen wertschätzenden Ton anschlägt", sagt Ziemiak.

Zu welcher Härte der Netzwerker Wüst gleichwohl fähig ist, wenn der politische Erfolg in Gefahr ist, erlebt sein Umfeld im Landtagswahlkampf 2022. Am 7. April 2022, fünf Wochen vor der Landtagswahl, erscheint der *Kölner Stadt-Anzeiger* mit einer Geschichte, die bundesweit für Aufsehen sorgt. Die nordrhein-westfälische CDU-Umweltministerin Ursula Heinen-Esser hat während des Flutsommers 2021 nicht nur ihren Mallorca-Urlaub fortgesetzt und sich darüber in immer neue Ungereimtheiten verstrickt. Jetzt meldet das Blatt auch noch, dass Heinen-Esser damals auf der Baleareninsel mit weiteren CDU-Ministern Stephan Holthoff-Pförtner, Ina Scharrenbach und Integrationsstaatssekretärin Serap Güler den Geburtstag ihres Mannes gefeiert hat. Minister bei einer „Malle"-Party, während den Menschen in Nordrhein-Westfalen Hab und Gut weggespült wird – das kann man normalerweise politisch nicht überleben. Die sozialen Netzwerke laufen heiß, die Opposition im Landtag ist außer sich. CDU-Strategen sehen ein gewaltiges Glaubwürdigkeitsproblem auf die Regierung Wüst zurollen. Heinen-Esser versucht dennoch zunächst eine Vorwärtsverteidigung. Sie berät sich an jenem Vormittag – für alle sichtbar in einer Sitzgruppe im Seitenflügel des Düsseldorfer Landtags – mit CDU-Landtagsfraktionschef und Wüst-Skeptiker Bodo Löttgen. Dann verkündet sie zur allgemeinen Verblüffung, dass sie im Amt bleiben wolle. Wüst ist an diesem Tag nicht in Düsseldorf, wird aber telefonisch und per WhatsApp von Getreuen bestürmt: Er müsse durchgreifen. Heinen-Esser reiße den gesamten Laden in den Abgrund. Nicht wenige vermuten überdies, dass es bei der Mallorca-Feier im Sommer 2021 auch um die Laschet-Nachfolge gegangen sei und Scharrenbach womöglich dort versucht habe, Truppen gegen Wüst zu sammeln. Beweisen lässt sich das alles nicht. Allerdings ist Scharrenbach als ausgesprochen arbeitswütig und wenig vergnügungssüchtig bekannt, so dass sie kaum allein für ein privates Abendessen zu Ehren des Ehemanns einer Kabinettskollegin ins Flugzeug gestiegen sein dürfte. Mancher Heißsporn bestürmt Wüst, die Gelegenheit beim Schopfe zu packen: Er müsse Heinen-Esser und Scharrenbach gleichermaßen rauszuwerfen. Güler sitzt ohnehin längst im Bundestag und der bald 74-jährige Holthoff-Pförtner ist am Ende seiner Laufbahn angekommen.

Am Abend des 7. April 2022 muss Heinen-Esser schließlich noch einmal vor die Presse treten: Sie gibt doch auf. Es gehört wenig Fantasie dazu, sich das finale Telefonat zwischen ihr und dem Ministerpräsidenten auszumalen. Wüst nimmt den Rücktritt unterkühlt an und kommentiert sparsam: „Ich teile die Einschätzung, dass es so nicht weiterging." Scharrenbach hingegen darf bleiben. Der stets bestens über Partei-Interna informierte Wüst weiß, dass sie permanent gegen ihn gearbeitet hat und vermutlich einen Mallorca-Pakt gegen ihn schmieden wollte. Aber sie ist nun mal die Chefin der Frauen-Union in Nordrhein-Westfalen, gerade wiedergewählte stellvertretende Landesvorsitzende, außerdem unbestreitbar fleißig, belastbar und fähig, ein Ministerium zu führen. In Wüsts nüchterner Kosten-Nutzen-Rechnung ergibt bei dieser Sachlage ein Rauswurf keinen Sinn. Nach dem „Mallorca-Gate" muss er Scharrenbach ohnehin nicht mehr fürchten, sie ist ihm fortan zur Dankbarkeit verpflichtet. Zumal seine Vertraute Ina Brandes, die zwar nicht lange in Nordrhein-Westfalen gelebt hat, aber als Geburtsort Dortmund vorweisen kann, fortan auf dem Ticket der Ruhrgebiets-CDU fahren soll. Der Revier-Parteibezirk wird von den Wüst-Unterstützern Kufen und Radtke geführt. Die aus Kamen stammende Scharrenbach bekommt plötzlich Ministerinnen-Konkurrenz im Heimatbezirk und ist künftig eingemauert.

In einem Fragebogen hat der junge Wüst 2005 einmal gesagt: „Vertrauen gehört zu den größten Geschenken, die ein Mensch einem anderen machen kann." Er selbst fährt in der Politik seit Jahren gut damit, diesbezüglich nicht allzu spendabel zu sein.

Der Ministerpräsident
Kult und Bühne

Der Sohn einer Fleischerin, Hendrik Wüst, der nach eigener Aussage an keinem Bratwurststand vorbeilaufen kann, versagt sich am 6. Mai 2022 sicherheitshalber ein Mettbrötchen. Es ist Freitagnachmittag, Marktplatz Neuss. Das Wochenende naht, die Sonne strahlt. Neuss ist für die CDU ein dankbares Pflaster. Im Stadtrat ist die Partei stärkste Kraft, die Direktmandate für den Bundes- und Landtag sind in CDU-Hand. Wüst, gerade einmal knapp 200 Tage im Amt des Ministerpräsidenten, steht vor seiner bisher größten Herausforderung: Er muss in Nordrhein-Westfalen die Macht verteidigen. Die „Mallorca-Affäre" und der Rücktritt seiner Umweltministerin Heinen-Esser haben die Partei gerade heftig durchgeschüttelt. Die Umfragen zur Landtagswahl sehen ein Kopf-an-Kopf-Rennen mit der SPD. Es ist Jahrzehnte her, dass die CDU die Staatskanzlei in Nordrhein-Westfalen über mehr als eine Legislaturperiode behaupten konnte. Nun also gilt es: Endspurt, noch sechs Tage bis zur Wahl. Am Abend wird Wüst zum militärischen Teil des Flughafens Köln-Bonn fahren. Dort wartet ein schöner Fototermin. Er nimmt den Astronauten Matthias Mauer in Empfang, der nach sechs Monaten auf der Internationalen Raumstation (ISS) aus dem All zurückkehrt. Zwischendurch muss Wüst noch ins Sauerland, um bürgerliche Stammwähler zu mobilisieren. Nun aber erst einmal Neuss. Wüst schaut über die Theke von Metzgermeister Herbert Jahnz. Fragen hat Jahnz keine. Dankbar raunt der Metzger: „Ich wollte ihn nur sehen." Er reicht Wüst ein Mettbrötchen. Der Ministerpräsident beißt beherzt zu, kann dann aber nicht aufessen. Ein Kamerateam der ZDF-Satiresendung *heute-show* sei vor Ort, warnt sein Pressechef. Sofort lässt Wüst vom Mettbrötchen ab. Es drohen unschöne Bilder. Ein essender Politiker bietet allerlei humoristische Vorlagen. Einer mit Mettbrötchen im Mund ist erst recht ein gefundenes Fressen für jeden Satiriker. Konzentriert schnurrt Wüst durch den weiteren Wahlkampftermin. Als ihn bei der Bürgersprechstunde auf dem Markplatz ein Umweltaktivist zur Rede stellen will, wird Wüst frostig. Keine Frage?

„Dann: Danke schön." Auch den *heute-show*-Reporter Fabian Köster lässt Wüst abprallen. „Hallo, guten Tag", drängt sich Köster beim kleinen Stadtrundgang in den Ministerpräsidenten-Tross. „Sie in Nordrhein-Westfalen?", antwortet Wüst im Gehen, „endlich mal, endlich mal. Freu' mich. Ich werbe auch um Ihre Stimme." Während Köster Luft holt, zieht Wüst schnell in dessen Rückraum. Der Reporter versucht, seine Pointe aufzubauen: „Ich habe mich mit der Wahl beschäftigt, deswegen die Frage: Wer sind Sie nochmal?" Bei der Ausstrahlung gibt es an dieser Stelle Gelächter. Wüst lächelt und läuft weg. „Ihnen fällt nichts ein, was Sie unterscheidet?", ruft Köster. Wüsts Pressechef drängt ihn ab. „Wer ist wer?", heißt der Clip, der am Vorabend der NRW-Wahl in der *heute-show* gezeigt wird. Die Botschaft: Wüst und sein SPD-Herausforderer Thomas Kutschaty sind unbekannt und inhaltlich völlig beliebig.

Es ist nicht mehr eindeutig zu klären, worin die Initialzündung für solche Spott- und Spaßformate lag. In den immer gleichen Worthülsen der politischen Klasse? Oder in der wachsenden Bereitschaft der Gesellschaft, sich vollständig einer in sozialen Netzwerken eingeübten bissig-bösen Oberflächlichkeit hinzugeben? Klar ist nur: Im *ZDF* erreicht eine Sendung wie die *heute-show* mittlerweile rund fünf Millionen Menschen, vor allem eine junge Zielgruppe, die im politischen Diskurs meinungs- und stilprägend wird. Außenreporter wie Köster, Lutz van der Horst oder Ralf Kabelka sind Stars des Genres. Sie gehen auf Parteitagen oder im Wahlkampf mit Kamera und Mikrofon auf die Jagd. Politiker müssen jederzeit mit einem kabarettistischen Überfall rechnen. „Es gibt letztlich zwei Wege, damit umzugehen: Entweder man macht mit oder – wie es auch den Mitgliedern der Bundesregierung mal empfohlen wurde – man geht einfach weiter und sagt so gut wie nichts", erklärt Ralf Kabelka. Seit mehr als zehn Jahren arbeitet er für die *heute-show*. Auch für Jan Böhmermanns *Neo Magazin Royal* hat er geschrieben. Kabelka sitzt im Februar 2023 in einer Bäckerei in der Kölner Innenstadt. Sein Büro ist ganz in der Nähe. Es sind die Tage des Straßenkarnevals. Die Verkäuferin hat sich als Erdbeere kostümiert. Immer wieder kommen verkleidete Jecken rein: Polizisten, Mönche, Schornsteinfeger. Das Kölner Dreigestirn fährt mit großer Kolonne am Fenster vorbei. Kabelka trägt einen dunkelblauen Pullover mit Kragen, Jeans und hellbraune Schuhe. Der inzwischen

59-jährige Autor und Komiker ist eine Art Grandseigneur der politischen Satire. Schon zu Schulzeiten gründet der gebürtige Paderborner eine Kabarettgruppe mit Rüdiger Hoffmann, bricht ein Jurastudium in Bielefeld ab, studiert in Berlin Theaterwissenschaften und Publizistik, beginnt schließlich als Gagschreiber für Harald Schmidt. Daraus wird mehr: Kabelka zieht nach Köln, steigt zum Redaktionsleiter der *Harald-Schmidt-Show* auf und bekommt seine ersten Auftritte vor der Kamera. Als Kunstfigur Dr. Udo Brömme wird er im Jahr 2000 schlagartig bundesweit bekannt. Kabelka mimt in der Persiflage einen CDU-Landtagsabgeordneten aus dem Erftkreis, der als fleißiger Jungunionist Betriebswirtschaftslehre und Rechtswissenschaften studiert hat. „Überlegungen zur Reform der schriftgestützten Kommunikation mit Finanzbehörden unter Zuhilfenahme der EDV-Textverarbeitung Word 5.5", heißt die Dissertation, mit der Brömme zum Dr. jur. promoviert wird. Der Fantasie-Politiker referiert als Lehrbeauftragter an der Berufsakademie Köln-Mülheim und steht für den Slogan „Gut. Ehrlich. Sauber".

Mehr als 30 Filme produziert Kabelka seinerzeit in der Rolle des Dr. Brömme. Mit „Wirtschaft ist Chefsache" oder „Soziale Gerechtigkeit herstellen" parodiert Kabelka die Hohlformeln der Politik. Die Erfindung der Figur sei eine Reaktion auf die Zeit nach Kohl in der CDU gewesen, erinnert er sich: „Es gab den Ruf nach einem neuen Typus in der CDU, da haben wir gesagt: Wir müssen was machen." Inzwischen ist die Nach-Kohl-Generation längst in Rente, doch die Wirklichkeit scheint sich dem Witz von einst nach Kabelkas Beobachtung eher weiter angenähert zu haben: „Auch wenn das nun Jahre her ist, bei Wüst sehe ich viele Parallelen", sagt er, „dieses Bodenständige auf der einen Seite, dieses Mitmachen-wollen auf der anderen Seite." Der professionelle Humorist urteilt: „Hendrik Wüst ist ein sehr gelehriger Schüler von Dr. Udo Brömme."

Der Vergleich ist nicht neu. „Brömmes Comeback", greift die *taz* bereits im Jahr 2006 sarkastisch die Umstände auf, als Wüst Generalsekretär der NRW-CDU werden soll. „Wie Udo Brömme ist Hendrik Wüst jung, erfolgreich und stets akkurat gescheitelt", heißt es in dem *taz*-Text, „auch das wie auf Knopfdruck abrufbare Dauergrinsen des neuen Parteimanagers wirkt wie abgeguckt bei der TV-Comedyfigur mit dem politischen Yuppie-Gehabe." Selbst als Wüst 15 Jahre später Ministerpräsident wird und im Wahlkampf-Stakkato sofort zu Plattitüden wie „Machen, worauf es ankommt“ greift, werden von lebensälteren Medienmenschen Parallelen zu Dr. Brömmes Leitspruch „Zukunft ist gut für alle“ hervorgekramt. Online gibt es „Das Dr.-Hendrik-Brömme-Spiel“, in dem man raten muss, von wem welche Aussage stammt: Brömme oder Wüst?

„Hendrik Wüst ist ein Politiker aus dem Design-Baukasten. Der sitzt mal mit Mappus und Söder in der ‚Einstein-Connection‘ zusammen, wenn es das Konservative mit Ecken und Kanten braucht. Aber wenn es darum geht, wählbar zu werden wie jetzt, wendet er sich soften Dingen zu: Schiebt einen Kinderwagen und erzählt, dass ihm seine Tochter Halt gibt“, schildert Kabelka seinen Eindruck. Der Medienprofi glaubt, bei Wüst eine große Unsicherheit zu erkennen: „Diese Geschichte, dass er erst ein großes Haus baut auf dem Grundstück der Eltern und sich dann auf die Suche nach seiner Frau macht ...“ Das, so Kabelka, könnte auch Udo Brömme passieren: „Erst Nest bauen, dann Frau finden.“ Die Ferndiagnose des Satirikers: Bodenständig, unsicher, mit einem klaren Lebensplan und dem Drang, unbedingt mitmachen zu wollen. Kabelka hat sich auf das Gespräch über Wüst vorbereitet, noch einmal eine ausführliche TV-Dokumentation geschaut, gelesen. Auch sein legendäres Brömme-Buch „Zukunft ist gut für alle! Geheimrezepte eines Premium-Politikers“ liegt auf dem Tisch der Kölner Bäckerei. Das Werk ist im Jahr 2009 im *Ullstein-Verlag* erschienen und listet auf knapp 200 Seiten Dr. Brömmes Erfolgsrezepte („Posen, die Vertrauen schaffen“) auf. Kabelka findet: „Zukunft ist gut für alle – das ist eins zu eins auch Hendrik Wüst.“ Der Ministerpräsident präsentiere sich ebenfalls häufig als „Maschine, die Stanzen absondert“.

Tatsächlich merkt Wüst als Regierungschef früh, dass er in kurzen Liveschalten und autorisierten Print-Interviews mit Dr.-Brömme-haften Leerformeln durchkommt. „Krise braucht Klarheit“, sagt er mantraartig. Oder: „Eine warme Wohnung darf kein Luxus sein.“ Als im Herbst 2021 im Kölner Fußballstadion 50.000 Fans unter Missachtung aller Corona-Auflagen weitgehend ohne Maske und Abstand feiern, gerät der entschlossene Pandemie-Bekämpfer Wüst kurz in die Defensive. Er reiht sich aber einfach ein in den Chor der Empörten und sagt in Interviews: „Wir sind uns einig, dass wir solche Bilder nicht noch einmal sehen wollen und sehen werden." Was er ordnungsrechtlich zu tun gedenkt? Wer die Verantwortung für das Stadion-Debakel trägt? Welche Sanktionen er ergreifen wird? Es fragt niemand nach. Wüst laviert sich erfolgreich durch und verinnerlicht, dass die Flüchtigkeit des Medienbetriebs am Ende ziemlich kalkulierbar ist. Sein Credo: „Stay with your Message" – immer bei derselben Botschaft bleiben. Manchmal klammert er in öffentlichen Äußerungen sogar bereits das eine Zitat, das hängenbleiben soll, für die Zuhörer ein: „Vielleicht der wichtigste Satz ...", moderiert er sich dann selbst an. Es ist eine Marotte, die Einblicke in Wüsts professionelle Adressatenorientierung erlaubt. Noch zu Beginn der Ministerpräsidenten-Zeit formuliert er so nervös und vorsichtig, dass seine sonderbaren Sprechpausen und Silbenbetonungen selbst langjährige Parteifreunde irritieren. „Da hätte nur noch die Ansage gefehlt: Und nun ein wenig Musik bis zum nächsten Wort des Ministerpräsidenten", flachst ein Weggefährte. Doch Wüst verfeinert mit jedem Monat im Amt sein Tuning.

Schwierig bleibt dagegen das Talkshow-Format. Wüst profiliert sich zum Jahreswechsel 2021/22 immerzu als Befürworter einer Corona-Impfpflicht und fordert schneidig „Führung" beim neuen Kanzler Scholz ein. Das sind leicht eingesammelte Punkte, weil die meisten Deutschen zu diesem Zeitpunkt ohnehin geimpft sind und Umfragen eine klare Mehrheit für eine allgemeine Impfpflicht messen. Im Talksessel von *Anne Will* verstrickt sich Wüst jedoch vor einem Millionenpublikum in seiner Argumentation. Er fordert dort die Impfpflicht vor allem als Signal an alle Geimpften. Dieser Gruppe solle gezeigt werden: „Jetzt sind die anderen dran, die sich bisher geweigert haben", sagt er. Das ist medizinisch und ethisch natürlich Unsinn, was Wüst später an den aufgeregten Reaktionen im Netz selbst merkt. Er zieht seine Lehren daraus. Zumindest sieht man ihn nur noch selten in Talkshows, und wenn, dann nur zugeschaltet aus Düsseldorf. Man ist nur eingeblendet, weniger Teil der Debattendynamik, kann Spickzettel nutzen und lässt sich in der Argumentation nicht so leicht davontragen. Respekt soll Wüst vor einem Format wie *Markus Lanz* haben. Wenn der hartnäckige Moderator im *ZDF*-Spätprogramm auf die Sitzkante rutscht und mit einer Journalistin als Sidekick diese „Können wir ihm das glauben?"-Haltung einnimmt, gibt es für Politiker wenig zu gewinnen. Schon gar nicht für jemanden wie Wüst, der mehr von Absicherung lebt als von Schlagfertigkeit.

Für einen feinen Beobachter wie Ralf Kabelka, der einen speziellen Sensor für komödiantische Elemente besitzt, bietet sich auch so schon viel Anschauungsmaterial. Ein längeres Porträt im *WDR*-Fernsehen aus dem Landtagswahlkampf hat es ihm besonders angetan. „Wüst ist ja auch der Typ aus dem Münsterland, der seinen Friseur behalten hat und dieser in der TV-Dokumentation sagt: Er hat jetzt eine neue Frisur bekommen, er hat ja noch viel Natur." Kabelka schmeckt der Sequenz aus dem Film noch einmal nach. Oder die Sache mit der Musik. „Da gibt es diese Szene, wo er erzählt, dass er zur Neuen Deutschen Welle auch mal richtig abrockt. Als die Reporterin nachfragt, blockt er ab und sagt: Pustekuchen." Kabelka schaut auf: „Wer sagt denn heute noch Pustekuchen?" Wie sich Wüst „ganz flashig" in Instagram-Videos ranschmeiße oder „ganz pfiffig" bei der Schreibtischarbeit auf einem Desk-Bike radele – es scheint alles eine Dauereinladung zum Politiker-Spott zu sein. Auch als Wüst in der TV-Dokumentation auf das Management der Flut-Affäre angesprochen wird, entsteht ein komischer Moment: „Da sitzt er da und unterschreibt einfach weiter Akten, um nicht antworten zu müssen. Er dachte wahrscheinlich, dass das ein schlauer Move ist: Unterschreiben statt Antworten", analysiert Kabelka. Dennoch taugen solche Wüst-Szenen nicht wirklich für seine Comedy-Formate. Zu langweilig, zu solide. „Immer lustig machen über die aalglatten Typen funktioniert nicht. Er glitscht einem durch die Finger", erklärt Kabelka. Als sie kürzlich in der Reaktion überlegten, welchen Politiker sie einmal einladen sollten, sei der Name Wüst nicht einmal gefallen.

Ein Gag zwischendurch geht natürlich immer. Wenn Wüst in der *heute-show* als „fleischgewordener Bausparvertrag" verhöhnt wird, sind das garantierte Lacher. Wüst selbst soll sich über solche Beschreibungen nicht einmal ärgern. Er kennt die emotionale Beziehung der Deutschen zum Bausparvertrag und versteht es seit Jahren, seinen etwas bieder wirkenden Schwiegersohn-Charme politisch gewinnbringend einzusetzen. Die Bauch-Empirie besagt außerdem: In der bundesrepublikanischen Politik hatten die Langweiler noch immer eine längere Halbwertszeit als die Lichtgestalten. „Ja, diese Solidität kommt an", räumt auch Kabelka ein, „er lebt gesund, fährt Fahrrad." Dazu die gewissenhafte Fehlervermeidung. „Wüst hat die Antennen und dieses Gespür, um keinerlei schlechte Bilder zu produzieren. Mit dem Ergebnis rasender Langeweile." Kabelka sehnt sich zurück in die Zeit, als Dr. Udo Brömme noch unerkannt Wahlveranstaltungen aufmischen konnte. Heute lässt die durchchoreografierte Politik kaum noch Einfallstore für satirische Systemsprenger. „Man sichert sich nach allen Seiten ab. So gesehen passt ein Typus Wüst in die Zeit", sagt Kabelka. Nachdenklich stockt er. „Aber es kommt an, klar." Wüst wirkt. Sogar bei Kabelkas Schwiegervater, einem führenden Gewerkschafter in Köln.

Schon an Tag eins im Ministerpräsidentenamt wird deutlich, wie entschlossen Wüst sein öffentliches Bild formt. In den sonnigen Mittagstunden des 27. Oktober 2021 steht er im dunklen Slimfit-Anzug auf dem Fußweg vor dem Düsseldorfer Landtag, einem beliebten Touristen-Trampelpfad. Es ist nun nicht mehr lang bis zum größten Moment seiner Karriere. CDU und FDP werden ihn gleich in einer Sondersitzung des Parlaments zum neuen Regierungschef und Nachfolger Laschets wählen. Wüst nimmt an diesem belebten Ort am Rhein seine Frau Katharina in Empfang. Er küsst sie und greift nach dem Schiebegriff des blauen Hesba-Kinderwagens im schicken Retro-Design, in dem die sieben Monate alte Tochter Philippa liegt. Sie ist einige Tage vor dem errechneten Termin zur Welt gekommen und deshalb in Düsseldorf geboren und nicht wie geplant in Borken. „Sie ist die erste Rheinländerin in der Familie, aber wir haben uns sofort in sie verliebt", hat Wüst gleich nach der Geburt erklärt. Gemeinsam geht die kleine Familie die kurze Steigung hinauf Richtung Landtagshauptportal. Einige Meter dahinter folgen Wüsts Büroleiter Marcel Grathwohl, ein Mitarbeiter des Landespresseamtes und Vertreter des Personenschutzkommandos aus dem Polizeipräsidium Düsseldorf, das ab heute für Wüsts Sicherheit verantwortlich ist. Rückwärtslaufend versuchen Fotografen und Kameraleute hektisch, die Szene von vorn einzufangen, ohne dabei hinzufallen. „Wüst scheint ruhiger geworden zu sein. Vielleicht liegt das auch an Frau und Tochter. Die sind heute mit dabei im Landtag", wird *RTL* die Bilder in den Abendnachrichten kommentieren. Der scheinbar private Moment ist keineswegs eine Papparazzi-Großleistung. Vielmehr haben Wüsts Leute vorher in den Redaktionen angerufen und Bescheid gegeben, wann und wo der Ministerpräsident in spe am besten zu fotografieren sein werde. So entsteht eine erste Bilderserie des neuen Regierungschefs, die wie ein kleiner Foto-Roman anmutet: Landespapa in Love.

Wer Wüst später auf diese Inszenierung anspricht, bekommt eine der völlig plausibel klingenden „Ich habe doch nur …"-Erklärungen. In diesem Fall: Er habe doch nur entschieden, seine Familie an diesem für ihn bedeutenden Tag nicht durch den Lieferanteneingang ins Parlament holen zu wollen. Das sei auch eine Stilfrage. Partner und Kinder von herausgehobenen Politikern gehörten heute in die erste Reihe, schon weil sie für ein solches Amt auch als Familie einen hohen Preis zu entrichten hätten. Diese Lesart setzt sich unter professionellen Politik-Beobachtern eher nicht durch, zumal man Wüst in späteren Jahren immer wieder dabei beobachten kann, wie er Dienstlimousine und Begleitfahrzeug direkt in die Parlamentstiefgarage fahren lässt und dort den normalen Besucheraufzug nimmt. Zwischen Lieferanteneingang und offener Bühne hätte es wohl Möglichkeiten gegeben, die Plätze würdevoll im Plenarrund einzunehmen. Wüsts Hintersassen versuchen später, der Inszenierung einfach einen anderen Spin zu geben: Ein Ministerpräsident, der persönlich den Kinderwagen schiebt, signalisiere den Bürgern Fürsorge und stifte Vertrauen. Das sei gerade in der schweren gesellschaftlichen Orientierungslosigkeit der Corona-Pandemie ein wichtiges Signal.

Bereits die erste Ansprache im Landtag nach der Vereidigung lässt keinen Zweifel, dass der noch ziemlich unbekannte neue Ministerpräsident Wüst mit vollem Familieneinsatz ein neues Image sucht. Die Zeit bis zur Landtagswahl drängt, die demoskopische Lage für die CDU so kurz nach der Bundestagswahl 2021 ist verheerend. Auch seine Persönlichkeitswerte müssen besser werden, wenn er einen Amtsbonus aufbauen will. Wüst weiß, dass es gerade in diesem schwierigen Umfeld für den ersten Eindruck keine zweite Chance geben wird. „Ganz herzlich danken möchte ich an dieser Stelle auch meiner Familie", liest er vom Blatt ab, „ganz besonders meiner Frau Katharina und – auch wenn sie noch sehr klein ist – unserer Tochter Philippa." Sie sei eines von rund 170.000 Kindern, die in jenem Jahr in Nordrhein-Westfalen geboren wurden. Wüst schaut kurz zur Besuchertribüne hinauf, wo sich „Pippa" mehr für die Corona-

Schutzmaske im Gesicht der Mama zu interessieren scheint als für die Rede des Papas. „Sie hat meinen Blick auf diese Welt noch einmal total verändert", liest Wüst weiter, „sie ist meine tägliche Glücksquelle und größte Motivation, unser Land jeden Tag noch etwas besser machen zu wollen."

Das Kalkül geht auf. Nicht nur die Kür zum Ministerpräsidenten läuft glatt. Am Ende des ersten Amtstages ist Wüst „Der mit dem Kinderwagen". Kaum ein Medium verzichtet auf das Foto mit Frau und Tochter. Was er genau gesagt hat und politisch plant, ist schon beim Nachmittagsempfang im Landtag wieder vergessen. Dafür wird im Netz über das „elegante Vintage-Modell mit extragroßen weißen Reifen und verchromten Speichen" diskutiert, das im oberen Preissegment zwischen 1300 und 1700 Euro anzusiedeln sei. Ausgerechnet Wüst, der so lange die Aura des ewigen Junge-Union-Karrieristen nicht loswurde, hat wirkmächtige Bilder geliefert für seinen neuen Anspruch, eine Politik zu betreiben, „die an die nächste Generation denkt und nicht nur an die nächste Wahl". Selbst notorische Wüst-Skeptiker müssen anerkennen, dass er den Image-Turnaround ziemlich professionell angehe. Es finden sich nur vereinzelt junge Mütter und Väter unter den Abgeordneten, die ein leichtes Störgefühl verspüren. Das eigene Kind so sehr ins Zentrum des Regierungsprogramms zu stellen? „Solange ich meine Tochter nicht fragen kann, ob sie überhaupt eine Rolle in meiner Politik spielen will, würde ich so etwas nie machen", sagt eine junge Abgeordnete, die selbst zwei Kinder hat und sie schon mal zur Betreuung mit ins Büro nehmen muss. Sie klingt eher betroffen als hämisch.

Wüst profitiert im Rekordtempo davon, dass die Bürger in Nordrhein-Westfalen ihn und seine junge Frau gewissermaßen als „Kennedys vom Rhein", wie mancher ein wenig neidisch ätzt, noch einmal neu kennenlernen. „Seine Familie liebt er noch mehr als die Politik", schwärmt die *Bunte* ein halbes Jahr nach Amtsantritt. Sogar die Anbahnung seiner Ehe bekommt eine politische Komponente. Wüst erzählt der *Bunten*, er habe seine zwölf Jahre jüngere Frau in einer Kneipe nahe des Düsseldorfer Landtags kennengelernt: „Katharina erkannte mich von einem Wahlplakat, das ihr offenbar gefiel." Kurz nach Erscheinen der Illustrierten läuft die kuriose Nachricht über den Ticker: Wüst und seine Frau seien „dank eines Wahlplakats zusammengekommen". Im Interview weist Wüst daraufhin, dass sie in jenem von einer Freundin angebahnten Kneipengespräch („Wir waren beide eher schüchtern") rasch festgestellt hätten, aus dem gleichen Ort im Münsterland zu stammen und dass er – Zufälle gibt's! – in der Kanzlei von Katharinas Vater einen Teil seiner Referendarsausbildung absolviert habe. Und weiter: „Auf seinem Schreibtisch sah ich meine Frau das erste Mal (*lacht*): Er hatte dort eingerahmte Fotos von seinen Kindern als Baby stehen." Wenn man sich vor Augen führt, dass Wüsts heutiger Schwiegervater Hermann Starting schon 25 Jahre zuvor sein Amtsvorgänger als CDU-Ortsvorsitzender war, in Rhede alles sehr überschaubar ist und die Familien einander seit Jahrzehnten kennen, überrascht es dann doch, dass erst ein Wahlplakat in Düsseldorf das Eis gebrochen haben soll. Aber die Geschichte ist in der Welt und zu schön, um sie wieder zu vergessen.

Wüst wird immer freigiebiger mit privaten Anekdoten, solange sie das Bild des modernen Familienvaters runden. In fast keinem Interview darf die Information fehlen, dass morgens die erste Stunde des Ministerpräsidenten der Tochter gehöre und das Windelwechseln ihn „erde". Bald weiß man in Nordrhein-Westfalen, dass Wüst in Rhede einen Fahrradanhänger besitzt, in dem „Pippa" und die Einkäufe transportiert werden. In Düsseldorf nutzt er ein Lastenrad, eigentlich das Statussymbol grüner Urbanität. Wenn er sich mal nicht von der gepanzerten Dienstlimousine mit Bocholter Kennzeichen durchs Land chauffieren lässt, fährt er „eine Familienkutsche", natürlich gebraucht: „Ich will mit dem Wertverlust der ersten 10.000 Kilometer nichts zu tun haben." In der *WDR*-Sendung *Kölner Treff* verrät er auch den Grund seiner späten Vaterschaft: „Ich musste erst warten, bis ich die Richtige gefunden habe." Außerdem outet sich Wüst als Hobby-Maler, der eigene Werke zu Hause an der Wand hängen hat: „Im ersten Lockdown haben meine Frau und ich einen Film gesehen über Gerhard Richter, über die Rakeltechnik, und haben gesagt, das probieren wir mal." Am Abend seines ersten großen Triumphes bei der Landtagswahl 2022 bedankt er sich bei seiner Frau in einer Weise, wie es Fernsehzuschauer von solchen Liveschaltungen aus Parteizentralen bislang nicht kennen: „Kate", ruft Wüst ins Mikrofon, „ich danke Dir für Deine Stärke." Er lobt seine Frau auch schon mal in Interviews als „beste

Ratgeberin“ und „hervorragende Juristin“, die nach der Elternzeit wieder als Arbeitsrechtlerin in den Job einsteigen wolle. So etwas signalisiert gerade jüngeren und weiblichen Wählergruppen Modernität. Zu lange waren Ehefrauen von Spitzenpolitikern in der Union allein für das „Rückenfreihalten“ vorgesehen. Der *Spiegel* berichtet im Frühjahr 2022, dass die CDU in einer Zielgruppenbefragung ermittelt habe, dass eine Wahlplakat-Pose besonders bei jüngeren Wählerinnen ankomme: Sie zeigt Wüst mit aufgekrempelten Hemdärmeln, der die Hände in die Hüften stemmt und den Blick in die Ferne schweifen lässt.

Das Glück der späten Vaterschaft und die Ehe auf Augenhöhe seien nicht gespielt und mehr als bloß politisches Kalkül, versichern Menschen, die Wüst gut zu kennen glauben. Gerade weil er selbst früh die Eltern verloren habe und all die Jahre, in denen sich Altersgenossen beruflich und familiär orientierten, fast ausschließlich an die atemlose politische Postenjagd verschenkte, bedeute ihm das Gefühl des Angekommenseins mit Mitte 40 wirklich etwas. Wüst, der hinter jungenhafter Fassade immer den Eindruck von Distanziertheit, ja einer gewissen Bindungslosigkeit vermittelt, erlebe die neue Vaterrolle auch als ganz unverhoffte Schule in Empathie, heißt es. Das Schicksal von Kindern, Familien, Alleinerziehenden nehme plötzlich einen anderen Rang auf seiner politischen Agenda ein. Die Themen Kita, Schule, Chancengleichheit – all das gehe ihm nun näher. So kommt es im Landtagswahlkampf 2022 zu einer denkwürdigen Begebenheit. Wüst besucht ukrainische Flüchtlingskinder in einer Landesunterkunft in Unna und wendet sich anschließend unvermittelt direkt an den russischen Präsidenten Wladimir Putin: „Herr Putin“, sagt er mitten in seinem Pressestatement grimmig in die Kameras, „die Angst in den Augen dieser Kinder ist Ihre Schande und wird Sie bis zu Ihrem Lebensende verfolgen“. Es überkommt einen ein leichtes Schamgefühl, das man aus dem Schülertheater kennt, wenn der Hauptdarsteller seinen Text zu laut deklamiert. Doch Wüst ist wirklich ergriffen, in seinen Augen schimmern später Tränen. Am Ende des Tages ist der Putin-Satz der einzige, der gesendet wird und hängenbleibt.

Die Vaterschaft habe ihn verändert, heißt es. Der Einzelkämpfer, der sich seit Jahrzehnten auf politische Absicherung versteht, erlebt nunmehr die Unwägbarkeit, Verletzlichkeit und Verantwortung der Elternschaft.

„Das macht etwas mit ihm“, beteuern sogar Leute, die nicht dafür bezahlt werden, Wüst gut aussehen zu lassen. Er gehöre zur ersten Politikergeneration, die ihre Kinder aufwachsen sehen wolle und nicht von „quality time“ fabuliere, wenn sie ihre permanente Abwesenheit verbräme. Es komme vor, dass Wüst Sprachnachrichten mit den ersten Worten von „Pippa“ an Mitarbeiter versende oder sonntags in Telefonaten mit Parteifreunden das Gespräch laut stelle, damit die Tochter auch etwas sagen und hören kann. „Papa muss doch arbeiten“, rufe Wüst dann verzückt.

Wüsts Studienfreund und Trauzeuge Daniel Hartmann sagt: „Seine Familie ist für ihn ein ganz wichtiger Rückzugsort, eine echte Kraftquelle. Ich glaube, dass die Hochzeit mit Katharina und die Geburt von Pippa ihm noch einmal einen anderen Blick aufs Leben eröffnet hat. Gerade die Vaterrolle genießt er sehr, und das freut mich unheimlich für ihn.“ Inwieweit der neue private Familienfokus bei Wüst auch in konkretes politisches Handeln übersetzt wird, ist eine Frage der Erwartungshaltung. Mancher, der in Nordrhein-Westfalen seit Jahren in sozialen Brennpunkten für Chancengleichheit von Kindern arbeitet, freut sich zwar über die Hinwendung des Ministerpräsidenten. „Wüst signalisiert, dass er das zum Kernthema macht“, sagt jemand aus einer Organisation, die für benachteiligte Kindern kämpft. Allerdings komme außer Evergreens wie „Kinder sind unsere Zukunft“ und schönen Bildern nicht viel. Wüsts Schulministerin Dorothee Feller solle wohl „den Ball flachhalten“, damit der Chef in Ruhe regieren kann. Anderen ist eine solche Deutung zu negativ. Immerhin habe Wüst die Besoldung von Grundschullehrern nach jahrelanger Debatte sofort angehoben, um die Arbeit mit den Kleinsten attraktiver zu machen. Die schlechten Platzierungen des Landes in allen Bildungsranglisten seien ihm nicht anzulasten. Und in der Debatte über Integrationsversäumnisse nach den Silvesterkrawallen 2022/23, als CDU-Chef Friedrich Merz über „kleine Paschas“ schimpfte, habe Wüst zum ersten Mal wirklich Pol gehalten. Tatsächlich setzt er damals mit einem Tweet einen weltoffenen Kontrapunkt: „Mich interessiert nicht, wo ein Kind herkommt. Mich interessiert nicht die Hautfarbe. Mich interessiert nicht die Religion der Eltern. Klar ist: Es sind alles unsere Kinder. Unser Land wird nur eine gute Zukunft haben, wenn alle Kinder einen guten Start ins Leben haben.“ Wer Wüsts politische Biografie und die

Sehnsucht in Teilen seiner Partei nach klarer Kante kennt, weiß: So ein Statement ist nicht nichts.

Wüsts Frau spielt die Rolle der First Lady eher defensiv mit. Sie hält sich bei Pflichtveranstaltungen an der Seite ihres Mannes im Hintergrund und winkt höchstens mal beim obligatorischen „Berlinale-Empfang“ mit Schauspielstars wie Ronald Zehrfeld vom roten Teppich. Interviews gibt sie so gut wie nie. Wer sich mit Katharina Wüst am Rande von Terminen unterhält, trifft auf eine offene, interessierte Frau. Und dennoch stellt sie – gerade im Gegensatz zu ihrem medial gestählten Ehemann oder ihrem politisch engagierten Vater – einen Kontrast dar. Behagt ihr die Rolle in der Öffentlichkeit? Oder ist es nicht eher eine Pflichterfüllung an der Seite ihres Mannes? Der Preis für dessen Karriere? Wie sehr sie sich überwinden muss, merkt die Redaktion von *Radio NRW* spätestens im Herbst 2022. Da übernimmt Katharina Wüst die Schirmherrschaft der „Aktion Lichtblicke“ von Susanne Laschet. Die Initiative aus Oberhausen hilft Kindern in Not und wird dabei traditionell von Ehefrau oder Ehemann des amtierenden nordrhein-westfälischen Ministerpräsidenten unterstützt. Mit Katharina Wüst sollen nach der Staffelübergabe noch ein paar O-Töne aufgenommen werden, mit denen man hinterher in den NRW-Lokalradios die „Lichtblicke“-Projekte bewerben kann. Es sind einige wenige freundliche Fragen. Eine davon lautet: „Auf welche Aufgaben Ihrer Schirmherrschaft freuen Sie sich am meisten?“ Katharina Wüst schluckt hörbar: „Ich freue mich darauf, meinen Horizont ein bisschen zu erweitern und ... ähm ... Familien ... ähm ... ne, Stopp, das müssen wir noch mal neu ...“ Zweiter Versuch: „Auf welche Aufgaben Ihrer Schirmherrschaft freuen Sie sich am meisten?“ Katharina Wüst summt nervös, liest in ihren Unterlagen: „Mmh, ich muss noch kurz in meinen ...“ Neun Sekunden sagt keiner etwas. Verlegenes Lachen. Kein Problem, passiert schon mal. Die Interviewerin will helfen: „Ich kann noch mal kurz anfangen, dann ...“ Katharina Wüst muss einen Schluck trinken. Die Interviewerin setzt erneut an: „Und auf welche Aufgaben freuen Sie sich bei Ihrer Schirmherrschaft am meisten?“ Katharina Wüst sammelt sich: „Ich darf als Schirmherrin auch im Spendenbeirat teilnehmen und erfahre dort dann eben auch akut von den einzelnen Notsituationen und ... ja ... freue mich darauf, da mitzuberaten und bin sicherlich dann auch … Ne, das muss ich noch mal kurz, einmal kurz noch in mich gehen … Sorry." Die Interviewerin sagt einfühlsam: „Kein Problem." Katharina Wüst murmelt: „Jetzt komme ich ans Labern … Durchatmen." Sie greift nochmal zum Wasserglas. Wieder sechs Sekunden Pause. „Soll ich nochmal die Frage stellen?", fragt die Interviewerin geduldig: „Auf welche Aufgaben freuen Sie sich bei Ihrer Schirmherrschaft am meisten?" Katharina Wüst holt Luft: „Als Schirmherrin bin ich auch im Spendenbeirat der Aktion Lichtblicke und freue mich darauf, über die einzelnen Fälle mitzudiskutieren und den Familien dann eben direkt zu helfen." Geschafft.

Es ist ein ziemlicher Temperamentswechsel in der Schirmherrschaft. Laschets Frau hatte die Rolle bei der „Aktion Lichtblicke" mit rheinischer Herzlichkeit angenommen und schnell das Team für sich eingenommen. Auf dem Weihnachtsmarkt sprach sie Passanten an und verkaufte Geschenkpapier für den guten Zweck. Interviews waren kein Problem. Das Reden vor Publikum musste ihr ohnehin niemand beibringen, denn die gelernte Buchhändlerin präsentiert seit Jahren mit Witz und Selbstbewusstsein in einer eigenen Veranstaltung in Aachen neue Romane. Dass diese ansteckende Fröhlichkeit politisch nicht immer von Vorteil ist, muss Susanne Laschet im Frühjahr 2020 erleben. Da hat sie einen sympathischen Auftritt in der *WDR*-Talksendung *Kölner Treff*. Sie erzählt von ihrer Sandkastenliebe zu Armin Laschet. Dass sie sich als Kinder zunächst gar nicht gemocht hätten, sie ihn für den „ekelhaftesten Jungen meines Lebens" gehalten habe, der sie sogar mal gehauen habe. Am nächsten Tag läuft durch die Medienportale die Zeile: „Susanne Laschet als Kind von späterem Ehemann verprügelt."

Wüst dürften solche Erfahrungen nicht entgangen sein. Er kennt die Dynamiken der Medienwelt, in der nicht mehr so wichtig ist, wer man ist, sondern für wen man gehalten wird. Es ist komplizierter geworden, als Regierender die Familie politisch gewinnbringend einzusetzen. Lässt sich der Partner nie sehen wie Merkel-Gatte Joachim Sauer, gibt es schnell Gerede in der CDU. Gerade bürgerliche Wähler wollen gerne die Familie im Gesamtpaket. Obschon sich die Zeiten geändert haben, gibt das berühmte Foto der Familie Kohl 1976 in St. Gilgen beim gemeinsamen Brettspiel vor idyllischer Wolfgangsee-Kulisse bis heute die Sehnsüchte ziemlich exakt wieder. Ist eine bedeutend jüngere Partnerin hingegen zu selbstbewusst und präsent wie einst Bettina Wulff, wird auch gemosert. Das hergebrachte Politiker-Familienmodell „Frau an seiner Seite“ ist ohnehin keine Option mehr, selbst wenn Wüsts Förderer Jürgen Rüttgers noch 2005 mit der Ankündigung in den Landtagswahlkampf gezogen ist, im Erfolgsfall seiner Frau einen Geschirrspüler zu spendieren. Damals regt das keinen auf, heute mag man sich den Shitstorm gar nicht ausmalen. Wüst versucht sich an einem Mittelweg: Er will seine Familie präsentieren und immerzu Modernität signalisieren, ohne aber Frau und Kind wirklich zu öffentlichen Figuren zu machen. Das führt gelegentlich zu Verrenkungen. Als er am Tag der Landtagswahl im Mai 2022 in der Gesamtschule Rhede mit Frau und Kinderwagen das Wahllokal betritt, will er seine Tochter etwas ungelenk vor den Kameras schützen. Er ruckelt den Sonnenschutz zurecht, doch das Kind will sehen, was da vor sich geht und legt den Blick immer wieder selbst frei.

Weiterentwickelt hat Wüst seine Haltung zur Frauenquote. Im Jahr 2002 tat er eine solche Idee der damals neuen Parteichefin Angela Merkel noch rundheraus ab: „Ich halte nicht viel von Quoten. Die, die entscheiden, sollten das möglichst frei von jeder Art von Quote tun.“ Beim CDU-Bundesparteitag im Herbst 2022 wird er zu einem der wichtigsten Befürworter der parteiinternen Quote. „Ich erlaube mir auch als Mann, in dieser Debatte was zu sagen, aber ich will über eine starke Frau sprechen“, sagt er am Rednerpult der Messehalle Hannover. Wüst erzählt dann die Geschichte seiner Mutter, die er so fast wortgleich ein halbes Jahr später noch einmal in einem Video der Staatskanzlei zum Weltfrauentag bringen wird. „Für Frauen aus der Generation meiner Mutter war Karriere machen, studieren gehen, überhaupt gar nicht vorgesehen“, sagt er. 1942 geboren, neun Jahre Volksschule, ein Jahr Kloster, Ausbildung im elterlichen Betrieb. Frauen wie sie seien auch nur im Notfall selbst Auto gefahren. Sie hätten sich für die Kinder aufgerieben, obwohl sie doch nicht weniger konnten als die heutige Generation. Es ist Musik in den Ohren vieler älterer Damen in der Partei, die sich gegen erhebliche Widerstände durchkämpfen mussten und meist doch irgendwann an die berühmte gläserne Decke stießen. Wüst bringt auch bei Jüngeren Saiten zum Klingen, die das Schicksal der eigenen Mutter oder Großmutter in patriarchalischen Zeiten wiedererkennen. Selbst einen koketten Scherz recycelt Wüst ein halbes Jahr später noch einmal: Aus seinen älteren Schwestern sei etwas geworden, sie seien beruflich sehr erfolgreich, „über mich kann sich jeder ein Bild machen". Es wird ein Plädoyer für mehr Durchlässigkeit. Mancher versichert hinterher, der nordrhein-westfälische Ministerpräsident habe die Parteitagsdebatte Richtung Quoten-Befürworter gedreht. Wüst besetzt zwar bis heute in seinem Machtsystem fast alle Schlüsselstellen durch weiße Männer seiner Alterskohorte mit Junge-Union-Hintergrund, gibt sich aber nach außen keine Blöße. Sein Kabinett ist paritätisch mit Frauen und Männern besetzt. Vor dem Grundsatzkonvent der Bundes-CDU im Juni 2023 lässt er seinen Landesgeschäftsführer Breuer eigens einen Basisbrief aufsetzen. Der NRW-CDU stehe ein Kontingent von 58 Personen zu, heißt es darin. „Jedem Kreisverband steht dabei ein Platz zur Verfügung. Auf Bezirksebene soll geschaut werden, dass wir eine Parität zwischen Frauen und Männern gewährleisten und verschiedene Gruppen repräsentiert werden (alt/jung, migrantisch, Vereinigungen etc.)", schreibt Breuer.

Langjährige Weggefährten erkennen Wüst dagegen nicht wieder. Beim Parteitag in Hannover tritt irgendwann eine Frau im roten Blazer ans Mikrofon, die in eineinhalb Minuten die Frauenquote als „Symbolpolitik" zerlegt. Es ist die Unternehmerin Andrea Klieve aus Essen, die frühere Bezirkschefin der Jungen Union Mittelrhein, mit der Wüst einst sechs Jahre lang liiert war. Ihr flammender Wortbeitrag sorgt im Netz für Aufsehen. Als Frau, die seit 31 Jahren Mitglied der CDU ist und gerade im nordrhein-westfälischen Landtagswahlkampf auch für ihren Ex-Freund Wüst geworben hat, ruft sie in den Saal: „Weder unsere Mitglieder noch unsere Wähler noch die, die wir wieder zu unseren Wählern machen wollen, verlangen von uns eine Quote." Sie habe am Wahlkampfstand im Ruhrgebiet alle möglichen Erwartungen an die CDU gehört, aber: „Der Glaube, da draußen warten alle Menschen auf eine Positionierung zur Frauenquote, kann ich ein Stück weit relativieren." Welchen Überzeugungen ist Wüst treu geblieben? Kostümiert sich da einer bloß immerzu für den Zeitgeist? Ein Gespräch könnte aufschlussreich sein, zumal Klieves Ehemann Lars-Martin, der heute die Stadtwerke Essen führt, ebenfalls ein kluger politischer Kopf ist und den Ministerpräsidenten auch seit politischen Anfangstagen kennt. Doch nach zehn Tagen Bedenkzeit sagt Lars-Martin Klieve höflich per SMS ab: „Meine Frau hat entschieden, sich zum jetzigen Zeitpunkt nicht zu äußern. Das respektiere ich“, schreibt er, „Ihnen viel Erfolg bei dem gewiss lesenswerten Buch.“

Als Wüst im Landtagswahlkampf 2022 auf diesen Wandel in seiner Laufbahn angesprochen wird, bemüht er Muhammad Ali: „Der Mann, der die Welt mit 50 so sieht wie mit 20, hat 30 Jahre seines Lebens verschwendet.“ In der eigenen Neuerfindung besitzt er da bereits Kanzlerformat wie einst Adenauer, den sein „Geschwätz von gestern“ auch nicht kümmerte. Wüst lässt sich angeblich von Demoskopen und Beratern der Langzeitkanzlerin Merkel in der asymmetrischen Demobilisierung schulen, der Kunst, den Gegner einzuschläfern und keinerlei Anlass für Gegenreaktionen zu bieten. Der erfahrene Meinungsforscher Manfred Güllner diagnostiziert 2021 als einer der ersten, dass Wüst so als Spitzenkandidat der CDU „funktioniert“. Wüsts Team flutet da die sozialen Netzwerke längst mit Bildern, die nach freundlicher Tatkraft aussehen. Vor allem bei älteren Stammwählerinnen im ländlichen Raum kommt der nette Herr Wüst als Ministerpräsident gut an. Die *heute-show* bringt es im Sommer 2022 auf die Formel: „Hendrik, ich will ein Enkelkind von Dir!“ Auch einem kampagnenerprobten Grünen-Politiker in Nordrhein-Westfalen, der nie Wüst-Fan war, entgeht zu dieser Zeit nicht das „Schwiegersohn-Talent“ des CDU-Mannes. Es sei in Zeiten abnehmender Parteienbindung wohl von unschätzbarem Vorteil, wenn man irgendwo als großer, schlanker, gut gekleideter Mann auftauche, grübelt er.

Es gibt nur noch ganz selten öffentliche Momente, in denen der kontrollierte Wüst nicht wie der aufgeklärte moderne Mann klingt, sondern wie ein konservativer Chauvi vom Lande. Die Wachsamkeit lässt offenbar nach, wenn der Unsichere einmal sicherer wird, seinen Gefahrenradar pausieren lässt und sich einen Moment behaglicher Breitbeinigkeit gönnt. Oft ist das allerdings nicht mehr zu erleben. Doch Ende Februar 2023 gelingt es dem Journalisten Hajo Schumacher, Wüst aus der Reserve zu locken. Der Ministerpräsident sitzt da nachmittags im „Brost-Pavillon“ der Zeche Zollverein in Essen mit Bergsteiger Reinhold Messner auf der Bühne. Es geht um Natur und Nachhaltigkeit. In eingespielten Video-Sequenzen richten Schüler Fragen an Wüst. Moderator Schumacher macht schon die ganze Zeit deutlich, dass er heute keine gestanzten Politiker-Formulierungen akzeptieren wird. Mit bissigen Bemerkungen und wohlgesetzten Unverschämtheiten sorgt er dafür, dass Wüst nicht in seinen Sprechautomaten-Modus findet. Irgendwann lässt er sich auf Schumachers schnoddrige Art ein. Man ist ja unter Kerlen. Für das Publikum wird es so unerwartet unterhaltsam und erkenntnisreich. Die Kinder fragen, wie nachhaltig Wüst einkaufe. Schumacher verstärkt frotzelnd: Also, schon mal im Secondhand-Shop gewesen oder immer nur gestärktes „Lacoste"-Hemd wie früher in der Jungen Union? Es geschieht etwas Erstaunliches: Wüst kumpelt zurück, erzählt von seiner Unlust, seine Frau beim Shoppen zu begleiten. Er versteigt sich zur Aussage, Männer seien dafür halt nicht gemacht, genetisch eher aufs Jagen gepolt und nicht aufs Sammeln und so weiter. Es wird unruhig in den Zuschauerreihen, hörbares Ausatmen. Wüst registriert das sofort, bremst sich. Er wolle ja keinen Shitstorm im Netz provozieren, sagt er verlegen. Schumacher belustigt: Zu spät, es sei alles schon bei *Twitter* raus. Stimmt natürlich nicht.

Die Kontrolle über das eigene Bild macht Wüst als Ministerpräsident schnell zu einem zentralen Machtinstrument. Es vergeht kein Tag, in dem er sich nicht kunstvoll in den sozialen Netzwerken als Macher mit menschlichem Antlitz in Szene setzen lässt. Wüst im Schutzanzug, Wüst mit Kindern, Wüst beim Tischtennis, Wüst bei Rettungskräften, Wüst mit Panzer, vor allem: Wüst im Kreise der Mächtigen. Die SPD-Opposition in Düsseldorf wütet über den „Insta-Präsidenten", der immerzu schöne Bildtermine absolviere, aber selten im Maschinenraum der Politik zu sehen sei. Es wird immer wieder vorgerechnet, wie viel Steuergeld für extra engagierte Fotografen und Videoteams ausgegeben wird, die Wüsts Auftritte ins rechte Licht rücken müssen. Zwischenzeitlich diskutiert der Landtag sogar ernsthaft die Frage, ob Wüst, der schon in jungen Jahren als „Peek & Cloppenburg"-Model verhöhnt wurde, eine Stylistin beschäftige. Als der *Spiegel*-Korrespondent in Nordrhein-Westfalen, Lukas Eberle, einmal Wüst über mehrere Wochen für ein Porträt begleitet, kommt er sich gelegentlich so vor, „als wäre man auf einem Filmset gelandet". Dazu passt: In einer Szene des CDU-Wahlwerbespots zur Landtagswahl 2022 springt Spitzenkandidat Wüst dynamisch vor seiner Garage auf ein Mountainbike. In einer anderen plaudert er – perfekt ausgeleuchtet wie Herr Kaiser von der Hamburg-Mannheimer – leutselig mit Marktbesuchern seiner Heimatstadt. Später kommt raus: Sein Zuhause aus dem Film ist in Wirklichkeit das Tor eines Schulzentrums, weil Wüst offiziell „aus Sicherheitsgründen" auf seinem Privatgrund keine Kameras zulässt. Und die interessierten Marktbesucher erweisen sich als sorgsam ausgewählte Komparsen (alt, jung, männlich, weiblich) aus der lokalen CDU, die sich später wundern, dass für einen Spot von letztlich 2 Minuten und 45 Sekunden von morgens bis abends gedreht werden musste.

Wüst ficht all das nicht an. Auf der Suche nach Reichweite geht er auch dahin, wo es fast weh tut: Nach einem Benefizspiel von Borussia Dortmund zugunsten von Kriegsopfern aus der Ukraine kurz vor der Landtagswahl 2022 eilt er in Freizeit-Lederjacke zur Mannschaftskabine und stellt sich wie ein Schüler neben Top-Stürmer Erling Haaland zum Selfie auf. Die heimliche Hoffnung der Staatskanzlei, dass der Superstar das Foto hinterher mit seiner riesigen Anhängerschaft teilen könnte, erfüllt sich nicht. Selbst wenn die Ästhetik der Wüst-Veröffentlichungen mal nicht stimmt, wirkt es kalkuliert. So postet der Ministerpräsident das Foto eines eher unappetitlich aussehenden Tellers Spaghetti. Papa hat in Rhede selbst gekocht. Ein Lacher bei Social Media. Doch: Macht das nicht menschlich?

Wüst soll eine ziemlich genaue Vorstellung davon haben, wie er fotografiert werden will. Es ist die Rede davon, dass er seinem Team genaue Regieanweisungen gebe. Offiziell wird so etwas natürlich hart dementiert. Ohnehin läuft alles eh nur unter „Fotodokumentation". Oft wird Wüst bei Repräsentationsterminen von schräg unten abgelichtet. Er ist dann gerade im Gespräch oder lässt sich etwas zeigen. Das vermittelt Größe und Zuwendung. Wenn ein Termin mal nicht hält, was er fototechnisch verspricht, kann Wüst ungemütlich werden, heißt es. Heimliches Vorbild ist offenbar sein alter Sparringspartner aus der „Einstein-Connection", Markus Söder. Der bayerische Ministerpräsident bespielt die sozialen Netzwerke virtuos und hat die Bildsprache der Macht besser verstanden als viele andere. Wüst soll das ziemlich beeindrucken, auch wenn er das niemals zugeben würde und gegenüber Kollegen schon lustvoll über „den Markus" gelästert hat. Zu einem Gipfel der beiden Vermarktungskünstler kommt es im Frühjahr 2023 bei einer gemeinsamen

Sitzung beider Landeskabinette in München. Söder twittert ein Foto, das ihn als freundlich-stattlichen Hausherrn zeigt, der den jungen Gast Wüst behutsam am Arm fasst. Auf Wüsts Account wird praktisch zeitgleich zum selben Anlass ein Foto veröffentlicht, auf dem er mit ausladender Geste jenem Söder die Welt erklärt.

Von Söders CSU lässt sich in jedem Fall lernen, dass Wüst stärker daran arbeiten muss, als politischer Vollsortimenter wahrgenommen zu werden. Von den drei Wurzeln der CDU hat er die christlich-soziale am stärksten zu wässern. In konservativen und wirtschaftsliberalen Kreisen hat er sich lange genug tummelt, aber einem Regierungschef in Nordrhein-Westfalen muss immer auch soziale Kompetenz zugeschrieben werden. Das sagt jeder beratende Demoskop. Bei seinem ersten Auftritt bei der zentralen Maikundgebung 2022 in Dortmund, zwei Wochen vor der Landtagswahl, überrascht der gelernte Wirtschaftsmann Wüst mit einem Bekenntnis: „Der Mindestlohn ist eine Untergrenze, die sollte bei zwölf Euro liegen – da bin ich dabei", sagt er da vor 4500 Teilnehmern. Widerspricht das seinen marktliberalen Überzeugungen?

Als Ministerpräsident schreibt er sich den Kampf gegen soziale Isolation auf die Fahne und richtet eine „Stabsstelle Einsamkeit" in der Staatskanzlei ein. Er setzt sich bei der Arbeiterwohlfahrt in Düsseldorf-Unterbilk ans „Einsamkeitstelefon" und tröstet eine 89-Jährige, die gerade aus dem Krankenhaus kommt und niemanden zum Reden hat. In einer vorweihnachtlichen Sitzung des Landtags ruft Wüst dazu auf, alleinstehenden Nachbarn einen Teller mit Plätzchen vor die Tür zu stellen. Als die Union im Streit um das neue Bürgergeld in den Verdacht sozialer Kälte gerät, wehrt sich Wüst ungewöhnlich heftig gegen „Fake News" aus der Ampel-Koalition und den Versuch, „die Opposition der Mitte mundtot zu machen". Nichts darf das alte Bild des konservativen Raufbolds triggern. Wüst gibt sich nach einem schwierigen Vermittlungsverfahren ausgleichend: „Wir haben dafür gesorgt, dass es eine gute Balance gibt zwischen denen, die einzahlen, und denen, die in Not sind." Ein Mitglied der NRW-Experten-Kommission, die sich mit dem Thema Einsamkeit befasst, berichtet zwar, „Wüst habe sich im Grunde null für das Thema interessiert". Doch beim Vor-Ort-Termin überzeugt Wüst: Er kommt so glaubwürdig rüber, dass die Empfänger seiner Empathie-Offensive am

Ende ehrlich beeindruckt sind und nicht mehr wissen, wo das politische Kalkül aufhört und der ehrliche Lerneffekt beginnt. Hat Wüst im fortgeschrittenen Politikeralter vielleicht tatsächlich eine soziale, mitfühlende, weltoffene Ader entwickelt?

Wie sehr die Methode Wüst verfängt, zeigt sich am ersten Sonntag im Juli 2022 in Köln. Wüst steht auf der Deutzer Brücke, hinter ihm die berühmte Silhouette mit Dom. Musik wummert aus riesigen Boxen, Regenbogen-Farben umgeben den Ministerpräsidenten. Wüst ist zur „ColognePride" gekommen. Als bundesweit erster Ministerpräsident darf er Deutschlands größte Christoper-Street-Day-Parade (CSD) mit einer Rede eröffnen. „Was für ein buntes, was für ein starkes Bild. Ich freue mich, hier zu sein. Ich konnte fast nicht glauben, dass niemand meiner Vorgänger hierhin gekommen ist", ruft er ins Mikrofon. Immer wieder wird er von Applaus unterbrochen. Fast eine Millionen Menschen sind auf den Kölner Straßen. „Wir sind stark durch Vielfalt", schwört Wüst die begeisterte Menge ein. Der CDU-Mann trägt ein hellblaues Baumwollhemd, darauf ein kleines Herz in den Regenbogenfarben.

Wüst macht sich in Köln auch für die Änderung von Artikel drei im Grundgesetz stark. Es ist eine alte Forderung der queeren Bewegung, dem Schutz sexueller Minderheiten Verfassungsrang zu geben. Bislang blockiert die Union. Wüst hingegen signalisiert seit geraumer Zeit „volle Unterstützung". Schon beim Jahresempfang der Lesben- und Schwulen in der Union (LSU) erklärt er kurz vor der Landtagswahl im April 2022: „Wir haben die Chance, in dieser Hinsicht eine neue Zeit zu prägen." Auch Hugo Winkels ist bei dem Empfang eingeladen. Die klaren Worte beeindrucken den Sprecher des Vereins „ColognePride", der seit Jahrzehnten die Kölner Parade organisiert. Winkels fragt Wüst sofort, ob er beim nächsten CSD auftreten wolle. Der Regierungschef reagiert mit freundlicher Zurückhaltung. Er könne nichts versprechen, müsse ja erst noch eine Landtagswahl überstehen, stecke vielleicht im Sommer mitten in Koalitionsverhandlungen. Winkels solle mal eine Einladung schicken. Einige Zeit später bekommt der CSD-Organisator gesundheitliche Probleme und erhält vier Bypässe. Noch im Krankenhaus erreichen Winkels unerwartete Genesungswünsche: Der Ministerpräsident meldet sich und lässt gute Besserung ausrichten.

Der schwarz-grüne Koalitionsvertrag wird rechtzeitig fertig und ist eine Woche vor dem CSD unterschrieben. Fast zwei Seiten widmen sich allein der Unterstützung von Lesben, Schwulen, Bisexuellen, trans-, inter-, nicht-binären und queeren Menschen. Auch die Forderung nach einer Grundgesetzänderung findet sich dort erstmals schwarz auf weiß. „Es ist alles einfach durchgegangen. Das Kapitel im Koalitionsvertrag ist quasi eins zu eins die grüne Wahlprogrammatik", freut sich der Kölner Bundestagsabgeordnete Sven Lehmann. Der heutige Queer-Beauftragte der Ampel-Bundesregierung war als Verhandlungsführer der Grünen im Bereich Soziales in die Koalitionsanbahnung eingebunden. Lehmann ist mit den Düsseldorfer Verhältnissen als ehemaliger Co-Landesvorsitzender der NRW-Grünen bestens vertraut. Über seinen Partner, den Kölner Landtagsabgeordneten und früheren Fraktionschef Arndt Klocke, hat er immer noch ein Ohr in der Landespolitik. Lehmann kennt Wüst und seine Vergangenheit ziemlich gut. In den Sommertagen 2022 scheint er ihn noch einmal neu kennengelernt zu haben.

Bei der CSD-Parade läuft Lehmann zusammen mit Wüst, Oberbürgermeisterin Henriette Reker, Kulturstaatsministerin Claudia Roth und anderen Prominenten an der Spitze. Cheforganisator Winkels, noch geschwächt durch die Herzoperation, fährt in einem kleinen Wagen vorweg. „Hier ist unser Ministerpräsident, erstmals beim CSD in Köln", scheppert es durch den Lautsprecher. „Hier ist unser Ministerpräsident." Immer wieder. Winkels ist nicht zu bremsen. „Ist jetzt aber auch mal gut, oder?", brummt Kulturstaatsministerin Roth leise, die sich schon für Homosexuellen-Rechte einsetzte, als Wüst noch in der Jungen Union die klassische Mutter-Vater-Kind-Idylle verteidigte. „Das war ein guter Auftritt von Hendrik Wüst", erinnert sich Lehmann an die CSD-Premiere des CDU-Mannes. Wüst sei ihm vorher nicht in Bezug auf LGTBQ-Themen aufgefallen: „weder positiv noch negativ." Die entscheidende Frage für ihn bleibe, so Lehmann: „Hält er das auch ein? Folgen diesen Worten auch Taten?"

Gut ein halbes Jahr nach der Parade wirkt Hugo Winkels noch immer beseelt. „Für mich war Hendrik Wüsts Auftritt auf dem CSD historisch", sagt er. Jochen Trum, der langjährige Landespolitik-Chef des *WDR* im Studio Düsseldorf, spricht sogar von Wüsts „Habermas-Moment: überraschend für Freund und Gegner gleichermaßen". Winkels listet auf, dass es in sämtlichen Flächenländern schon Ministerpräsidenten aus allen möglichen Parteien gegeben habe, aber keiner sei je beim CSD gewesen. Mal abgesehen von Regierenden Bürgermeistern wie Klaus Wowereit. Selbst Hannelore Kraft, Wüsts Vorvorgängerin im Amt, habe lediglich am CSD teilgenommen, als sie nicht mehr Regierungschefin war. Winkels weiß, dass die Community politisch eher links steht und die Union vielerorts als Fremdkörper sieht. In München darf die CSU gar nicht erst an der Parade teilnehmen, weil sie sich nach dem Geschmack der Organisatoren nicht für alle Queer-Personen einsetzt. „Aber Schwulsein bedeutet ja nicht automatisch, dass man für Grüne, Linke oder SPD ist", sagt Winkels. Beim bundesweiten Treffen der CSD-Veranstalter wurde er später bedrängt, wie er es bloß geschafft habe, „seinen" Ministerpräsidenten als Redner zu gewinnen. „Ich habe gefragt und er hat zugesagt", habe er geantwortet. Stolz liegt in Winkels' Blick. Über Jahre hat er unzählige Briefe und Anfragen ins Bundespräsidialamt, ins Bundeskanzleramt, in die Staatskanzleien geschickt. Ohne Erfolg. Wüst habe ein Zeichen gesetzt: „Das wird immer wieder hochkommen." Eine Kollegin habe neulich bedauert, dass Wüst in der CDU sei, erzählt Winkels. Er dagegen findet: „Zum Glück ist er in der CDU, denn sonst wäre d a s nichts Besonderes gewesen." Winkels hat keinerlei Zweifel daran, dass Wüst es ernst meint. „Er hat mich zu seinem Fan gemacht, was aber nicht bedeutet, dass ich jetzt die CDU wähle." Winkels legt sich fest: „Ich kann mir vorstellen, nein, ich bin mir sicher, dass Hendrik Wüst Bundeskanzler kann."

Auch gegenüber dem politischen Gegner soll heute alles nett und wenig polarisierend sein. Am Rande des TV-Duells im Landtagswahlkampf 2022 lässt sich diese Gegner-Demobilisierung beispielhaft beobachten. SPD-Herausforderer Kutschaty schenkt Wüst hinter den Studiokulissen eine *Tonie*-Hörspielfigur. Ein SPD-Wahlkampfaccessoire mit kindgerechten Geschichten etwa zur sozialen Gerechtigkeit. „Ey, warum haben wir sowat nich?", ruft Wüst in breitem Westfälisch. Alle lachen. Das Duell gerät dann eher zum Duett. Wüst tritt staatstragend auf und bietet keine Angriffsflächen. Als den beiden Kontrahenten Auszüge aus den Wahlprogrammen mit der Frage „Von welcher Partei stammt das?" vorgelegt werden, zeigt Wüst einfach immer auf sich selbst. Dem Fernsehzuschauer bleibt nach einer weitgehend ereignislosen Sendung nur in Erinnerung, dass der deutlich kleiner gewachsene Kutschaty auf einem Podest stand, das man bei der Kameraführung häufiger sieht. Einige Wochen später bilanziert ein desillusionierter Sozialdemokrat auf dem Landtagsflur bitter: „Was wollen Sie da machen? Der Ministerpräsident schwebt über den Dingen, und unser Mann steht auf einer Cola-Kiste." Wüst weiht auch schon mal die „Johannes-Rau-Bibliothek" in Wuppertal an der Seite von Familie und Freunden der 2006 verstorbenen SPD-Ikone ein. Von Rau übernimmt Wüst die Machttechnik, alles in Behaglichkeit einzuhüllen. Als etwa Bundespräsident Frank-Walter Steinmeier im Frühjahr 2023 im Kreis Lippe zu Gast ist, versucht der lokale SPD-Landtagsabgeordnete Dennis Maelzer, ein Selfie zu ergattern. Kurzerhand bietet Wüst dem verblüfften Maelzer an, doch eben ein Bild von ihm mit dem Staatsoberhaupt zu machen. Solche Gesten erinnert man. Ebenso wie beim Amtsantritt des SPD-Oppositionsführers Jochen Ott, der im Mai 2023 mit der schroffen Ansage startet, Wüst aus seiner Komfortzone treiben zu wollen. Er werde „auf Angriff spielen", tönt Ott. Bei der ersten Begegnung im Landtagsplenarsaal gratuliert der Ministerpräsident ihm freundlich. Ein Foto der beiden lachenden Männer wird über Wüsts *Twitter*-Kanal verbreitet. Die Methode: Erdrücken durch Umarmen.

Dass bei Wüst politische Allianzen immer ihre Zeit haben, lernt die nordrhein-westfälische FDP im Herbst 2021 recht schonungslos. Die Liberalen sind von Wüsts Amtsvorgänger regelrecht verwöhnt worden. Armin Laschet ruft den Koalitionsausschuss über vier Jahre lang alle paar Wochen zusammen. Mal trifft man sich in der Staatskanzlei, mal in einem etwas versteckten Sitzungssaal im Landtag, gelegentlich beim Italiener. Kein Wort dringt nach draußen. Laschet pflegt in dieser Runde einen bemerkenswert konstruktiven Dialog. Auf CDU-Seite dabei: Finanzminister Lienenkämper, Fraktionschef Löttgen und Staatskanzlei-Chef Liminski. Für die FDP: Vize-Ministerpräsident Stamp, Wirtschaftsminister Pinkwart, Fraktionschef Rasche und Staatssekretär Andreas Bothe. Laschet will Argumente hören, überlegt, verwirft und sucht die Lösung, hinter der sich alle versammeln können. Nicht selten durchbricht die Debatte die Parteilinien. „Armin, ich glaube, Herr Pinkwart hat Recht, lass' uns noch mal nachdenken", sagt Lienenkämper schon mal zum Ministerpräsidenten, ohne dass es jemand in der Runde als Gesichtsverlust auffassen würde.

Bei der FDP ist man im Herbst 2021 sicher, dass die harmonische Diskussionskultur mit Wüst fortgesetzt werden kann. Der bisherige Verkehrsminister scheint den Liberalen in Wirtschaftsthemen sogar näher zu sein als Laschet. Außerdem hat die FDP ja kräftig geholfen, Wüst in den eigenen Reihen durchzusetzen. Die lockere Art des Westfalen kommt bei vielen FDP-Leuten an. Stamp ist Wüst nach der reibungslosen Wahl ins Ministerpräsidentenamt sogar glücklich um den Hals gefallen. Es gibt überdies Verbindungen, die von einzelnen Liberalen als freundschaftlich wahrgenommen werden. Vom Klimasturz der kommenden Monate ahnt niemand etwas. Im Koalitionsausschuss wird es jedoch plötzlich eisig. Wüst stellt kurz seine Punkte vor und verbittet sich eine ausufernde Debatte. Energisch macht er deutlich, bei wem die Richtlinienkompetenz liegt. Die Runde tagt immer seltener. Wüst beendet umgehend Laschets abwägenden Corona-Kurs der „verantwortungsvollen Normalität" und reiht sich gegen den Willen der FDP ins „Team Vorsicht" ein. Alle Umfragen sagen ihm, dass die ältere Kernwählerschaft der CDU keine Lockerung von Schutzmaßnahmen wünscht. Als die öffentliche Stimmung umschlägt, scheint sich Wüst mit Positionswechseln gelegentlich fast selbst zu überholen. Zu Jahresbeginn 2022 warnt er zunächst vor verfrühten Lockerungen, um kurz darauf einer geordneten Rücknahme von Grundrechtseingriffen das Wort zu reden. Koalitionspartner FDP steht wochenlang fassungslos am Rand und schäumt intern über den Opportunismus, der in der Staatskanzlei Einzug gehalten hat.

Parallel sendet Wüst erste Klimaschutz-Signale an die Grünen, die als Koalitionspartner künftig seine wahrscheinlichste Machtoption sind. Die entscheidungsreife und von den Grünen bekämpfte Kapazitätserweiterung des Düsseldorfer Flughafens, die nur noch gestempelt werden muss, fasst er vor der Wahl nicht mehr an. Eine Fortsetzung von Schwarz-Gelb halten alle Meinungsforschungsinstitute eh für höchst unwahrscheinlich. Wüst scheint mit den Liberalen abgeschlossen zu haben. Die abrupte, machtorientierte Kehrtwende hinterlässt bei der FDP tiefe Wunden. In der Zeit danach wirken FDP-Spitzenpolitiker, die sich Wüst nahe fühlten, tief getroffen und persönlich enttäuscht. Es fällt kaum ein gutes Wort über den neuen Ministerpräsidenten, der ohne sie nie ins Amt gekommen wäre. Wüst selbst jedoch versucht – als er seine Macht an der Seite der Grünen gesichert hat – den Liberalen eine Versöhnungsbotschaft zu senden: Er beruft den ehemaligen FDP-Staatssekretär Bothe in das Amt des Regierungspräsidenten von Münster, obwohl es in Nordrhein-Westfalen nur fünf dieser prestigeträchtigen Verwaltungsjobs gibt.

Der Zufall will es, dass Nordrhein-Westfalen ab Oktober 2021 für ein Jahr den Vorsitz der Ministerpräsidentenkonferenz hält und Wüst regelmäßig zur besten Sendezeit neben Kanzler beziehungsweise Kanzlerin Platz nehmen darf. Es erweist sich für ihn als Riesenvorteil, dass das Amt bald Olaf Scholz bekleiden wird und dass der von der SPD ist. Wüst bildet in diesen Wochen sein zentrales Regierungskonzept aus, das die Opposition dauerhaft verzweifeln lässt: Er tummelt sich im Land vorwiegend bei Wohlfühlterminen, die schöne Bilder verheißen; und einmal pro Quartal zeigt er dann mit einer massiven Interview-Offensive Richtung Berlin. Dann geht er ins Frühstücksfernsehen, in die Morgensendungen der Radiostationen und platziert obendrauf ein Print-Interview mit substanziell nur einer Kernbotschaft: „Der Bund muss handeln." Wüst spult so ab Anfang 2022 einen Wahlkampf herunter, der inhaltlich nicht sonderlich inspirierend wirkt, ihn aber bekannt macht und zudem ein Alleinstellungsmerkmal besitzt: Es unterläuft ihm praktisch keine persönliche Panne. Karl-Josef Laumann, der seit drei Jahrzehnten Wahlkämpfe führt, sagt rückblickend: „Es ist eine Riesenleistung, dass er uns fehlerfrei durch den Landtagswahlkampf geführt hat. Das finde ich wirklich bemerkenswert. Tag für Tag im Fokus zu stehen und dabei sauber durchzukommen, das schafft gerade in unserer heutigen Medienwelt längst nicht jeder. Da hat sich für mich endgültig gezeigt: Er kann's."

Nach der Landtagswahl und dem Koalitionswechsel zu den Grünen wirkt Wüst sogar immer weniger verkrampft. An der Seite der etwa gleichaltrigen, aber politisch viel unerfahreneren Vize-Ministerpräsidentin Mona Neubaur weiß er sich zunehmend als überparteilicher Anwalt in Szene zu setzen. Mit Mona, der er noch in den Koalitionsverhandlungen das Du anbietet, bildet er nunmehr ein Power-Paar gefühlter Modernität. „Die Fotos sind nicht zu schlagen", sagt ein alter Fahrensmann aus Berlin anerkennend. Die *Rheinische Post* schreibt von einer „neuen politischen Ehe". Wenn es brenzlig wird wie bei der Räumung des Braunkohle-Protestdorfs Lützerath Anfang 2023, muss Neubaur allerdings kurzzeitig auf ihren neuen Freund Hendrik verzichten. Der scheut den Frontbesuch bei einem der größten Polizeieinsätze der Landesgeschichte und sagt arglos: „Ich glaube, es würde im Zweifelsfall auch eher stören als helfen." Man muss eben wissen, wann, wo und wie man sich zeigt ...

Selbst die Leerstellen als Außenpolitiker füllt Wüst mittlerweile im Rekordtempo. Außer einem Bekenntnisaufsatz in den 90er-Jahren zu einem „Europa der zwei Geschwindigkeiten" mit einem Kern von EU-Staaten, die vertiefter zusammenarbeiten sollen als andere Mitgliedsländer, gibt es bei ihm kaum Hinweise auf ein internationales Interesse. Doch Wüst lernt schnell, saugt förmlich auf. Bei der ersten Israel-Reise seines Lebens, die er erst als Ministerpräsident unternimmt, lässt er sich im Morgengrauen noch vor dem dichten Tagesprogramm von einem Privatguide Jerusalem zeigen. Einmal die Weltkonflikte im Schnelldurchlauf. Selbst eine Corona-Infektion, die ihm später das Israel-Programm verhagelt, versteht Wüst gewinnbringend einzusetzen. Er führt die Ministerpräsidentenkonferenz mit Kanzler Scholz erstmals per Videoschaltung aus einer tagelangen Quarantäne im noblen „King David Hotel", was ihm viel Aufmerksamkeit beschert. Sogar den diplomatischen Fauxpas, dass er das Ergebnis des offiziellen Corona-Tests der israelischen Behörden zu spät abgerufen und deshalb noch einige Stunden infiziert Termine absolviert hat, verkleidet er geschickt. Er habe nun mal beim Besuch der Holocaust-Gedenkstätte Yad Vashem nicht das Handy herausholen wollen, um das Testergebnis zu checken. Es klingt mal wieder alles sehr plausibel.

Als außenpolitischer Lehrling empfängt Wüst emsig konsularische Vertreter in Düsseldorf, reist in den Vatikan und nach Paris. Transatlantische Partnerschaft, europäische Einheit, unverbrüchliche Partnerschaft mit Israel – Wüst bewegt sich entlang außenpolitischer Gewissheiten. Am 5. Mai 2023 nimmt er als erster Ministerpräsident überhaupt am niederländischen Befreiungstag in Zwolle teil. Obwohl er nicht fließend Englisch und Französisch spricht wie einst Hannelore Kraft und nicht den außenpolitischen Erfahrungsschatz eines Armin Laschet vorweisen kann, versteht er sich auf Vorbereitung und Repräsentation. Wüst tritt auch im Ausland immer zuvorkommend, exzellent präpariert, fast demütig auf.

Seine Manieren könnten von der Diplomatenschule stammen. Dieses Gesamtpaket kommt auch auf internationalem Parkett an. Der nie um klare Worte verlegenen Laumann bringt es vielleicht auf die beste Formel: „Es gibt zwei Wege, um als Politiker beliebt zu werden: Entweder Sie sehen gut aus oder Sie sind ein Typ." Die Fähigkeit, auch mit Jetlag auf dem roten Teppich zu glänzen, zeigt Wüst auch bei einem kraftraubenden Trip nach Japan. Eine ganze Woche lang lässt er sich im Land der aufgehenden Sonne, das im ersten Halbjahr 2023 die G7-Präsidentschaft innehat, in internationalen Zusammenhängen schulen.

Im Selfie-Zeitalter hat Wüst verinnerlicht, dass der abgedroschene Satz vom Bild, das mehr sagt als 1000 Worte, nie wahrer war als heute. Sein siebter Sinn für Foto-Fallen ist stets aktiviert. Das beeindruckt auch den Radiojournalisten José Narciandi, als er mit dem Ministerpräsidenten zum Interview in der Staatskanzlei verabredet ist. Wüst ist noch nicht da, Narciandi soll schon mal in seinem Büro Platz nehmen. Er macht es sich in der cremefarbenen Sitzgruppe bequem und wartet. Als Wüst hereinkommt und erfährt, dass beim Gespräch ein Foto gemacht werden soll, sagt der Ministerpräsident gedankenschnell: „Lassen Sie uns dann eben an den Tisch setzen, auf einem Sofa sieht das immer gefläzt aus."

Imagechance und Imagefalle gleichermaßen ist Wüsts ältestes Hobby: die Jagd. Über viele Jahre durfte in kaum einem Interview der Hinweis fehlen, dass er zu den Waidmännern gehört („auch wenn ich nicht ständig in Grün herumlaufe"). In der Jungen Union und in konservativen Kreisen verspricht es lange Zeit Pluspunkte, einen Jagdschein zu besitzen. „Wohin läuft der Hase bei der CDU, Herr Wüst?", fragt die *Bild*-Zeitung im November 2012 in großer Aufmachung. Abgelichtet ist Wüst im Parka, mit Hut auf dem Kopf und Fernglas vor der Brust. An der kurzen Leine führt er den ungarischen Vorstehhund Venja. Das Ganze ist Teil einer großen Serie: Wilfried Pastors, der Autor, geht mit Politikern deren Hobbys nach. „Die Böcke habe ich in jeder Hinsicht andere schießen lassen", gibt Wüst selbstbewusst zu Protokoll, „bei Wildschwein, Gans und Fuchs war ich ganz zielsicher."

Wüst sei damals recht schnell zu diesem ungewöhnlichen Interview bereit gewesen, erinnert sich Pastors mehr als zehn Jahre später. Doch Fotos von einem Politiker mit Gewehr im Anschlag? „Er wollte nicht auf die Jagd gehen, stattdessen waren wir spazieren", erzählt Pastors. Sie treffen sich irgendwo in Rhede. Pastors kann sich nicht mehr erinnern, ob es Wüsts Revier war, aber er weiß noch, dass Hund Venja einem Freund gehörte und nur für den Fototermin ausgeliehen wurde. Mit irgendetwas musste die opulente Optik ja bebildert werden. „Wüst hatte ein bisschen Furcht vor der Darstellung des flintenbewaffneten Waidmanns. Er stand schon zu seiner Leidenschaft, aber er wollte keine Fotos haben mit Flinte hinter dem Tannenbaum", sagt Pastors. Der erfahrene *Bild*-Mann hat Wüst über Jahre als Journalist begleitet. Irgendwann ist der Politiker einmal bei einem Fest mit zwei Kölsch auf ihn zukommen. Seitdem haben sie ein lockeres Verhältnis. Wüst schickt jedes Jahr Geburtstagsgrüße. „Er versucht immer, alles zu kontrollieren", analysiert Pastors, „so locker er beim dritten Bier ist, so beherrscht ist er bei der politischen Planung."

Ohne Not findet die Jagd heute bei Wüst keine öffentliche Erwähnung mehr. „Kleine Löcher in großen Tieren kommen wohl nicht so gut", sagt ein ranghoher Parteifreund. Wie politisch kontaminiert das Hobby inzwischen erscheint, lässt eine Aussage von Kanzler Scholz erahnen. Der wird einmal gefragt, ob er lieber mit Oppositionsführer Merz einen Wellnesstag verbringen würde oder mit Wüst auf die Pirsch ginge. Scholz' Antwort: „Oje, ich glaube, dass ich kein Jäger bin. Deshalb würde ich in diesem Fall mal den Wellnesstag wählen." Noch 2007 hat sich Wüst in einem *taz*-Interview sogar auf die Frage „Macht es Ihnen Spaß, abzudrücken?" eingelassen. „Wir könnten jetzt sicher lange über den forstwirtschaftlichen Nutzen der Jagd oder das Naturerlebnis reden. Aber ja: Ich würde lügen, wenn ich sagen würde, dass das Beutemachen bei der Jagd keinen Spaß macht – auch wenn ich selbst keinen opulenten Trophäenschrank habe", bekennt er damals. Beutemachen und Spaß am Schießen sind aus Wüsts öffentlichem Wortschatz längst getilgt.

Gut zehn Jahre später bleibt der Öffentlichkeit sogar ein Jagd-Vorfall verborgen, der normalerweise für einige Schlagzeilen gut wäre. Dabei ist Wüst Opfer eines Verbrechens geworden mit ungewissem Ausgang. Am 18. November 2018 meldet die Kreispolizeibehörde Borken einen Einbruch ins Privathaus von Verkehrsminister Wüst. Irgendwann zwischen Dienstag, 12 Uhr, und Samstag, 18.10 Uhr, verschaffen sich laut Polizeibericht Unbekannte gewaltsam Zutritt zu seinem Wohnhaus in Rhede.

Wüst ist unter der Woche in Düsseldorf gefordert und merkt zunächst nichts von den Einbrechern. „Im Inneren durchsuchten sie sämtliche Räumlichkeiten nach Diebesgut. Aus einem Waffenschrank konnten sie mithilfe eines aufgefundenen Ersatzschlüssels zwei Repetierwaffen sowie dazugehörige Munition erbeuten. Daneben entwendeten sie Schmuck", notiert die Polizei. Später werden Tatverdächtige in der Region ermittelt. Ihnen können aufgrund der Hebelspuren an Kellerfenstern mehrere Einbrüche im Kreis Borken zugeordnet werden. Der Minister Wüst ist ein Zufallsopfer. Die Waffen tauchen jedoch nicht wieder auf. Der Minister verliert über den Vorfall, der in der Nachbarschaft in Rhede Gesprächsthema ist, in der Landeshauptstadt kein Wort. „Minister vermisst Langwaffen", wäre auch schlecht zu kommunizieren. Womöglich müsste er Fragen beantworten zur Anzahl seiner Gewehre und deren vorschriftsgemäßer Verwahrung. Man weiß nie, wohin das führt.

Ein halbes Jahr vorher hatte die Staatskanzlei schon einmal einen vermeintlichen Einbruch bei Wüsts münsterländischer Kollegin, der damaligen Umweltministerin Christina Schulze Föcking, wenige Kilometer weiter im Kreis Steinfurt vorschnell zur Staatsaffäre aufgeblasen. „Es hat von bisher unbekannter Seite Versuche gegeben, auf persönliche Daten der Ministerin zuzugreifen", sagt Regierungssprecher Wiermer am 18. März 2018 der *Rheinischen Post.* Schulze Föcking könne sich „der vollen Solidarität des Kabinetts sowie der gesamten Landesregierung sicher sein". Am Ende erweist sich der Hackerangriff als Bedienfehler von Oma Schulze Föcking, die offenbar mit dem internetfähigen Fernseher der Tochter nicht klarkam, als die Ministerin nicht zu Hause war. Eine legendäre Blamage. Die Ministerin muss zurücktreten, allerlei Häme und ein veritabler Untersuchungsausschuss bleiben ihr noch Jahre erhalten. Das lernende System Wüst hingegen weiß, wann man einfach mal die Füße stillhalten muss.

Epilog

Alle für einen?

Der Springbrunnen schießt meterhohe Fontänen. Der Rasen ist auf Golfplatz-Qualität getrimmt. Frühling hat die mosaikartig angelegten Blumenbeete längst erfasst. Es ist eine prachtvolle Kulisse in der Kölner „Flora“, eine Art rheinische Ausgabe von Versailles. Wie ein royaler Hausherr steht Hendrik Wüst am Mittag des 16. Mai 2023 etwas erhöht auf der Südterrasse des Palais im Botanischen Garten. Trotz der Wärme hält er den oberen Knopf seiner Anzugjacke geschlossen. Er hat die gute Krawatte angelegt, die blaue mit den roten Quadraten, die er einige Monate zuvor schon bei einer Pressekonferenz an der Seite von Olaf Scholz im Kanzleramt getragen hat. Wüst wird gleich den nordrhein-westfälischen Staatspreis an Altkanzlerin Angela Merkel verleihen. Normalweise geht die höchste NRW-Auszeichnung an verdiente Landeskinder. Kurz nach Bekanntgabe der Preisträgerin bemerken Kritiker deshalb etwas säuerlich, die Ostdeutsche Merkel habe bis auf eine zeitweilig angemietete 70 Quadratmeter-Zweitwohnung in der Nähe von Bad Godesberg und einige Wanderungen mit Ehemann Joachim durchs Siebengebirge während ihrer Bonner Ministerinnen-Jahre keinerlei Lokalkolorit vorzuweisen. Außerdem fegt durch Deutschland seit geraumer Zeit eine Debatte über Versäumnisse der ehemaligen Kanzlerin. In der Russlandpolitik. Bei der Digitalisierung. In der Energiewende. All das lässt ihr Erbe gar nicht mehr so strahlend erscheinen. Doch die Tradition dieser Auszeichnung sieht seit nunmehr fast 40 Jahren vor, dass allein der nordrhein-westfälische Ministerpräsident entscheiden darf, wer in die Reihe der Staatspreisträger aufgenommen wird. Niemand sonst. Und Wüst will Merkel. Daher: Sagt diese Feierstunde in Köln am Ende mehr über den Ehrenden aus als über die Geehrte?

Wüst kann seit Tagen in den Zeitungen und Onlineportalen nachlesen, dass er, der gelernte Konservative und Wirtschaftsliberale auf dem zweiten Bildungsweg, sich in die Traditionslinie der Merkel-CDU schieben wolle. Dass er um internationale Flughöhe bemüht sei und deshalb die Präsidentin der Europäischen Zentralbank, Christine Lagarde, als Laudatorin verpflichtet habe. Vor allem wird diese Preisverleihung als subtiles Signal in der K-Frage gelesen, als Abgrenzung von Parteichef Friedrich Merz, der Merkel seit über 20 Jahren in herzlicher Abneigung verbunden ist. Allein die Wahl des Ortes wirkt wie ein Statement: Am 4. September 2015 hat die Kanzlerin genau hier im Prunksaal der „Flora" die Festrede zum 70. Geburtstag der Landes-CDU gehalten. Während ihrer damals 33-minütigen Ansprache versucht der österreichische Amtskollege Werner Faymann verzweifelt, Merkel auf dem persönlichen Mobiltelefon zu erreichen. Tausende Flüchtlinge wandern da bereits in Ungarn über die Autobahn Richtung Alpenrepublik. Grenzen schließen oder offenhalten? Nach Deutschland durchwinken oder notfalls mit Gewalt abweisen? Später ruft Merkel in Wien zurück und fällt eine historische Entscheidung. Die „Flora" wird so zu einer Art Geburtsort des „Wir schaffen das".

Wüst hat also ein Grundrauschen erzeugt, das dieser Preisverleihung die gewünschte Aufmerksamkeit beschert. Bevor das „Ensemble 1700" mit barocken Klängen zum Entree der Veranstaltung aufspielen kann, muss der Gastgeber draußen auf der Palais-Terrasse noch rasch ein Interview für die *WDR*-Kultursendung *Westart* hinter sich bringen. Wüst hat wie immer alle Botschaften griffbereit. Starke Frau. Großes Vorbild. In Krisen Kurs gehalten. Was man so sagt. Die Auftaktfrage von Moderatorin Siham El-Maimouni gerät jedoch unerwartet persönlich: „Herr Wüst, als Sie 1995 Abitur gemacht haben in Bocholt, da war Angela Merkel Ministerin im Kabinett Kohl. Wie haben Sie die damals wahrgenommen?" Wüst lächelt angestrengt, atmet aus, schaut über die Journalistin hinweg. „Boah, weiß ich nicht ...", setzt er an. „Ob ... ich war ... kann ich mich nicht mehr erinnern..." Man meint, ihn kurz gedanklich verschiedene Optionen durchspielen zu sehen. Soll er jetzt die Geschichte einer großen Läuterung erzählen? Wüst war in jungen Jahren Merkel-Skeptiker und in der Flüchtlingskrise einer der prominenteren Merkel-Kritiker. Er hat sich 2015/16 zwar nie irgendwo mit „Grenzen dicht"-Forderungen zitieren lassen, aber viele in Düsseldorf erinnern sich genau, wie Wüst hinter den verschlossenen Türen der Gremien auf den treuen Armin Laschet eingeredet hat, endlich mehr

Distanz zum Merkel-Kurs der „Willkommenskultur" zu halten. Es ließe sich an der eigenen Person auch die Veränderung des Partei-Mainstreams schildern, denn Wüst ist ja ein Geschöpf jener Junge-Union-Seilschaften aus dem Westen, die Merkel immer fremd blieben. Und kämpfte einer wie er nicht lange gegen Merkels „Sozialdemokratisierung" der Union, die er heute als moderne Mitte feiert? Verkörpert Wüst am Ende nicht geradezu die Achsenverschiebung in der Parteiendemokratie hin zu einer marktgängigen Wendigkeit, die heute in der „Flora" auch ein bisschen gefeiert werden soll? Innerhalb eines Sekundenbruchteils findet Wüst wieder in die Interview-Spur: „Ich weiß, wie andere sie wahrgenommen haben: als Kohls Mädchen, als Frau aus dem Osten, die ohne Seilschaft in die Politik kommt und bestimmt keine Zukunft hat", sagt Wüst mit lächelndem Unverständnis über die Absurdität solcher Urteile. „Haben sich alle geirrt." Als Wüst gefragt wird, ob der Veranstaltungsort wegen der Flüchtlingsgeschichte ein bewusstes Signal von ihm sei, klingt es wie das Ergebnis großer staatspolitischer Standfestigkeit: „Ich habe mich nicht gescheut, die Veranstaltung hierher zu holen."

Bevor das Zeremoniell beginnt, schreitet Wüst mit Merkel zunächst die „Celebrity Row" ab, wie man die erste Promi-Reihe direkt am Spielfeldrand im US-Basketball nennt: Die Ex-Ministerpräsidenten Peer Steinbrück, Jürgen Rüttgers und Armin Laschet sind gekommen, die grüne Vize-Ministerpräsidentin Mona Neubaur, Verfassungsgerichtspräsidentin Barbara Dauner-Lieb, CDU-Landtagspräsident André Kuper, Bundestagspräsidentin Bärbel Bas von der SPD, die parteilose Kölner Oberbürgermeisterin Henriette Reker, SPD-Bundesgesundheitsminister Karl Lauterbach. Alle stehen, alle applaudieren. 400 Gäste sind im Saal. Die kulturelle Spannweite im Publikum vermessen Schriftsteller Navid Kermani und „Höhner"-Sänger Henning Krautmacher. Das politische Panorama reicht von Alice Schwarzer, der umstrittenen Kritikerin von Waffenlieferungen an die Ukraine, bis zu den Vertreterinnen der Kölner Hilfsorganisation „Blau Gelbes Kreuz", die von der Altkanzlerin die 25.000 Euro Preisgeld für Ukraine-Kriegshilfen weitergereicht bekommen. Später, am Buffet, trifft man einen glücklichen Grünen-Landtagsabgeordneten Arndt Klocke, der 2022 sensationell den Kölner „Flora"-Wahlkreis direkt gewonnen hat. Dass Wüst es geschafft hat, mit der Merkel-Ehrung ausgerechnet an diesem Hotspot linksgrüner Bürgerlichkeit ganz unterschiedliche Gesellschaftsgruppen miteinander ins Gespräch zu bringen, ohne dass es peinlich wirkt, das scheint Klocke zu faszinieren. „Schon gut, oder?", sagt er, der nie zum Wüst-Fanclub gehörte. Wann treffen in einer grundaufgeregten, zerklüfteten *Twitter*-Gesellschaft schon mal so diverse Lebensentwürfe leibhaftig aufeinander? Ist das ein Beleg dafür, dass hier jemand alle zusammenbringen kann? Die Merkel-Kritiker fängt Wüst in seiner Rede mit einem kleinen Scherz ein, den er morgens bereits im *Deutschlandfunk*-Interview angewärmt hat: „Eines ist mit diesem Staatspreis nicht verbunden: eine Heiligsprechung." So entsteht an diesem Nachmittag ein harmonischer Familienfeier-Sog wie sonst nur zu Weihnachten, wenn selbst der griesgrämige Onkel dazugehört.

„Wo ist eigentlich Friedrich Merz?", lautet eine oft gestellte Frage in Köln. Als Merkel einige Wochen zuvor den höchsten Verdienstorden Deutschlands aus der Hand des Bundespräsidenten erhält, kann sich ihr Parteichef Merz zu keinem öffentlichen Glückwunsch durchringen. Er belässt es bei einer Art Unbedenklichkeitsbescheinigung: „Das ist eine Sache, die ist in Ordnung." Das NRW-Protokoll hat Merz angeblich in die „Flora" eingeladen, aber er ist nirgendwo zu sehen.

„Sie schreiben eine Biografie?" Auf die Minute pünktlich ist Friedrich Merz zum vereinbarten Telefontermin in der Leitung. Es ist der 16. Mai 2023, 16 Uhr, also ziemlich exakt jener Moment, in dem in Köln die Staatspreisverleihung beginnt. „Wie kann ich helfen?" Merz hat sich schnell bereit erklärt, über Wüst zu sprechen. „Wir sind altersmäßig ein paar Tage auseinander", erinnert er, „aber ich habe schon früh wahrgenommen, dass da jemand eine Rolle innerhalb der CDU spielt." Schon bei Wüsts Wahl zum Junge-Union-Landeschef im Jahr 2000 ist Merz in Bad Honnef live dabei. Trotz Anschlussterminen wartet er damals sogar noch, um dem Frischgewählten persönlich zu gratulieren. Mehr als zwei Jahrzehnte später treffen sie sich regelmäßig bei CDU-Vorstandssitzungen: „Eng und vertrauensvoll" sei die Zusammenarbeit, so Merz, sie telefonieren häufig. Wüst ist durch sein Ministerpräsidentenamt kooptiertes Mitglied im Vorstand. Er hat Merz den Gefallen getan, nicht für einen Stellvertreterposten zu kandidieren. In der Parteispitze gibt es zu viele Männer aus Nordrhein-Westfalen. Könnten sie sich nun in der K-Frage ins Gehege kommen? Merz macht eine kurze Pause: „Der nordrhein-westfälische Ministerpräsident – da bin ich mir mit ihm völlig einig – gehört qua Job-Deskription zur Führungsreserve um das Kanzleramt. Das ist Teil der Amtsbeschreibung." Merz erinnert an Hannelore Kraft, die diesen Anspruch einmal aufgegeben habe: „Das war der Anfang vom Ende." Deswegen werde Wüst auch immer formal den Anspruch aufrechterhalten. Sie hätten darüber gesprochen. „Ich habe ihm einen Rat gegeben: Du darfst nie einen Zweifel daran lassen, dass Du ein potenzieller Kanzler der Bundesrepublik Deutschland sein kannst", so Merz, „und wenn einige Leute jetzt ein Buch schreiben, dann nehme ich es genauso gelassen wie Du." Merz zweifelt nicht an Wüsts Loyalität: „Er ist eben Westfale."

Während sich Wüst im Kölner Scheinwerferlicht und dem Abglanz der Altkanzlerin sonnt, ist Merz in Hessen unterwegs. Konferenz der Fraktionsvorsitzenden der CDU. Ein Arbeitstermin, von dem aus er anruft. Wie er solche Staatspreis-Ehrungen und das umgehend einsetzende Geklimpere um die K-Frage wahrnehme? „Als Geklimpere", antwortet Merz direkt. „Ohne Ihrem Berufsstand zu nahe zu treten, aber über Politik inhaltlich, fundiert und sachgerecht zu schreiben, können wenige", sagt Merz, „über Personalpolitik können alle." Er nimmt die Diskussion zur Kenntnis: „Ich sag' es mal so: Wenn man, wie Hendrik Wüst in Nordrhein-Westfalen, eine Wahl so eindrucksvoll gewonnen hat und dann mit solchen Spekulationen begleitet wird, dann geht man noch etwas aufrechter durch die Gegend." Gegensätze, beispielsweise in der Migrations- und Asylpolitik, sieht er nicht: „Wüst sieht es in der Sache so wie ich", sagt Merz bestimmt, „aber er muss Rücksicht auf einen grünen Koalitionspartner nehmen. Und ein NRW-Ministerpräsident in einem von Einwanderung geprägten Land nimmt da auch immer eine besondere Position ein."

Das Geklimpere aus der „Flora" schwillt einige Wochen später zu einer Fanfare an. Köln war nur die erste Runde in einem gefühlten Fernduell um die K-Frage. Mit einem Gastbeitrag für die *FAZ* greift Wüst erstmals in die Kursdebatte seiner Partei ein. Umfragen messen in jenen Tagen neue Höchstwerte für die AfD. Statt der Halbierung der Zustimmung für die Rechtspopulisten, die sich Merz vorgenommen hatte, ist eine Verdoppelung zu verzeichnen. Pünktlich zum Parteikonvent in Berlin, der das künftige CDU-Grundsatzprogramm beraten soll, legt Wüst im Juni 2023 sein Manifest vor: „Die CDU erteilt dem grassierenden Sofortismus, dem elitären Wunsch nach Radikalreformen und dem spalterischen Populismus eine Absage. Wir machen Politik mit dem Herzschlag der Mitte", schreibt er in der *FAZ*. Das ist eine deutliche Botschaft an all jene Parteifreunde, die der AfD mit platten Botschaften hinterherlaufen wollen. Stattdessen setzt Wüst auf „Family first"-Politik auch für jene Kinder, die nicht einem „träumerischen Idealbild" der Konservativen entsprechen – und gegen den allzu brachialen Klima-Reformehrgeiz der Grünen. Nur klingt Wüst dabei nicht so schäumend wie das Adenauer-Haus, sondern eher mitfühlend wie einst SPD-Mann Kurt Beck: „Immer langsam mit de Leud."

In einem flankierenden Interview mit der *Rheinischen Post* schiebt sich Wüst, der einstige Flügelmann, zudem geschickt in die Ahnenreihe der Generalisten von Kohl bis Merkel. „Helmut Kohl hat mir mal vor vielen Jahren gesagt, die Aufgabe eines Christdemokraten sei es, Zuversicht zu verbreiten", wird er dort zitiert. Die grimmigen Debatten über Gendersprache dienen ihm ausdrücklich nicht zur christdemokratischen Selbstvergewisserung. Schlechte Laune und Polarisierung, das scheint Wüst verinnerlicht zu haben, zahlen immer nur beim populistischen Original von der AfD ein. Das alles wird als Abgrenzung zu Merz gelesen, der kurz zuvor gegen eine „penetrant vorgetragenen Volkserziehungsattitüde" der Grünen und „gegenderte Nachrichtensendungen" gewettert hatte.

Merz wird von Wüsts publizistischem Doppelschlag kalt erwischt. Es hat von ihm keinerlei Vorwarnung gegeben. Selbst beim Präsidiumsfrühstück am Morgen des 15. Juni 2023 erwähnt Wüst gegenüber Merz mit keinem Wort, dass wenige Stunden später sein *FAZ*-Beitrag online gehen wird. Der gesamte Parteikonvent wird so von der K-Frage überlagert. Statt endlich inhaltlich in die Offensive zu kommen, stehen der Union Tage der Selbstbeschäftigung ins Haus. Wüst hatte sich zwar schon vier Wochen zuvor gegenüber dem *Welt*-Journalisten Kristian

Frigelj, der ihn seit fast 20 Jahren journalistisch begleitet, ganz ähnlich geäußert. Doch er musste wissen, dass seine Sätze jetzt noch einmal eine ganz andere Wucht entfalten. Merz wirkt sauer auf Wüst und keilt heftig zurück. Das ist so ungewöhnlich, dass die *Süddeutsche Zeitung* schon einen negativen „Schlüsselmoment" wittert, als der CDU-Parteichef in einem TV-Interview die NRW-Landesregierung schlecht redet. Tags drauf ist Merz um Deeskalation bemüht und wiederholt seine Worte von der „kooperativen und störungsfreien" Zusammenarbeit mit Wüst. Beim traditionellen NRW-Sommerfest in Berlin stoßen die Westfalen demonstrativ mit Bier an. Wüsts Leute haben extra einen VIP-Bereich mit „Kameraposition" im Garten der Landesvertretung errichten lassen, damit die Versöhnung auf offener Bühne auch jeder mitbekommt. Aber: Ist das Ganze nicht bloß ein Vorgeschmack auf die erwartbaren Kämpfe um Posten und Positionen?

Was ein wenig untergeht: Wüsts inhaltlicher Vorstoß ist auch eine Antwort auf die brachiale Anti-Grünen-Strategie des CSU-Chefs Söder. Wüsts „Herzschlag der Mitte"-Losung geht jedenfalls parteiintern viral. Ob sie eine Wucht entwickeln wird wie Merkels historischer *FAZ*-Gastbeitrag von 1999, mit dem sie die Loslösung von Kohl einleitete, ist zwar unwahrscheinlich. Aber namhafte CDU-Leute pflichten Wüst begeistert in den sozialen Netzwerken bei. Ein Nerv ist in jedem Fall getroffen. Das Bedürfnis nach einem, der in der CDU wieder Brücken baut zwischen Konservativen, Christsozialen und Schwarz-Grünen, zwischen Ost und West, zwischen Stadt und Land – es ist offenbar groß. Wird ein Kanzlerkandidat Wüst plötzlich doch denkbar? Mancher meint, dass er längst entschlossen sei, zuzugreifen. Er spielt bereits überaus kokett auf der Klaviatur des Hoffnungsträgers, der nur gerufen werden müsste. Noch im Frühjahr 2022 hat er bei einer Radtour durch den Kreis Borken den dortigen Lokalpolitikern auf die Frage nach seinen Kanzlerplänen klar abgewunken: „Da muss ich Sie enttäuschen, die Ambition habe ich nicht." Ein Jahr später sagt er zum selben Thema: „Meine Aufgaben liegen aktuell in Nordrhein-Westfalen." Aktuell. Wüst hat den Finger gehoben. Subtil, aber für alle erkennbar. Dahinter kommt er nicht zurück. Spätestens jetzt gerät er in die Dilemmasituation jedes NRW-Regierungschefs: Er darf die Ambitionen auf das

Kanzleramt nicht abstreiten – und muss doch loyal zu seinem Bundesland sein. Dass es hinter Merz in der CDU ein Vakuum an Spitzenpersonal gibt, macht die Lage nicht einfacher. Wie geht Wüst mit Erwartungen um, die er selbst befeuert hat? Er ist erst einmal wiedergewählt worden. Kommt das alles zu früh?

Was er wirklich will, wird er möglichst lange für sich behalten. Auf seinem Weg nach oben hat Wüst selten an Zäunen gerüttelt. Meist sorgt er im Stillen dafür, dass die Dinge sich fügen. Als Faustregel gilt: Je lauter er schweigt, desto entschlossener ist er. Er versteht es, seinen Ehrgeiz in Genügsamkeit zu kleiden. Die Zeit dürfte in der Union so oder so für ihn zu arbeiten. Mit seiner smarten 3-M-Strategie (Mitte, Modernität, Mehrheitsfähigkeit) steht Wüst in Umfragen zwischenzeitlich deutlich besser da als die Merz-CDU im Bund. Obwohl er wahrlich kein mitreißender Redner ist, fragen ihn inzwischen sogar die Ost-Landesverbände, die mit der AfD ringen, für ihre schwierigen Wahlkämpfe 2024 an. Der einst jüngste in der Riege der 16 Länderchefs erscheint wie der Prototyp einer neuen Politiker-Generation: Inhaltlich flexibel, handwerklich kontrolliert und fotogen surft er über die unberechenbaren Social-Media-Wellen. Wüst hat sich zur idealen Projektionsfläche für eine mittlerweile immer stärker ausfransende Unionswählerschaft gemacht. Er hat für alle etwas im Angebot und ist anschlussfähig wie ein politischer Mehrfachstecker. In seiner Zeit als robuster CDU-Generalsekretär formt er ein konservatives Profil, das umrisshaft bis heute erkennbar bleibt. Von Herkunft und Habitus bringt er ohnehin ein tiefes Verständnis für die ländlichen Hochburgen mit Kirchgang und Schützenfest mit. Wüst muss anders als Laschet oder selbst als Merkel nicht permanent gegen den Verdacht ankämpfen, er wolle das konservative Tafelsilber verscherbeln. Mit Schwiegersohn-Charme hat er in Nordrhein-Westfalen vor allem das ältere Stammpublikum mobilisiert, das sich vom woken Zeitgeist nicht den eigenen Lebensentwurf diskreditieren lassen will. In den Zwischenjahren als Wirtschaftsflügel-Chef der NRW-CDU kann Wüst zudem Kredit bei Mittelständlern bekommen, die ihn als gefühlten Sachwalter von Unternehmerinteressen akzeptieren. Selbst die bislang größte Leerstelle im persönlichen Portfolio füllt er seit der Geburt der eigenen Tochter im Frühjahr 2021 entschlossen:

Empathie für Schutzwürdige und Benachteiligte. Wüst ist jetzt ein moderner Vater, der die Nöte der Eltern kennt und ein Herz für Alleinerziehende, Kinder mit geringen Aufstiegschancen, Flüchtlinge oder Einsame zeigt. So bedient er die drei Wurzeln der Union und baut Vertrauenskapital in unterschiedlichen Parteiströmungen auf. Aus dem einstigen Flügelmann ist ein Manager der Mitte geworden.

Aber: Lässt sich Politik wie ein Leistungssportler betreiben, der immerzu nach Komplettierung seiner Fähigkeiten sucht? Geht es im modernen Politikbetrieb überhaupt noch um die Mehrheitssuche für ein konkretes Anliegen oder ist nicht das Anliegen selbst längst die Mehrheitssuche? Muss man inhaltlich für mehr stehen als für professionelles Machtmanagement und Regierungspragmatismus in einer wo auch immer verorteten gesellschaftlichen Mitte?

Wer das Schicksal der konservativen Parteien in Europa und darüber hinaus studiert, weiß um den Wert der anpassungsfähigen Schnittmengen-Typen im wütenden Richtungsstreit. Es braucht mehr denn je einen, auf den sich alle verständigen können. Der Politikwissenschaftler Thomas Biebricher hat seziert, wie konservative Parteien fast überall in Nischenexistenzen verschwunden sind oder sich bis zur Unkenntlichkeit radikalisiert haben. Vor den Zumutungen des Fortschritts flüchtet eine konservative Parteibasis nach seiner Lesart besonders bereitwillig in die Arme von schillernden Spielern, die mit einfachen Botschaften die gute alte Zeit beschwören. Nicolas Sarkozy, Silvio Berlusconi, Umberto Bossi, Sebastian Kurz, Boris Johnson, Matteo Salvini, nicht zuletzt Donald Trump – die Liste der vermeintlichen Heilsbringer ist lang. Die Union in Deutschland gehört zu den letzten konservativen Volksparteien, die sich diesem Trend einigermaßen widersetzen konnten. Aber auch hier droht eine individualisierte und in Partikularinteressen atomisierte Wählerschaft ihr Gemeinschaftsband zu überdehnen.

Wüsts nüchternes Selbstverständnis als politische Relaisstation, die immerzu bloß Signale aus der Gesellschaft aufnimmt, verstärkt und weiterleitet, erscheint da plötzlich von neuer Attraktivität. „Liberale Demokratien können ohne gemäßigt konservative Parteien nicht überleben – zumindest nicht als liberale Demokratien“, sagt Biebricher, „sie sind entscheidend dafür, wie sich gesellschaftlicher Wandel vollzieht.

Ob Neuerungen als Bedrohungen und Gefahr wahrgenommen und ob dann Ressentiments gegen Minderheiten geschürt werden." Es könne keine sozialökologische Transformation der Marktwirtschaft und keine humane Migrationspolitik geben, ohne dass sie jemand ins konservative Wählerspektrum vermittelt. Ist Wüst dieser Jemand, der das mit disziplinierter Fehlerfreiheit und filigranem Populismus zu leisten vermag? Anders als früher lässt er sich nicht mehr festlegen, wohin er politisch überhaupt will und was sein nicht verhandelbares Markenversprechen ist. „Die CDU ist kein Papiertaschentuch. Der Markenkern von ‚Tempo' ist Papiertaschentuch. Ich finde diese Markenkern-Frage schon schwierig, weil sie insinuiert, dass es eins gibt. Eine Volkspartei ist nie nur eines", hat der wandlungsfähige Wüst im Frühjahr 2023 dem jungen Youtuber Marvin Neumann auf eine dieser Fragen nach Kompass und Haltung geantwortet, die er nicht mag.

Schon am Morgen der Merkel-Ehrung soll Wüst im *Deutschlandfunk* auch seinen eigenen Entwicklungsprozess am Beispiel der Flüchtlingskrise erklären. Auf die Frage, ob er nie an Merkels Flüchtlingspolitik gezweifelt habe, antwortet er: „Oh doch, ich hab' später schon auch immer wieder daran gezweifelt." Er durfte schwanken, Merkel musste stehen. Und das ist vielleicht die größte Herausforderung für jeden, der als kanzlertauglich durchgehen will: einsame Entscheidungen unter Unsicherheitsbedingungen zu treffen. Nahezu jeder Kanzler der Bundesrepublik musste gegen eine Mehrheitsmeinung Kurs halten und sich allein vor der Geschichte verantworten. Adenauer und die Wiederbewaffnung, Brandt und die Ostpolitik, Schmidt und der deutsche Herbst, Kohl und der Euro, Schröder und die Agenda 2010, Merkel und die Flüchtlinge, Scholz und die Zeitenwende. Es kommt früher oder später der schwere Moment nachts im Kanzleramt, in dem man nur der eigenen Überzeugung folgen darf. Auf welche innere Stimme würde in einer solchen Bewährungsprobe Hendrik Wüst hören? Noch kann er alles weglächeln und offenlassen. Noch. Unbeantwortet ist auch die Kardinalfrage: Vertrauen die Deutschen einem Mr. Perfect?

Personenregister

Dank

Für politische Journalisten wie uns bietet Nordrhein-Westfalen ein faszinierendes Betätigungsfeld. Das bevölkerungsreichste unter den 16 Bundesländern macht als „Bundesrepublik im Kleinen" (*FAZ*) nicht nur viele gesellschaftliche Konfliktlinien wie unter einem Brennglas sichtbar. Nordrhein-Westfalen bringt immer auch Ministerpräsidenten hervor, die vom ersten Amtstag an einen bundesweiten Erwartungshorizont erfüllen müssen. Führungspersonal, das im größten deutschen Ballungsraum an Rhein und Ruhr politisch sozialisiert wurde, stieg schon zum Bundespräsidenten, Bundeskanzler, Parteivorsitzenden oder Kanzlerkandidaten auf. Wie Düsseldorfer Regierungschefs damit umgehen, in ihrer landespolitischen Arbeit stets auch durch die Berliner „Kanzler-Brille" beobachtet zu werden, ist seit Jahren Gegenstand unserer journalistischen Arbeit und unzähliger Kollegengespräche. Politische Dynamiken, vorhersehbare Reflexe, unvorhersehbare Fallstricke – immer wieder bietet sich uns spannender Diskussionsstoff. Als NRW-Korrespondent eines großen Medienkonzerns aus dem Ruhrgebiet und als Redakteur einer in Köln ansässigen, bundesweiten öffentlich-rechtlichen Radioanstalt bringen wir dabei unterschiedliche Herangehens- und Sichtweisen ein. Daraus ist vor einigen Jahren bereits die Biografie „Der Machtmenschliche" des Ministerpräsidenten Armin Laschet entstanden, der später CDU-Vorsitzender und Kanzlerkandidat der Union wurde. Wir sind dem Essener *Klartext Verlag* dankbar für die Ermunterung, auch Laschets Nachfolger Hendrik Wüst in Buchform zu porträtieren. Insbesondere Thomas Kloß und Achim Nöllenheidt haben hier früh Interesse und Unterstützung signalisiert, einen weiteren Politikerband zu verlegen. Wir danken den vielen Menschen, die mit uns für dieses Projekt gesprochen oder uns Informationen überlassen haben. Ihre Bereitschaft, offen oder vertraulich Einschätzungen und Erlebnisse zu teilen, ist die Grundlage dieses Buches. Ohne die Annäherung aus ganz unterschiedlichen Richtungen wäre ein unvoreingenommener, umfassender und realistischer Blick auf die Persönlichkeit und den Politiker Hendrik Wüst nicht möglich gewesen. Danken möchten wir auch

Hendrik Wüst persönlich, dessen Professionalität wir im Zuge dieses Buchprojekts erneut kennengelernt haben. Wir danken den Archiven der Konrad-Adenauer-Stiftung, des Bocholter-Borkener Volksblatts, der Jungen Union Deutschlands, der Jungen Union Nordrhein-Westfalens, der Mittelstandsvereinigung Nordrhein-Westfalens und des CDU-Kreisverbands Borken sowie dem Stadtarchiv Bocholt. Danke sagen wir auch der Stadt Rhede, dem Pressesprecher des nordrhein-westfälischen Landtags, Dr. Stephan Malessa, sowie unseren Arbeitgebern *WAZ* und *Deutschlandfunk*. Den Kolleginnen und Kollegen der Landespressekonferenz Nordrhein-Westfalen sind wir dankbar für einen seit Jahren bereichernden Austausch in Düsseldorf. Der größte Dank gilt unseren Familien für das Verständnis, dass wir uns zeitweise mehr mit dem Leben von Hendrik Wüst befasst haben als mit unserem eigenen.